하룻밤에 읽는
서양 철학

하룻밤에 읽는

서양 철학

양승권 지음

페이퍼로드
paperroad

차례

철학은 지식이 아니다. 우리를 둘러싼 '세계'를 이해하기 위한 깨달음의 길이다. 인간과 세계는 물고기와 바다의 관계와 비슷하다. 그런데 물고기는 자기의 터전인 바다를 이해하려 들지 않는다. 그러나 인간은 동물 가운데 유일하게 우리를 둘러싼 '세계'를 이해하기 위해 노력하는 존재다. 만약 세계를 이해하려 노력하지 않고 그저 주어진 대로 모든 것을 맡기며 살아간다면, 그건 마치 다람쥐가 쳇바퀴를 돌 듯 같은 노선을 반복하는 삶과도 같다.

우리는 누구나 자기를 둘러싼 세계를 나름대로 이해하고 규정하면서 살아간다. 바로 이 지점에서 흔히 발생하는 문제점이 있다. 각자 자기 나름대로 내린 세계에 대한 이해를 저마다 확고부동한 가치인 양 절대화하는 문제 말이다. 우리가 세계에 대해 모른다는 것은 큰 문제가 아니다. 오히려 세계에 대해 확실히 안다고 생각하는 오만함이 문제인 것이다.

　우리는 삶을 살아가는 길에서 끊임없는 실험과 실수를 반복하기 마련이다. 그 누구도 자기 삶의 확실한 전망을 알 수 없으니, 모든 삶은 실수일 수밖에 없다. 이런 면에서 이 세계에 대한 나의 이해와 이 세계 속에서 살아가는 나의 삶은 영원한 미완성이다. 그래도 우리는 계속해서 세계를 이해하려 노력하고 삶에 주도권을 가지면서, 나만의 가설을 세우고 나를 위한 삶의 철학을 만들어가야만 한다. 자기 삶의 주도권을 제대로 행사하기 위한 기초공사는 곧 '생각하는 힘' 키우기이다. 이 '생각하는 힘'을 바탕으로, 행복할 때는 그 행복감을 더 밀고 나가는 지혜를 발휘해야 하고, 고통에 빠졌을 때는 그 고통을 견디는 힘을 갖춰야만 한다.

　철학은 '생각하는 법' 자체를 가르쳐 준다. 독자 여러분이 어떤 분야에 종사하든 무엇을 전공했든 그 분야와 전공을 새롭게 세팅하는 데 도움이 되는 '생각'을 철학은 제공한다. 아무런 생각 없이 살아가는 태도는 예쁜 꽃에 물을 주지 않고 시들게 내버려 두는 것과 같다. 생각하는 힘을 키우는 태도는 물을 주고 김을 매며 꽃을 가꾸는 것과 비슷하다. 예컨대, 서양 철학의 아버지라 일컬어지는 소크라테스는 "진정한 정의란 무엇일까?"를 평생 생각하고 또 생각했다. 근대 철학의 아버지라고 불리는 데카르트는 평생 모든 것을 의심하고 또 의심했다. 심지어는 수학 공식의 확실성마저도 의심하는데, 이런 과정을 거쳐 결국 "나는 생각(사유; 의심)한다. 그러므로 존재한다."라는 아마도 철학사에서 가장 유명하다고 할 수 있는 문구를 우리에게 남겨주었다. 데카르트에 의하면, '생각'은 내가 존재하는 유일한 근거다. 철학의 역사는 수많은 철학자의 '생각'들이 부딪치는 경연장이다. 우리는 수많은 이 수준 높은 생각들로부터 나 자신의 현 상황을 진단할 수 있다. 그리고 만약 그 과정에서 문제점이 발견되었다면 그것을 극복할 새롭고 참신한 '생각'들을 철학의 역사에서 얻어낼 수 있다.

또, 철학은 행복한 환경에서는 '장식품'이 될 수 있고, 고통의 환경에서는 그것을 견디는 '피난처'가 될 수 있다. 우리는 행복할 때는 인생의 의미랄지 영원함이란 무엇이랄지 등에 관해서 별로 관심을 두지 않는다. 행복할 때에는 삶 자체에 대해 곱씹거나 진리란 과연 무엇일까 등을 심각하게 따지면서 행복한 분위기에 굳이 초를 칠 필요는 없다. 그 행복한 순간에 그저 머물면 된다. 단, 그 행복감을 더 확대해줄 일종의 장식품이 있으면 좋긴 좋은데, 이때 철학이 도움이 된다. 예컨대 여러분 가운데 누군가가 오지 탐험이나 자연 탐험을 좋아한다고 치자. 이때 머리에 떠올려 볼 만한 영화 대사가 있다. 영화 〈인투 더 와일드(Into the wild)〉에서 주인공은 이렇게 말한다. "삶의 기쁨을 단지 인간관계에서만 찾으려는 것은 잘못이다. 우리가 경험하는 모든 것이 기쁨이다." 이런 마음가짐이라면 스피노자의 철학에 관심을 가지면 좋다. 스피노자는 우주나 자연 자체가 신이라고 생각하면서 단지 인간들끼리만의 소통이 아니라, 우주나 자연 속에 존재하는 모든 존재가 소통할 수 있다고 여겼던 철학자다. 이런 식으로 철학은 나의 가치관에 정당성을 부여하고 세련되게 치장해주는 '장식품'이 될 수 있다.

한편, 유감스럽게도 우리의 삶이란 행복한 순간보다 고통에 빠질 때가 훨씬 많다. 고통의 순간은 삶이나 세계에 대해 사색할 기회를 제공한다. 그리고 철학은 극심한 마음의 동요가 있거나 정신적 위기가 닥쳤을 때 '피난처'가 될 수 있다. 책에서 만난 어떤 철학자가 나의 멘토가 되어 나에게 훌륭한 위로의 말과 삶의 지혜를 건넬 수 있다. 우리는 고통에 채여 절망에 빠지는 것이 아니라, 고통을 생산적으로 승화시켰을 때 성장한다. 고통이 우리에게 찾아오는 이유는 슬프게 하기 위함이 아니라 깨어 있도록 하기 위함이고 애석함을 느끼지 말고 지혜로워지라는 메시지다. 철학의 역할은 이런 것이다. 철학은 소크라테스식으로 표현해보면, 임산부가 고통을 잘 승화시켜 아이를 순산할 수 있도록 도와주는 산파다. 또, 검을 날카롭게 하기 위해서는 숫

돌이 필요하듯, 철학은 삶을 위한 숫돌이다. 철학은 고통·상실감·슬픔이 나를 작게 만들지 못하도록 방패막이가 되면서, 이로부터 한 걸음 더 나아가 새롭게 탈바꿈할 수 있는 통로를 열어준다.

'진리를 향한 길'은 목적지 없이 영원히 지속된다. 진리를 향해 뻗어 있는 길은 '영원'이라는 이정표만 남아 있다. 이제부터 이 이정표를 따라 묵묵히 '진리를 향한 길'을 걸어갔던 철학자들의 발자취를 함께 추적해 보도록 하자.

1장.

자연 철학과
인문주의의 탄생

만물의 근원을 묻다, 자연 철학자

○ ○ ○

대부분의 자연 철학자는 모든 물질에 영혼이
있다고 믿는 '물활론자'다. 그중 '물*'이 만물의
근원이라고 말한 탈레스는 최초의 물활론자다.
탈레스 이후의 자연 철학자 아낙시만드로스,
아낙시메네스, 헤라클레이토스 등은 각각
'무한자', '공기', '불'을 만물의 근원이라고
말했는데, 이는 모두 물활론이라 할 수 있다.

서양 철학의
탄생

　　　　고대 그리스 철학은 사물의 근원을 밝히고자 하는 문제의식으로부터 출발한다. 이때 자양분은 이집트 문명과 메소포타미아 문명으로부터 얻은 것이었다. 그리스와 터키는 서양 철학의 고향과도 같다. 철학은 기원전 6세기경 오늘날 터키의 서쪽인 이오니아 지역에서 태동했고, 그중에서도 밀레토스 Miletos 지방이 이오니아 철학의 요람이 되었다. 철학의 아버지라고 불리는 탈레스 Thales 가 활약하던 지역도 바로 이곳 밀레토스였다.

　　고대 그리스 철학의 중요한 특징은 세상을 변하지 않는 고정된 것으로 보았다는 것이다. 물론 헤라클레이토스나 몇몇 다른 철학자들이 주장한 철학은 삼라만상의 '변화'

그리스

트로이

터키

에게해

이즈미르

옛 이오니아 지역

올림피아 미케네 아테네

밀레토스

지중해

크레타해

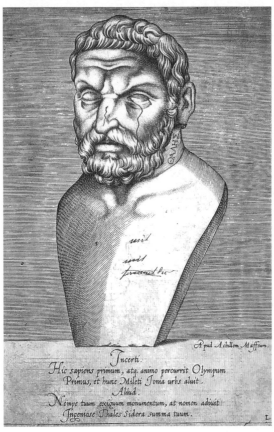

탈레스

에 방점이 찍혀 있었지만, 대부분의 초기 그리스 철학자들은 모든 변화의 원인이 되는 궁극적인 원리^{arche}에 관심이 많았다. 즉, 세계를 구성하는 근본 원리를 탐구하는 것이 그들의 주된 관심사였다.

서양 철학의 시작

탈레스

서양에서 만물의 궁극적인 원리에 관해 처음 질문을 던진 사람은 서양 철학의 아버지라 불리는 탈레스$^{Thales\;;\;BC\;640\sim550}$다. 그는 만물의 근원을 '물*'이라고 주장했다. 물은 액체 상태에서 증발해 기체가 되고, 또는 그 액체가 얼어서 고체가 되기도 한다. 즉, 물은 모든 물질의 형태로 존재할 수 있다. 뿐만 아니라 인간은 어머니의 양수에 둘러싸여 자람과 동시에 그 몸을 이루는 물질의 70%도 물로 되어 있다. 물은 한 생명체를 위한 필수 불가결한 물질인 것이다.

일찍이 만물의 근원을 탐구한 철학자 탈레스는 과학의 지존으로 평가받기도 한다. 그는 일식^{日蝕}을 정확히 예측했을 뿐만 아니라 이집트를 여행할 때 피라미드의 그림자 길이를 측정해 피라미드의 높이를 계산했다고 한다. 하지만 역시 그의 최고 업적은 세계가 형성된 원인에 대해 최초로 해답을 제시했다는 점이다. 탈레스는 신화를 철학으로 전환한 최초의 인물이라 평가할 수 있다.

우주를 품은 철학자
피타고라스

탈레스의 제자 피타고라스^{Pythag-}는 흔히 기하학의 아버지라 불린다. 철학을 의미하는 '필로소피^{Philosophy}'와 우주를 의미하는 '코스모스^{Cos-mos}'란 말은 피타고라스가 처음 사용했다고 전해진다. 그를 중심으로 형성된 피타고라스 학파는 주로 남부 이탈리아의 크로토네에서 활동했으며 학문 단체적인 성격과 비밀 종교 단체의 성격을 동시에 지녔던 걸로 알려져 있다. 그 외에도 피타고라스 학파는 철학은 물론이고 수학·음악·체조 등 다양한 영역에서 큰 성과를 보였다.

피타고라스 학파의 핵심은 영혼이 윤회한다고 본 것이다. 학파 조직 형태가 종교적 성격을 지니고, 육식을 금한다는 점에서 인도의 베다 사상이나 불교와도 유사하다. 피타고라스 학파에 의하면, 우리의 영혼은 죽음과 함께 사라지는 게 아니라 다시 환생한다. 이때 다른 인간이나 동물의 육체로 환생할 수도 있다. 즉, 육체는 유한하나 영혼은 불멸한다. 영혼이 육체를 집으로 삼아 살아간다는 것은 다시 말하면 육체라는 감옥에 영혼이 갇혀 있다는 의미이다. 피타고라스는 영혼이 육체라는 껍질에서 벗어나 '해탈'해야 한다고 말한다. 피타고라스 학파는 영혼을 깨끗이 정화해 윤회를 벗어나기 위한 여러 규칙을 두었다. 대표적으로 육식을 금하는 이유는 내가 먹는 동물의 살 속에 어머니의 혼이 깃들어 있을 수도 있다고 믿었기 때문이다.

우주의 운행은
거대한 교향곡

피타고라스에 의하면 세계의 질서는 '수'의 조화 법칙에 따라 정립된다. 이러한 관점은 향후 플라톤에게도 큰 영향을 미친다. 피타고라스는 '수'의 성격을 다음과 같이 구분했다.

홀수 한계. 하나. 오른쪽. 남. 고정됨. 직선. 빛. 선. 정방형.
짝수 무한. 많음. 왼쪽. 여. 움직임. 곡선. 어둠. 악. 구형.
1은 점, 2는 선, 3은 면, 4는 입체.

피타고라스에 의하면 음악의 3요소인 멜로디와 리듬, 화성도 수학적 비례에 의해 작동된다. 협화음은 수학의 배열이 잘 이루어진 것이고, 불협화음은 그 배열이 잘못된 것이다. 이런 맥락에서 그는 우주를 거대한 음악이라고 바라보았다. 천체가 음악적 조화로 운행된다는 것이다. 하늘을 바라보면 무수한 별들이 질서정연하게 움직이는데 이 운동은 아주 규칙적이다. 천체가 일정하게 움직이며, 태양과 달이 뜨고 지는 것도 음악의 리듬에 비견될 수 있다. 음악은 우주와 인간을 연결하는 고리다. 우리가 어떤 음악을 듣고 감동하는 이유는 우주의 수학적 질서에 나도 모르는 새 마음이 움직였기 때문이다. 비록 우리가 우주의 수학적 질서를 직접 느끼기는 어렵지만, 음악을 통해 우주의 웅장한 질서를 간접적으로 느낄 수는 있다. 인간이 연주하는 뛰어난 곡은 천체 운동이라는 거대한 음악의 축소판이기 때문이다. 피타고라스에 의하면 영혼이 맑은 시인은 계절의 소리는 물론, 달과 별의 소리도 들을 수 있다. 피타고라스에 따르면, 우리는 우주의 음악을 듣기 위해 영혼을 정화해야만 한다.

만물은 유전流轉한다
헤라클레이토스

헤라클레이토스 Herakleitos ; BC 540~480는 시민들의 다수결로 친구가 도시에서 쫓겨나자 민주주의 원리에 강한 반감을 품게 된다. 세상과 단절한 채 평

피타고라스

헤라클레이토스

생 고독한 삶을 살아간 그는, '우는 철학자'라는 우울한 별칭을 얻는다.

헤라클레이토스에 의하면 모든 사물의 근원은 '불火'이다. 그는 다른 자연철학자들과 달리 만물의 변화에 관심을 기울였다. 만물은 끊임없이 변화하므로 "우리는 같은 물에 발을 두 번 담글 수 없다."라는 것이다. 그에 의하면, "만물은 불이 교환된 사물이고, 불은 만물이 교환된 사물"이다. 여기서 '교환'이란 사물이 계속 변화해도 궁극적으로는 득과 실이 없다는 의미이다. 어떤 사물이 불에 탄다고 해서 아예 사라지는 것은 아니다. 단지 불로 변화한 것일 뿐이다. 오늘날 물리학 사고를 대입하면, 사물은 불로 변화되기 이전의 에너지 총량과 불에 탄 이후의 에너지 총량이 같다. 이런 맥락에서 헤라클레이토스는 "삶과 죽음, 깨어 있음과 잠자는 것, 그리고 청춘과 노인은 똑같다."라고 말했다.

투쟁은
만물의 아버지다

한편 헤라클레이토스에게 불은 변화 과정일 뿐만 아니라, 투쟁의 원리이기도 하다. 불은 다른 것을 태워서 없애야만 생존할 수 있다. 불은 어떤 물질을 태우려 하고, 그 물질은 타지 않으려고 한다. 이렇듯 불과 물질은 서로 투쟁한다. 따라서 모든 변화는 투쟁의 산물이다. "투쟁은 만물의 아버지이고, 다툼은 정의이다."라는 그의 입장은 변증법을 체계화한 헤겔에게 큰 영향을 미친다. 그리고 만물은 돌고 돈다는 '영원회귀'를 주창한 니체도 헤라클레이토스를 아주 좋아했다.

만물의 근원은 정신일까? 물질일까?

∘ ∘ ∘

원자론Atomism은 모든 사물이 더는 나눌 수 없는

미세한 입자로 구성되어 있다는 학설이다.

이는 고대 그리스의 레우키포스Leukippos와

데모크리토스Demokritos에 의해서 처음으로

제기되었다. 특히 원자론은 16세기 이후

자연과학 분야에서 커다란 관심의 대상이 되면서

근대 과학관 형성에 지대한 영향을 끼쳤다.

정신과 물질을 최초로 구별한
아낙사고라스

날 때부터 부유했던 아낙사고라스 Anaxagoras; BC 500~428는 아테네 민주정치의 전성기를 이끈 정치가 페리클레스 Perikles; BC 495~429의 친구이기도 하다. 아낙사고라스는 태양은 붉고 뜨거운 돌이고, 달은 그냥 흙에 불과하다고 말하는 바람에 불경죄로 고발당한다. 그는 결국 감옥에 갇히지만, 친구인 페리클레스의 주선으로 아테네를 무사히 탈출한다.

아낙사고라스의 자유분방함은 돈을 대하는 태도에서 잘 드러난다. 그는 돈에 별다른 관심이 없어 물려받은 재산을 아무런 대가 없이 친척들에게 넘겼다. 이에 친척들은 고마워하기는커녕 그가 세상일에 대해 아무런 걱정이 없고 무사태평하다며 비아냥댔다. 그러자 아낙사고라스는 "여러분이 나 대신 걱정을 해주고 있지 않나?"라고 답했다고 한다.

미국 코넬 대학교의 교수이자 사회학자인 칼 필레머^{K. Pillemer}는 2004년부터 진행한 인류 유산 프로젝트에서 65세 이상, 총 1,500명 이상의 노인을 대상으로 심층 인터뷰를 진행한다. 그는 "당신의 삶에서 가장 후회되는 점이 무엇입니까?"라는 질문에 사람들이 알코올 중독이나 사업 실패 등을 답변할 거라 예상했다. 하지만 가장 많이 나온 답은 "사소한 것에 걱정하며 살지 말 걸 그랬다."라는 것이었다. 고도로 발달한 문명사회를 살아가는 인간은 사소한 일에 걱정하며 세월을 보낸 걸 후회한다. 그런데 아낙사고라스는 '걱정'하지 않는 삶을 살았으며, 유유자적한 마음으로 오로지 자연 탐구에만 몰두했다.

정신을 철학사의 중앙에 등장시키다

아낙사고라스는 묻는다. "어떻게 머리카락이 아닌 것으로부터 머리카락이 생겨나고, 고기가 아닌 것으로부터 고기가 생겨나는가?" 예컨대 송아지는 풀만 먹는데도 몸집이 커진다. 어떻게 이런 일이 일어나

아낙사고라스

는가? 아낙사고라스는 엄청나게 많은 수의 원소가 존재한다고 말했다. 그는 각각의 원소를 '스페르마타spermata' 즉 씨앗이라고 불렀다. 사물의 생성이란 단지 '씨앗'의 조합이고, 사물의 소멸이란 '씨앗'의 해체다. 그런데 이 '씨앗'의 조합은 무엇이 주재하는가? 무수한 씨앗들의 조합은 '누스Nous'의 섭리에 따라 이루어진다. 누스, 즉 정신은 생명이 있는 모든 존재를 지배한다. 아리스토텔레스는 아낙사고라스가 '누스'를 발견했다는 사실을 높이 평가해 그를 "술 취한 사람들 가운데 유일하게 맨정신인 사람"이라고 칭찬했다.

아테네에서 무시당한 위대한 철학자
데모크리토스

소크라테스와 동시대 인물인 데모크리토스Demokritos ; BC 460~370는 "소크라테스처럼 말이 많고 반박을 즐기는 사람에게는 배울 만한 게 없다."라고 비판했다. 소크라테스의 제자 플라톤은 자신의 수많은 저작 그 어디에도 데모크리토스에 대해 언급하지 않았다. 데모크리토스는 그리스 북동부 트리키아Thracia의 아브데라Abdera 출신이었는데, 당시 아테네에는 '모든 멍청이는 아브데라 출신'이라는 속담이 있을 정도로 아테네 사람들은 아브데라 출신을 무시했다. 플라톤이 이런 연유로 그에 대해 언급하지 않았다고 볼 수도 있지만, 그보다는 스승인 소크라테스를 비난한 것에 대한 불만일 가능성이 더 높다. 오늘날 플라톤과 아리스토텔레스의 저서는 대부분 그대로 남아 전해지고 있으나, 데모크리토스의 저서는 거의 소실되었다.

최초의
유물론자

데모크리토스는 다른 자연 철학자들처럼 사물의 근원을 철저하게 탐구하고자 했다. 그는 "페르시아의 왕이 되느니 사물이 형성된 원인을 연구하는 것이 좋다."라고 말하기도 했다. 데모크리토스는 아낙사고라스와 달리 세계의 배후에서 세상을 움직이는 '정신'의 존재를 부정했다.

데모크리토스에 의하면 만물의 근원은 '원자'와 '허공'이다. 희랍어로 '더는 나눌 수 없는 것'이란 의미의 원자의 조합과 분열로 모든 존재가 생성되고 사라진다고 본 것이다. 그는 사물의 속성이 제각각 다른 것 역시 조합된 원자의 속성이 다르기 때문이라고 여겼다. 예를 들어보자.

예1 매끄럽고 둥근 속성의 물의 원자는 흐르는 성질이 있다.

예2 거칠고 울퉁불퉁한 속성의 쇠의 원자는 서로 맞물려 단단
한 쇳덩어리를 이룬다.

예3 단맛을 내는 원자는 크고 둥근 모양이고, 짠맛을 내는 원
자는 뾰족한 삼각 모양이다.

영혼도 원자의 구성물에 지나지 않는다. 다만 다른 물
질의 원자보다 더 미세할 뿐이다. 영혼을 구성하는 원자는
'불의 성질'을 지닌다. 이 원자는 우주 내에 매우 폭넓게 퍼
져 있으므로, 어떤 물체든 다소 차이는 있으나 불의 원자를
어느 정도 포함한다. 다시 말해 만물은 저마다 미세하게나
마 영성을 띠고 있다. 다만, 다른 물체에 비해 비교적 불의
원자가 많은 인간의 육체는 영혼의 성격이 뚜렷하다. 하지
만 이마저도 인간이 죽으면 정신을 구성하던 원자도 흩어
져 버린다.

데모크리토스는 심지어 신들 역시 원자로 구성되어 있
다고 믿었다. 신이 사람보다 오래 살지만 불멸의 존재는 아
니라고 바라본 것이다. 사람들은 꿈이나 상상 속에서 신을
만날 수 있으며 그들은 인간사에 전혀 간섭하지 않는다.

그는 세계의 기원에 대해서는 침묵한 채, 그 이후의 현
상을 '원자설'로 설명했다. 원자가 어떻게 최초의 운동을
시작했는지에 대해 설명을 하지 않았기에, 이후 아리스토
텔레스와 같은 철학자로부터 비판을 받는다. 하지만 20세

기 위대한 철학자이자 수학자인 비트겐슈타인 ^{L. Wittgenstein ;} ^{1889~1951}은 "말할 수 없는 것에 관해서는 침묵하는 게 좋다." 라고 말했다. 세계가 신과 같은 '절대적 존재'에 의해 창조 되었다고 말할 수는 있다. 하지만 원인을 계속 소급해 올라 가, 이 '절대적 존재'를 누가 창조했냐고 묻는다면 뭐라고 답할 수 있으랴. 누군가가 창조했다고 대답한들 도돌이표 처럼 그 창조주는 누가 창조했냐는 질문을 받을 것이다. 따 라서 데모크리토스가 원자의 운동을 말하면서 운동의 기원 에 대해 침묵한 것은 불성실한 태도가 아니라 억측을 피하 려 했다는 점에서 과학적 태도에 가깝다.

고대 그리스 철학의 대표 주자들인 소크라테스, 플라 톤, 아리스토텔레스와는 달리 데모크리토스는 세계를 설명 하는 데 어떤 '목적인 ^{目的因, causa finalis}'을 도입하지 않았다. 인 간의 사회적 관계에서는 이 개념이 도입될 수 있다. 예컨대 어머니가 힘들게 맛있는 반찬을 만드는 목적은 가족들에게 먹이기 위해서다. 하지만 자연에도 이러한 '목적인'이 있는 지는 불확실하다.

데모크리토스

웃는 철학자

웃는 철학자 데모크리토스의 원자론은 쾌락주의와 연결된다. 데모크리토스에게 인간의 죽음은 원자의 흩어짐에 불과하다. 그는 사후세계란 처음부터 존재하지 않는다고 여겼다. 그에게 최상의 가치는 태연하고 흔들리지 않는 영혼의 상태, 즉 '아타락시아Ataraxia ; 부동심'다. 인간은 희망과 공포 같은 모든 감정으로부터 자유로워져야만 아타락시아에 도달한다. 때문에 그는 정열적인 감정에 사로잡히는 것을 싫어했다. 섹스sex 역시 격렬한 쾌감으로 의식의 안정을 방해한다는 이유에서 부정적으로 생각했다. 심지어 철학을 하는 데 방해가 된다는 이유로 아이를 원하지도 않았다. 그는 오로지 자유만을 갈망하고 사랑했다. 데모크리토스는 이렇게 말했다. "민주주의 치하에서의 가난이 전제군주 치하에서의 번영보다 낫다. 이것은 마치 자유가 노예 상태보다 나은 것과 같다."

인간을 우주의 중심에 놓다, 소피스트

○ ○ ○

프로타고라스에 의하면 어떤 현상에 관한

느낌이나 판단은 사람마다 다르게

나타날 수밖에 없다. 축적된 지식과 경험이

사람에 따라 다르기 때문이다. 따라서

모든 의견은 나름대로 타당성을 지닌다.

이는 훗날 근대 계몽주의에 큰 영향을 주었다.

인간학의 시대가
열리다

페르시아 전쟁[BC 492~479]이 그리스 도시국가 연합의 승리로 끝나자 각각의 국가는 번영을 구가하게 되었다. 특히 전쟁 이후 문화와 정치의 중심지로 도약한 아테네는 풍요의 정점에 있었다. 시민들은 경제적 안정 속에 고도의 교양을 갈망했다. 이들은 아무런 제약 없이 자신의 능력을 최대한 발휘하는 데 관심을 기울였다. 이런 분위기 속에서 철학의 주된 관심사도 자연에서 인간으로 이동한다. 이때부터 공개된 장소에서 논쟁을 통해 문제를 해결하는 일이 일반화되기 시작했다. 이는 시민들에게 웅변술의 중요성을 깨닫게끔 했으며 자신의 논지를 가장 정확하고 유창하게 공표할 수 있는 사람이 유리한 위치를 선점하게 되었다.

이와 같은 욕구에 부응한 집단이 바로 소피스트^{Sophist}였다. 소피스트는 방랑자처럼 이 도시에서 저 도시로 떠돌면서 여러 학문을 가르쳤다. 이들이 일정 보수를 받고 가르친 학문 중에 단연 인기가 있었던 분야는 대화술과 변론술이었다. 이렇듯 인간을 중시하는 새로운 경향의 철학은 소피스트로부터 시작해 소크라테스에 의해 높은 차원으로 비약하게 되며, 다시 플라톤과 아리스토텔레스에 의해 장엄한 체계로 전개된다. 철학자들은 자연에서 인간의 지위와 사회에서 인간이 행해야 할 준칙에 대해 깊이 있게 논의했다. 인간의 존재를 규정하기 위해 이성의 힘이 진지하게 논의되었으며, 인간의 사고 및 인식의 타당성과 범위에 대한 수준 높은 논쟁이 펼쳐졌다.

그리스의 각 도시국가에서는 다른 민족의 관습을 접할 기회가 점차 늘어났다. 다른 문화에 대한 선입견은 희석되고, 진리라고 여겨졌던 이념을 의심하는 철학적 태도가 점점 더 주목받기에 이른다. 옳고 그름에 대한 객관적 기준이 없다는 회의주의적 입장이 팽배해지자, 이제 남는 문제는 "무엇이 옳은가"의 문제보다는 "어떻게 입장을 관철시킬 수 있을까"하는 것이었다. 뛰어난 소피스트라면 어떻게든 재판에서 논리적인 정합성을 획득해 의뢰인이 승리하도록 이끌어야만 했다.

인간은 만물의 척도
프로타고라스

프로타고라스 Protagoras ; BC 485~414는 소피스트의 대표 주자였다. 그는 모든 문제의 중심에 인간이 있다고 주장하며 상대주의적 견해를 밝혔다. 그에 의하면 영원불변한 진리는 존재하지 않는다. 그는 이렇듯 무신론적 견해 때문에 사형 선고를 받게 되고, 그의 저작은 공공장소에서 불태워졌다. 사형을 피해 시칠리아로 도망가던 프로타고라스는 배 안에서 사망했다.

프로타고라스로부터 시작된 상대주의 相對主義 ; Relativism는 사람마다 인식·가치·지식이 제각각이며, 각자 처한 환경에 따라 현실 인식도 다르게 나타난다는 학설이다. 상대주의에 의하면 모든 걸 아우르는 절대적 진리는 존재하지 않는다. 어떤 사람이 내놓은 주장이 제아무리 뛰어나다 하더라도 이는 개인의 이해관계 내에 머무를 수밖에 없다.

소피스트 이전의 이오니아 학파는 근본적이고 절대적인 하나의 진리를 탐구하는 데 몰두했다. 그러나 프로타고라스는 보편타당하고 객관적인 진리 자체가 없다고 주장했다. 다음은 프로타고라스가 한 말 가운데 가장 유명하다.

인간은 만물의 척도이다.

프로타고라스

여기서 척도가 되는 사람은 단일한 존재로서의 인간이지 인류 전체가 아니다. 한편 프로타고라스는 신의 존재를 부정하는 발언을 일삼기도 했다. "나는 신들에 관해서는 알 수가 없다. 그들이 있다는 것도 알지 못하거니와 있지 않다는 것도 알 수가 없다." 19세기 후반 니체는 프로타고라스를 비롯한 소피스트에 대해 "소피스트는 모든 강력한 정신들이 가진 기백을, 자신들의 반(反)도덕성을 인식하려는 기백을 가진 자들이다."라고 평가했다.

아무도 알아채지 못한다면
노모스를 어겨도 좋다

고르기아스 Gorgias ; BC 483~376는 프로타고라스의 상대주의적 입장을 더욱 강력하게 밀고 나갔다. 그는 진리란 존재하지 않는다면서 이렇게 말했다. "아무것도 있지 않다. 그리고 만약에 무엇이 있다 하더라도, 인간은 그것을 인식할 수 없다. 그리고 만약에 그것을 인식할 수 있다고 하더라도, 남에게 전해줄 수는 없다." 우리 자신의 의식은 철저하게 개인적이다. 따라서 다른 사람의 관념이 우리 자신의 것과 같은지를 절대 확인할 수 없다. 특히 우리는 노모스 Nomos ; 규범에 대한 소피스트의 관점에서 구체적인 상대주의적 입장을 보게 된다. 고대 그리스 사회에서 노모스는 신과 인간에게 모두 속하는 가장 거룩한 것이었다. 그러나 소피스트는 온 세상을 두루 다닌 덕에 지역마다 습관이나 법률이 다르다는 것을 잘 알고 있었다. 따라서 이들에게 노모스는 보편타당한 것이 아니라 일시적인 규칙일 뿐이다. 소피스트 안티폰^{Antiphon ; BC 480~411}에 의하면, 아무도 알아채지 못한다면 우리는 노모스를 위반해도 좋다. 그는 국가로부터 어떤 구속도 당해서는 안 된다고 주장했다. 거의 아나키스트^{Anarchist}와 같은 주장을 한 셈이다.

인류 문명사의 거대한 수레바퀴

문명사에는 최대의 수수께끼가 한 가지 있다. 동양과 서양 모두 기원전 8세기부터 2세기까지 물질문명과 정신문명이 급격한 발전을 이룬 것이다. 독일의 철학자 칼 야스퍼스^{K. Jaspers ; 1883~1969}는 이 시기를 인류 문명의 모든 바큇살이 거슬러 올라가는 원점과 같다고 하여 기축시대^{축의시대 ; Axial Age}라고 불렀다. 이 시기 그리스에서는 탈레스·피타고라스·소크라테스·플라톤·아리스토텔레스 등이 활약했고, 이집트왕 네코가 어부들에게 아프리카 일주 항해를 시키기도 했으며, 페르시아에서는 조로아스터가 등장한다. 중국에서는 백가쟁명의 시대가 시작되었고, 이스라엘과 이집트, 바빌로니아에서는 수많은 예언자가 출현한다. 인도에서는 불교가 창시되었다. 이러한 활동이 거의 동시다발적으로 일어났다는 사실은 믿기 어려울 만큼 신기한 일이다.

철학자이자 사회학자인 루이스 멈퍼드^{Lewis Mumford ; 1895~1990}는 자신의 저서 『기계의 신화 1』에서 기술의 발전

과정에 주목하면서, 현대 사회의 연원과 전개 방향을 읽어내려 했다. 이때 멈퍼드는 '거대 기계'라는 개념을 제시한다. 그는 이집트의 피라미드와 같은 고대 문명의 거대한 토목 구조물에 주목했다. 거대 구조물을 건설하기 위해서는 가혹한 노동을 합리화하는 종교적 상징이 있어야했다. 이집트의 경우 태양 숭배 사상으로 이어진다. 그리고 사람들을 동원할 사회적 시스템도 필요했다. 전제 군주제, 노예제가 이에 해당한다. '거대 기계' 장치가 작동하는 현실은 토지와 부의 독점, 교육 기회의 독점, 극단적인 양극화, 노예제의 폭력성, 대량 살상을 불러왔다. 오늘날에도 '피라미드'는 아니지만 다른 형태의 '거대 기계'가작동한다. 고대 사회의 '거대 기계'로 인한 병폐는 피지배층의 반란을 불러왔다. 멈퍼드는 야스퍼스가 말한 기축시대는 바로 이러한 변화로부터 전개되었다고 보았다. 인간해방을 내포한 종교와 철학이 '거대 기계'에 도전장을 내밀고 극복해 가는 과정이라고 생각한 것이다.

2장.

서양 철학의 아버지,
소크라테스

우리는 모른다는 사실을 알아야 한다

◦ ◦ ◦

지식을 넓히고 통찰력을 키우기 위해서는

지금 알고 있는 사실에 대해

겸손해야만 한다. 현명해지고자 한다면

아무것도 모르고 있다는 사실을

알아야만 한다.

가정은 아랑곳하지 않고
철학에 매진하다

　　　　　소크라테스는 예수, 석가모니, 공자와 더불어 세계 4대 성인으로 추앙된다. 하지만 소크라테스는 단 한 권의 저작도 남기지 않았다. 오늘날 소크라테스에 관해 알 수 있는 것은 전적으로 그의 제자 플라톤의 기록 덕분이다.

　　소크라테스 Socrates ; BC 469~399는 아테네에서 조각가인 아버지와 산파인 어머니 사이에서 태어났다. 그는 아내 크산티페와의 사이에 아들 셋을 두었으며, 아테네에서 전 생애를 보냈다. 소크라테스는 젊었을 때 펠로폰네소스 전쟁(아테네와 스파르타 간에 벌어진 전쟁)을 비롯해 여러 전투에 참여했다. 그의 삶은 청년들에 대한 교육과 아테네 시민들과의 철학적 토론으로 점철되어 있었다. 그는 아무런 대가 없이 청년들을 가르쳤다. 이는 보수를 받고 제자를 키워내던 소피스트와 상반되는 부분이다.

한편 소크라테스는 가정을 잘 꾸려나가는 데 그다지 관심이 없었다. 그런 이유로 아내 크산티페는 남편이 철학을 연구하지 못하게 온갖 방법으로 방해했다고 전해진다. 하루는 크산티페가 호통을 치면서 소크라테스에게 물을 쏟아붓자 그는 "벼락이 친 뒤에는 늘 소나기가 오는 법이지."라고 말했다. 어떤 이가 "선생님은 사모님의 잔소리를 어떻게 견뎌 내십니까?"라고 묻자, 그는 무덤덤하게 "물레방아 돌아가는 소리도 귀에 익으면 괴로울 것이 없다."라고 답했다고 한다.

소크라테스의 신변을 묘사한 대목 중에는 그가 유별나게 못생긴 외모의 소유자였다는 사실이 가장 빈번하게 등장한다. 작은 키에 배가 올챙이처럼 불룩 튀어나온 그는 들창코인데다가 언제 어디서나 낡은 옷을 걸친 채 맨발로 돌아다녔다고 한다. 하지만 몸이 아주 튼튼해서 더위나 추위를 잘 타지 않고 굶주림도 잘 견뎌냈다고 한다. 게다가 아무리 술을 많이 마셔도 잘 취하지 않았다고 전해진다.

소피스트에
반대하다

소크라테스는 당시 자연 연구에 몰두해 있던 철학적 논의 방향을 인간 성찰로 돌리고자 했다. 그가 보기에 인간을 도외시한 자연 연구는 진정한 철학이 아니었다. 뿐만 아니라 소크라테스는 소피스트가 인간 연구에 열중했음에도 윤리와 법을 위태롭게 한다는 이유로 문제를 제기했다. 소크라테스는 "개별적인 인간은 만물의 척도"라고 주장하는 프로타고라스의 의견에 이렇게 반박했다. "인간은 하나의 종으로서 만물의 척도다."

프로타고라스는 인간 개개인이 만물의 척도이기에 윤리적 관점 또한 제각각이라고 주장했다. 하지만 소크라테스는 이에 반대하면서 인간 모두를 아우르는 보편적인 도덕 원리를 구축하려 했다. 소크라테스는 프로타고라스를 위시한 소피스트의 상대주의를 극복하고자 했으며, 참다운 도덕적 삶에 관해 탐구했다.

산파술

소크라테스에 의하면 스승은 자기가 아는 것을 제자에게 가르치는 게 아니라, 제자 스스로 진리를 찾아내도록 안내하는 '산파'가 되어야 한다. 이것이 바로 소크라테스의 '산파술'이다. 마치 산파가 산모의 안전한 출산을 돕듯이, 철학자는 정신적인 산파로서 제자를 도와야 한다. 소크라테스는 사람들이 자기주장을 펼칠 때 속단하는 경우가 많다는 사실을 깨닫는다. 충분한 검토와 사색을 거치지 않은 채 성급하게 결론을 내거나 자신의 지식을 합리화하는 것이다. 소크라테스는 산파술을 통해 그들의 지식이 불완전하다는 점을 깨우쳐 주려 했다.

우리는 모른다는 사실을 알아야 한다. 소크라테스는 대화를 시작할 때마다 자기 스스로 아무것도 모른다는 전제로부터 논의를 시작했다. 이를 '소크라테스의 아이러니'라고 한다. 소크라테스는 이렇게 말했다.

나는 대화가 끝난 후 상대방과 헤어질 때 이렇게 생각했다. 이 사람과 비교하여 나는 더 현명한 사람이다. 왜냐하면, 우리 둘 다 올바름이란 무엇인지, 정의로움이란 무엇인지 모르고 있지만, 그는 자신이 아무것도 모르고 있음에도 무언가를 안다고 생각하는 반면에, 아무것도 모르고 있는 나는 내가 아무것도 모르고 있다는 사실을 알고 있기 때문이다.

—— 플라톤, 『변명』

다이몬의
소리를 들어라

소크라테스는 늘 "다이몬^{Daimon}의 소리를 들어라."라고 외치고 다녔다. 다이몬은 신적인 내면의 목소리이다. 소크라테스는 다이몬을 자신이 따를 최고의 신으로 간주했다. 또, 소크라테스는 델포이 신전 양쪽 기둥 밑에 새겨진 "너 자신을 알라."라는 구절을 자주 외우고 다녔다. 델포이 신전은 태양의 신 아폴론을 모신 곳으로 고대 그리스인들이 세상의 중심으로 여긴 곳이다. 이곳은 '세계의 배꼽'이라는 뜻인 '옴팔로스^{Omphalos}'라고 불렸다. 그리스 각지로부터 아폴론에게 신탁^{神託}을 받으려는 사람들이 늘 몰려들었다고 전해진다.

소크라테스가 군복무 중일 때 이런 일이 있었다.

어느 날 소크라테스는 잘 풀리지 않는 어떤 일을 골똘히 생각하고 있었다. 그는 이른 새벽부터 정오에 이르기까지 우두커니 선 채 사색에 잠겨 있었다. 그의 행동은 주위 사람의 관심을 끈다. 그는 이튿날 아침까지 그대로 서 있었으며, 날이 밝자 태양을 향해 기도하고 길을 떠났다.

———   플라톤, 『향연』

이런 일은 소크라테스에게 때때로 일어났다. 하루는

소크라테스가 아리스토데모스와 어떤 연회에 가는 길이었다. 소크라테스가 뒤처지기 시작했고 아리스토데모스만 연회에 도착하자 주인인 아가톤은 소크라테스는 왜 오지 않았냐고 물었다. 그제야 아리스토데모스는 소크라테스가 자기와 함께 있지 않은 것을 발견하고, 종을 시켜 찾으러 보낸다. 종은 소크라테스가 이웃집 문 앞에 서 있는 것을 발견하고 돌아와서, 소크라테스가 이웃집 문 앞에 서 있으며 아무리 불러도 반응이 없다고 말했다. 이때 그를 잘 아는 사람들이 소크라테스는 멈춰 서서 정신을 잃는 버릇이 있다고 알려줬다고 한다.

소크라테스는 멍하게 서서 무엇을 보았으며 누구와 대화를 나누고 있었던 것일까? 자기가 섬기는 '다이몬' 신이 아니었을까? 다이몬이 모든 인간의 내면에 깃든 수호신인지, 외재적 신인지, 아니면 그냥 도덕적인 양심이라는 의미인지는 명확하지 않다. 하지만 소크라테스는 다이몬으로 인해 영혼 불멸을 믿고 죽음에 대한 공포에서 벗어날 수 있었다.

철학을 했다는 이유로 고소당하다

。。。

누군가가 소크라테스에게 "저 사람이
선생님을 욕하고 있습니다."라고 말하자,
그는 "아닙니다. 그 사람이 한 말 가운데
나에게 해당하는 것은 전혀 없습니다."라고
답했다. 여기서 문제가 있는 것은
소크라테스 자신이 아니라 비난하는
그 사람의 열등의식이라는 의미이리라.

소크라테스의
반어법

우리는 자기가 모른다는 사실을 깨달아야만 한다. 이 '무지에 대한 지知'는 소크라테스 철학의 기본 전제다. 소크라테스가 보기에 자신의 무지를 모르는 사람은 아무것도 알아낼 자격이 없다. 소크라테스는 상대방과 토론할 때 우선 자신의 의견은 보류하고, 상대의 견해로 들어가 그가 '아무것도 모른다는 사실'을 깨닫도록 유도했다. 끊임없는 반문을 통해 상대방을 모순에 휘말리게 함으로써 상대방이 다음과 같이 고백하게 만든 것이다.

이제 나는 아무것도 알지 못한다는 사실을 알게 되었다.

이렇듯 상대가 원래 생각과 반대되는 것을 말하게 해서 자기 스스로 무지를 폭로하게 만드는 방법을 '소크라테스의 반어법'이라고 일컫는다. 소크라테스는 진리를 깨달았다고 주장하는 철학자들을 찾아다니며 그들의 주장을 논파했다. 다음은 소크라테스와 소피스트 트라시마코스가 '정의란 무엇인가'를 두고 펼친 토론의 일부이다. 논쟁이 꽤 복잡하게 진행되므로 필자가 임의로 간략하게 축약해 보았다.

트라시마코스 정의란 강한 자의 이익일 따름이다. 어떤 정치 체제이든 힘을 행사하는 쪽은 지배층이다. 모든 정권은 자신의 이익을 목적으로 삼는다. 정의란 통치자의 이익이다.

소크라테스 통치자들은 전혀 실수하지 않는 자들인가? 아니면 실수할 수도 있는가?

트라시마코스 실수할 수도 있다.

소크라테스 트라시마코스 당신의 논리에 의하면 통치자들이 정의롭게 법을 제정한다는 것은 자신들의 이익에 맞게 법을 잘 제정했다는 의미이겠다. 또, 정의롭지 못하게 법을 제정한다는 것은 통치자 자신들에게 불이익이 오도록 법을 잘못 제정한 것이다. 그런데, 이 논리는 이상하다. 왜냐하면, 통치자가 자기의 이익에 맞게 잘 제정된 법을 이행하는 것은 당연히 정의로운 일이 되겠지만, 잘못 제정된 법을 이행하는 것도 정의로운 것이 되고 만다. 어떻든 통치자가 제정한 법은 정의롭기 때문이다. 통치자가 실수로 자기에게 불이익이 오는 법을 제정할 수도 있기에, 트라시마코스 당신이 말한 것과 같이 '정의란 무조건 통치자의 이익'이란 주장은 잘못되었다.

―――

플라톤, 『국가론』

소크라테스는 상대가 '정의란 무엇이다'와 같이 거창한 주장을 하면, 구체적인 사례를 들어 반박했다. 소크라테스는 상대가 말문이 막힐 때까지 질문을 계속했고, 결국 상대가 자신의 주장을 철회하도록 만들었다. 특히 유명한 사람일수록 더 집요하게 물고 늘어졌다. 이런 소크라테스의 태도는 데모크리토스로부터 말이 너무 많다는 비판을 받기도 한다. 소크라테스와 논쟁을 펼친 이들은 그에게 앙심을 품기도 했는데, 특히 정치가들은 소크라테스를 눈엣가시처럼 여겼다. 그렇다면 소크라테스는 왜 이런 방식의 논쟁을 고집했을까? 소크라테스가 소피스트식의 상대주의에 대해 불만이 있었기 때문이다. 소크라테스는 '정의'가 일부 계층에게만 통용되는 것이 아닌, 모든 것을 아우르는 보편적이고 절대적인 것이라 여겼다. 그리고 사람들이 저마다 주장하는 정의가 편향된 시각의 결과라며 문제 삼았다.

정의란 무엇일까? 뛰어난 정치가들은 그것을 안다고 여긴 채

여기저기 다니면서 이것이 정의라고 떠들고 다니지만 왜 이들
은 자신이 아무것도 모른다는 사실을 모를까? 물론 나도 보편
적이고 절대적인 정의가 무엇인지 모른다. 단, 나는 이것을 계
속 찾고 싶다. 과연 진정한 정의란 무엇일까?

소크라테스를 흉내 내는
아테네 명문가의 자제들

소크라테스는 통치자나 유력인
사들이 자신의 이익만 대변하는 것을 두고 잘못된 이념이
라 비판했다. 그는 모든 계층을 위한 진정한 '정의'가 무엇
인지 끊임없이 탐구했다. 부유한 청년들은 권력자들의 민
낯을 낱낱이 드러내는 소크라테스를 좋아했다. 이에 청년
들은 소크라테스를 흉내 내기 시작했다. 이때 소크라테스
의 대화 방법 중 하나인 '반어법'은 한 집안의 부자 관계에
악영향을 끼쳤다. 소크라테스를 따라다니며 그가 수많은
거물에게 굴욕을 안기는 것을 목격한 청년들이 집으로 돌
아가 아버지에게 대들면서 물의를 일으킨 것이다. 그들은
아버지와 대화를 나눌 때 소크라테스를 흉내 내며 반박했
다. 이 청년들이 대체로 아테네 명문가의 자제들이었기 때
문에 파급이 더 컸다. 심지어 이 이슈는 아리스토파네스가
자신의 희곡 「구름」에서 다룰 정도였다. 이 희곡은 소크라

테스의 제자가 부모에게 대들면서 대화를 감행했으며, 어른과 지도층 인사들은 소크라테스식 대화 때문에 정신적 권위를 상실했다는 점을 지적했다.

작품 속 인물 스트레프시아데스는 막대한 빚 때문에 소송당할 것을 염려한 나머지 아들을 소크라테스가 운영하는 '생각공방Thinking workshop'에 보낸다. 당시 소크라테스의 '생각공방'은 논쟁 능력을 키우는 데 탁월한 곳이라는 소문으로 명성이 자자했다. 스트레프시아데스는 자기 아들이 이 논쟁 기술을 배우면 향후 돈 문제를 둘러싸고 벌어질 법정 공방에서 유리할 것이라고 기대했다. 스트레프시아데스의 아들은 생각공방에서 논쟁 기술을 배우고 돌아온 후 다짜고짜 아버지를 두들겨 패기 시작한다. 그러고는 이렇게 말하는 것이었다.

새롭고 뛰어난 것을 알게 되고, 기존의 법도를 우습게 볼 수 있게 되는 것은 얼마나 통쾌한 일이냐! 교묘한 철학, 논쟁법, 억측하는 법을 알게 되었으니 이제 아버지에게 때리는 형벌을 가하는 일의 타당성을 증명해 보리라.

아들이 해괴한 논리를 늘어놓으며 패륜 행태를 보이는 것에 충격받은 아버지가 결국 생각공방에 불을 지르고 소크라테스와 제자들은 연기 속을 헤치고 뛰어나오는 것으로 연극은 끝난다.

소크라테스로부터 논파 당한 유력인사나 정치가들은 과연 자신들의 무지를 깨닫게 하고, 철학적 사유의 깊이를 체험케 해주었다고 소크라테스에게 감사해 했을까? 아무리 논쟁이 신사적이고 합리적으로 진행되었다 해도 논쟁에서 진 사람은 모멸감을 느낄 수밖에 없다.

결국, 소크라테스는 청년들을 타락시키고 국가의 신 대신 새로운 신, 다이몬을 믿는다는 죄목으로 고소당한다. 그의 나이 70세 봄이었다.

철학은 죽음을 위한 준비다

○ ○ ○

소크라테스는 영혼의 불멸을 믿었다.

우리의 영혼은 육체라는 감옥에 감금되어 있고,

죽음은 육체라는 감옥으로부터의 탈옥이다.

재판과 처형 과정에서 벌어지는

소크라테스의 생사관, 종교관, 법 질서관은

플라톤의 『변명』과 『크리톤』에 잘 나타나 있다.

사형을 선고받고
정의를 부르짖다

소크라테스의 재판은 많은 배심원이 참여한 가운데 진행된다. 배심원은 30세 이상의 아테네 시민으로 국가에 빚이 없으면 누구나 지원할 수 있었다. 아테네의 법체계상 1심에서는 유무죄를 가리고 2심에서 형량을 내린다. 소크라테스는 1심에서 유죄 판결을 받는다. 그런데 소크라테스는 2심이 진행되기 전에 발언권을 얻어 자신의 소신을 떳떳하게 피력했다.

당신들이 나에게 "소크라테스여! 이번에는 당신이 다시는 철학을 하지 않는다는 조건으로 당신을 석방하고 싶군요. 하지만 또 붙잡힌다면 당신은 죽을 것이오."라고 말한다면, 나는

이렇게 대답하리오. "나는 여러분 아테네 시민들을 진심으로
존경합니다. 하지만 나는 (······) 숨을 쉬고 있는 한 철학을 포기
하지 않을 것이며, 여러분과의 대화를 포기하지도 않을 것입
니다." 그리고 여러분과 마주칠 때 양심적으로 말할 것입니다.
"친애하는 자여! 당신은 가장 위대하고 문화와 힘에서 가장 유
명한 도시인 아테네의 시민입니다. 그런데도 당신은 돈을 벌
고 명예와 명성을 얻는 데는 전혀 부끄러움 없이 지대한 관심
을 보이지만, 이성과 진리에 대해, 그리고 선한 영혼을 갖는
것에 대해서는 아무런 염려를 하지 않는군요."

―――

플라톤, 『변명』

소크라테스는 유죄 판결이 난 이후 선처를 바란다고
말하기는커녕 오히려 아테네 시민들을 꾸짖었다. 화가 난
배심원들은 2심에서 소크라테스에게 사형 선고를 내린다.

나는 죽음으로 가고
당신들은 삶으로 가고

소크라테스는 많은 이들에게 존
경을 받은 만큼 그를 시기하는 적도 많았다. 소크라테스를
비난한 이들은 그가 추구하는 '끊임없는 대화'가 사회 조직
의 모든 권위를 추락시킨다고 비난했다. 또 소크라테스가

자크 루이 다비드, <소크라테스의 죽음>, 캔버스에 유채,
197x130cm, 1787년, 메르로폴리탄 미술관.

신화를 언급하지 않은 채 도덕만을 강조했기에 종교계의 피해도 만만치 않았다. 결국, 이러한 세력이 힘을 모아 소크라테스를 법정에 서게 했고 사형을 선고받게 한 것이다. 『변명』은 소크라테스가 법정을 떠나 감옥으로 가면서 청중에게 남기는 고별사로 끝난다.

> 떠날 시간이 되었다. 이제 우리는 각자의 길을 가자. 나는 죽음으로 가고 당신들은 삶으로 가고. 그렇지만 어느 쪽이 좋은 길인지는 신만이 알 것이다.

당시 아테네의 법에 따르면, 사형을 선고받은 이를 24시간 이내에 처형하게 되어 있었다. 하지만 아폴론에게 제물을 바치는 배가 출발하는 날부터 돌아오는 날까지는 신성한 기간으로 여겨 이때는 처형을 금지했다. 소크라테스가 사형 선고를 받은 때는 마침 떠날 배의 뒷부분을 장식하던 날이었다고 한다. 더욱이 배가 역풍을 만나 보통 때보다 늦어지는 바람에 소크라테스의 사형은 많이 늦춰진다. 그렇게 소크라테스는 한 달 동안 감옥에 있었다. 소크라테스의 제자들은 그를 국경 밖으로 탈출시키려는 계획을 세웠다. 도시를 빠져나갈 경계선만 넘으면 모든 법적 문제는 해소되는 것이었다. 그리스의 저항적인 지식인들은 자유롭게 다른 도시로 이동할 수 있었고, 덕분에 자유로운 지적 탐구가 가능했다. 실제로 어떤 도시에서 홀대받던 명망 있는 사상가들이 다른 도시에서는 추앙의 대상이 되기도 했다. 소크라테스의 추종자들도 앉아서 사형을 당하느니 다른 도시로 떠날 것을 종용했다. 게다가 상당수의 시민과 지성인들은 소크라테스가 사형받을 만한 짓을 저질렀다고 생각하지도 않았다.

델로스섬에 갔던 배가 돌아올 때가 되자 소크라테스의 친구들과 제자들은 극도로 초조해졌다. 소크라테스의 친구 크리톤은 밤중에 소크라테스가 갇힌 감옥에 찾아와 다시 한번 탈옥을 간곡히 권한다. "이 재판은 부당할뿐더러, 자네의 죽음은 가족과 제자들에게 큰 불행이네. 돈이 얼마가 들든 내가 관리들을 매수할 터이니 제발 탈옥하게나." 하지만 소크라테스는 이를 거절한다.

나는 재판 결과와 상관없이 결과에 복종할 것을 서약했네. 나에게 사형 선고가 내려졌다고 해서 이에 불복하고 탈옥한다면 이것은 부정을 저지르는 것이고 나를 양육한 국가를 배신하는 짓이야. 우리는 국법의 보호를 받고 살아가고 있다네. 법률에 따라 국가가 나에게 죽음을 명령했다면, 이를 어길 수는 없네.

델로스섬에서 배가 돌아온 날, 해 질 무렵이 되자 간수들이 독이 든 잔을 들고 온다. 아테네에서 사형 집행은 보통해가 지는 시각에 이루어졌다. 이때 사형수는 술이나 음식을 원하는 대로 먹고 심지어 여자를 부를 수도 있었다고 한다. 하지만 소크라테스는 독약을 빨리 가져오라고 했으며 의연하게 독을 마시고 최후를 맞이한다.

플라톤의 『파이돈』에는 소크라테스의 마지막 말이 나온다.

아스클레피오스에게 닭 한 마리를 빚졌으니 꼭 갚아 주게!

아스클레피오스는 아폴론의 아들로 의술의 신이다. 대중들은 죽은 자도 살리는 그만이 생명과 죽음의 비밀을 아는 유일한 존재일 거라 여겼다. 의학의 아버지라 불리는 히포크라테스 역시 아스클레피오스 사원에서 훈련을 받은 것으로 알려져 있다. 고대 그리스에서는 병이 나으면 감사의 뜻으로 아스클레피오스에게 닭 한 마리를 바치는 풍습이 있었다고 한다. 소크라테스의 마지막 말은 독배를 마시고 이 세상보다 나은 저세상으로 가게 되어 아스클레피오스에게 감사를 표하고 싶다는 뜻이다.

철학이란
죽음을 위한 준비다

소크라테스의 죽음은 종교적인 순교와도 비슷한 측면이 있다. 그의 유언을 보면 영혼의 불멸을 믿었던 것으로 보인다. 소크라테스는 육체와 영혼을 구분하면서 육체를 영혼을 가두는 감옥이라고도 했다. 죽음이란 다른 곳으로의 자리바꿈이고 꿈 꾸지 않는 깊은 잠이라는 것이다. 우리가 죽음을 통해 더 좋은 곳으로 간다면 이 또한 축복이다. 소크라테스가 보기에 육체적인 차원의 삶은 그저 생존을 위해 육욕을 채우는 것에 불과하다. 우리가 죽음에 대해 공포를 느끼는 이유는 모든 것을 육체적 차원으로만 해석하기 때문이다. 제대로 사는 삶은 죽음을 마지막으로 생각하지 않는다. 우리는 살아가는 동안 죽음을 수련해야만 한다. 소크라테스는 말한다.

철학으로 생애를 보낸 사람은 죽은 뒤에 저승에서 가장 좋은 것을 얻게 될 거라고 확신한다. (……) 철학자들의 수련이란 몸에서의 영혼의 풀려남과 분리다. 철학자들은 죽음을 수련하는 사람이다. 죽게 되었다고 화를 내는 사람이 있다면, 그는 지혜를 사랑하는 사람이 아니다. 그는 몸을 사랑하는 사람으로 재물과 명예를 좋아하는 사람이기도 하다.

———　　　　　　　　　　　　　플라톤, 『파이돈』

　　지중해 전역에서 모여들었던 소크라테스의 제자들은 그가 죽은 뒤 절망과 충격에 빠져 대부분 아테네를 떠난다. 플라톤도 그들 중 하나였다. 하지만 그의 장렬한 죽음은 그를 역사에 길이 남는 철학자로 만들었다. 철학자다운 행동이 죽음을 불러온 것이기에 철학의 역사에서 그의 위상은 확고부동한 것이 되었다. 소크라테스 사후에는 그의 가르침을 밑바탕으로 한 여러 학파가 생겨났는데, 플라톤 학파, 키니코스 학파, 메가라 학파, 엘리스 학파 등이 그것이다.

다이몬의 소리를 들어라

소크라테스는 항상 "다이몬^{Daimon}의 소리를 들어라."라고
외쳤다. 악마라는 의미의 데몬^{demon}도 이 '다이몬'으로부
터 유래되었다. 이 개념의 의미는 자연의 신이라는 의미
도 있고, 인간 내면의 '양심의 목소리'란 뜻으로도 해석된
다. 소크라테스는 아테네의 전통 신이 아닌 다이몬을 줄
기차게 외우고 다녔다는 이유로 사형 선고를 받는다. 소
크라테스의 다이몬은 전통적인 고대 그리스의 올림포스
신들과는 판이한 것이었다. 게다가 어떤 철학적인 절대
이념도 아닌 듯하다. 소크라테스에 의하면 다이몬은 인간
의 무지를 자각하게 하는 신성한 존재다. 다이몬은 모든
개인에게 깃든 수호신으로 인간이 끊임없이 자신을 되돌
아보게 만든다. 다이몬은 인간이 자신의 지식이나 관점을
과신하여 오만한 태도를 보이면 이런 질문을 던진다. "너
의 지식이 과연 확실한 것이라고 믿어 의심치 않는가? 네
가 아는 게 전부라고 생각하는가? 너 스스로 무언가를 알
고 있다고 생각하는가?" 소크라테스가 보기에 대부분의

인간은 온갖 욕심과 정의롭지 못한 생각에 휩싸여 이런 다이몬의 질문을 듣지 못한다. 또, 플라톤의 『향연』을 보면 '다이몬'이 구체적인 어떤 정령과도 같은 개념으로 나온다. 이 책에서 소크라테스는 디오티마^{Diotima}로부터 들은 이야기라고 하면서 다이몬에 관해 언급한다.

> **소크라테스** 그러면 도대체 '에로스^{Eros}'는 무엇입니까? 그것은 죽습니까?
>
> **디오티마** 그것은 죽는 것과 죽지 않는 것의 중간자입니다. 그것은 위대한 '다이몬'입니다. 다이몬은 모든 신과 죽음 사이에 있기 때문이지요. 다이몬은 인간의 기도와 희생제물을 신에게 대신 전달합니다. 또한, 반대로 신의 뜻과 보답을 인간에게 전달하기도 합니다. 다이몬은 신과 인간의 매개체로 그 간격을 메워주고 만물을 하나로 묶어줍니다. 다이몬을 통해 온갖 점술과 희생 제의, 입문식, 주술 그리고 종교인들의 모든 기술과 예언 및 마술이 펼쳐질 수 있는 것입니다. 신과 인간은 직접 소통하지 못합니다. 이 다이몬을 통해서만 신과 인간의 소통이 이루어집니다. 그래서 우리는 이런 일에 능통한 사람을 다이몬이 깨어 있는 사람이라고 합니다.

'다이몬이 깨어 있는 사람'이란 곧 다이몬의 소리를 잘 듣는 사람이다. 소크라테스가 늘 "다이몬의 소릴 들으라."라고 외치고 다녔다는 이야기는 소크라테스 자신이 다이몬의 소리를 들을 수 있다는 의미이다. 다이몬이 무엇인지 단정 짓기란 어렵다. 과연 다이몬과 같이 나를 도와주는 수호신이 존재하는 것일까? 여러분 각자 한번 상상해 보길 바란다. 그리고 만약 다이몬이 존재한다면, 필자를 포함해 독자 여러분도 다이몬의 소리를 들을 수 있게 되기를 바란다.

3장.

서양 철학의
알파이자 오메가,
플라톤

플라톤과 서양 철학

○ ○ ○

플라톤이 시라쿠사의 전제 군주인
디오니시우스 1세를 설득해 자신의 정치 이상을
실현하려는 시도는 무산되었다. 하지만 이후에도
플라톤은 시라쿠사를 두 차례 더 방문해 자기의
정치 이상을 펼치고자 했다. 이때 시라쿠사는
통치자가 바뀌어 디오니시우스 2세의 치하였다.
하지만 이 두 차례의 노력도 물거품이 된다.

서양 철학의 역사는
플라톤 철학에 달린 각주

영국의 철학자 화이트헤드^{A. N.} Whitehead ; 1861~1947는 "서양 철학은 플라톤의 철학에 달린 각주에 불과하다."라고 말했다. 국가론, 영혼론, 이데아, 우주관, 윤리학 등 이후 서양 철학사의 중심 화두는 대부분 플라톤의 철학에서 나온 것들이다. 화이트헤드의 지적처럼 플라톤 이후의 철학적 담론은 플라톤의 영향에서 벗어날 수 없다. 미국의 철학자이자 시인인 랄프 왈도 에머슨^{R. W.} Emerson ; 1803~1882도 이렇게 말했다. "철학은 플라톤이고, 플라톤은 철학이다.", "도서관이 불타 없어지더라도, 플라톤의 『국가』는 불타서는 안 된다." 한마디로 플라톤은 서양 철학사에서 알파이자 오메가인 셈이다.

　　귀족 집안 출신의 플라톤Plato, Platōne ; BC 427~347년경의 본래
이름은 아리스토클레스Aristocles였으며, '플라톤'은 그의 별
명으로 넓은 어깨와 높은 이마를 가진 남자라는 의미이다.
실제 플라톤은 건장한 체격으로 운동선수로서도 두각을 드
러냈다고 한다.

소크라테스와의
첫 대면

　　　　　　　　　플라톤과 소크라테스의 만남은
서양 철학사에서 한 획을 긋는 굵직한 사건이다. 플라톤은
소크라테스를 만나지 못했다면 철학자가 되지 않았을 것이
고, 소크라테스는 플라톤이 아니었다면 서양 철학의 아버
지로 기록되지 못했을 것이다. 어느 날 플라톤은 자기가 쓴
희곡 한 편을 들고 비극 경연 대회에 참가하기 위해 디오니
소스 극장으로 간다. 플라톤은 그 극장 앞에서 소크라테스
의 강연을 듣는데, 이것이 그의 운명을 바꾸어놓는다. 플라
톤은 소크라테스의 강연에 너무도 큰 감동을 한 나머지 손
에 들고 있던 희곡을 불 속에 던져 버리면서 외친다. "이제
저 플라톤은 당신이 필요합니다!" 곧바로 그는 소크라테스
의 제자가 된다. 평소 플라톤은 입버릇처럼 이렇게 말했다
고 한다. "나는 야만인으로 태어나지 않고 그리스인으로 태

어난 것, 노예로 태어나지 않고 자유인으로 태어난 것, 또 여자로 태어나지 않고 남자로 태어난 것, 특히 소크라테스와 같은 시대에 태어난 것을 신께 감사드린다."

플라톤의 책에서 어디까지가 소크라테스의 생각이고, 어디까지가 플라톤의 생각인지 구별하기란 쉽지 않다. 플라톤은 자신의 책에서 일관되게 소크라테스를 주연으로 내세웠다. 이는 스승에 대한 무한한 존경일 수도 있고, 소크라테스의 입을 빌려 자기 생각을 널리 퍼뜨리려는 방편이었을 수도 있다. 여기서는 소크라테스의 언급도 플라톤의 생각이라 간주하고 논의를 진행하고자 한다.

여행과
철학 사유

플라톤은 소크라테스가 사형을 당하자 큰 충격을 받고 아테네를 떠나 이곳저곳을 방랑한다. 처음에는 그리스 남부로 가서 소크라테스에게 영향을 받아 창시된 메가라 학파의 여러 철학자와 교분을 쌓는다. 그런 다음 이집트, 키레네, 크레테, 남부 이탈리아 등으로 긴 여정을 떠났고, 이 과정에서 피타고라스 학파, 헤라클레이토스 학파, 엘레아 학파의 철학자들과 만난다. 이때 그는 수학과 천문학 지식의 폭이 넓고 깊어진다.

기원전 387년, 플라톤은 아테네로 돌아와 아카데미아^{Academia}라는 학교를 세운다. 입구에는 '기하학을 모르는 자는 이곳에 들어오지 말라'라는 문구를 붙였으며, 교내에는 '진리에의 사랑'을 상징하는 사랑의 신 에로스상을 안치해 놓았다. 아카데미아는 플라톤의 부유한 친구와 제자들의 기부금으로 유지되었고, 이에 플라톤은 돈을 받지 않고 제자들을 양성했다. 그의 강의는 여성이란 이유로 교육을 받지 못한 귀부인이 남장하고 들어와 청강할 정도로 유명했다. 플라톤의 제자 중에서 가장 유명한 아리스토텔레스 역시 이곳에서 20여 년 동안 공부했다. 서양 사립 대학의 시초라 할 수 있는 아카데미아는 AD 525년 로마 황제 유스티니아누스가 폐쇄 명령을 내릴 때까지 무려 900여 년 동안이나 존속된다. 플라톤의 대부분 저술은 대화 형식으로 꾸며졌기 때문에 우리는 그의 저술을 일컬어 '대화편'이라고 말한다. 플라톤은 선배들의 다양한 철학을 받아들이고 자기 나름대로 변형시켜 거대한 호수와도 같은 철학 세계를 구축했다.

철학을 정치판에서 실현하려다
노예로 팔리다

플라톤은 자신의 정치적 이상을 실현하고자 오늘날 이탈리아 시칠리아섬에 있었던 도시국가 시라쿠사를 방문한다. 당시 이곳은 독재자 디오니시우스 1세가 다스리고 있었다. 플라톤이 디오니시우스 1세를 면담하도록 주선한 이는 디오니시우스 1세의 처남인 디온이었다. 당시 21세였던 디온은 플라톤을 매우 존경했으며 훗날 아카데미아에서 지도를 받기도 한다. 플라톤은 자신의 이념을 수용하도록 디오니시우스 1세를 설득하지만, 대화는 순조롭게 진행되지 않는다. 플라톤이 덕을 존중하지 않는 디오니시우스 1세의 태도를 나무라자 그는 불쾌해하며 "그대의 이론에는 늙은이의 냄새가 납니다."라고 말했고, 그러자 플라톤은 "왕의 말씀에는 독재자의 냄새가 납니다."라고 응수한다. 디오니시우스 1세는 화를 참지 못하고 그를 죽이려 하지만, 처남인 디온의 간곡한 만류에 목숨만은 살려준다. 왕은 시라쿠사를 방문한 스파르타의 사절 폴리스에게 플라톤을 맡기는데, 이 사절은 플라톤을 노예로 팔아넘겨 버린다. 노예 시장에 나온 플라톤은 소크라테스로부터 영향을 받은 키레네 학파인 안니케리스가 몸값을 치러주어 겨우 석방된다. 아네테로 돌아온 이후 안니케리스에게 돈을 갚으려 하지만 안니케리스는 받으려 하지 않았다. 플라톤은 이 돈으로 아카데미아를 세운다.

에로스, 플라톤 철학의 중심어

○ ○ ○

호메로스의 『일리아스』에는
트로이 전쟁의 영웅 아킬레우스가 분노에
사로잡혀 트로이 최고의 전사이자 왕자인
헥토르를 죽이고 그의 시신을 훼손하는 장면이
나온다. 아킬레우스가 이토록 광적인 분노에
사로잡혔던 이유는 헥토르가 그의 동성 애인인
파트로클로스를 죽였기 때문이었다.

플라토닉
러브

'에로스Eros'는 사랑, 혹은 사랑의 신이라는 의미를 지닌 플라톤 철학의 중심어 가운데 하나다. 남성들 사이에서, 풍부한 경험을 갖춘 노련한 성인이 멘토가 되어 신출내기 청년을 교육적으로 잘 이끌어가야만 한다. 이것이 플라톤이 말한 에로스 이론의 골자다. 플라톤의 에로스는 기독교 사상을 비롯한 서양 철학 전반에 큰 영향을 끼쳤다. 플라톤의 이름을 딴 '플라토닉 러브Platonic Love'라는 용어는 르네상스 시대의 철학자 마르실리우스 피치누스Marsilius Ficinus가 처음 사용한 개념으로, 신을 향한 사랑이나 육체를 초월한 정신적인 사랑이라는 의미이다. 오늘날 이 단어는 정신적인 사랑을 대표하는 관용어가 되었다.

술 한잔하면서
에로스에 관해 논하다

플라톤 철학에서 에로스는 『파이드로스』, 『향연』 등에서 중점적으로 다룬다. 극작가 아리스토파네스는 『향연』에서 에로스의 개념을 이렇게 정의한다. 인간은 원래 둥근 몸뚱이에 얼굴이 한 쌍, 팔다리가 두 쌍씩 달려 있었다. 인간은 두 사람이 붙어 있는 모양에 따라 세 종류로 나뉘었다. 1. 두 남성이 붙어 있는 모양으로, 해의 자손이다. 2. 두 여성이 붙어 있는 모양으로, 땅의 자손이다. 3. 남녀가 서로 붙어 있는 모양으로, 달의 자손이다. 이들은 신의 노여움 때문에 반으로 갈라진다. 원래 하나였던 두 사람은 자신의 반쪽을 그리워하고 다시 만나기를 원한다. 아리스토파네스가 보기에 에로스란 둘로 나뉜 두 사람이 다시 원래의 몸으로 합쳐지기를 바라는 열망이다.

'향연'의 원어인 '심포시온sympósion'은 술을 마시는 잔치라는 의미이다. 고대 그리스에서 성인 남성들은 사교적 연회인 심포시온을 자주 열었다. 연회에는 자기가 속한 영역에서 어느 정도 일가를 이룬 성인 남성과 아직 여러모로 미숙한 어린 청년이 동석했다. 이들은 자유로운 분위기 속에서 철학, 시, 음악 등을 교류했는데, 여기에는 동성애도 포함되어 있었다.

고대 그리스의
동성애 문화

고대 그리스에서 동성애는 일반
적이었다. 성숙한 남성과 성숙기에 들어선 청년이 파트너
가 되는 동성애는 장려되기까지 했다. 플라톤은 동성애자
들이 군대 내에 포진하면 전투력이 더욱 높아질 거라 말하
기도 했다. 플라톤은 이들이 자신의 연인이기도 한 전우의
목숨을 위해 더욱 열심히 싸울 거로 생각했다. 플라톤이 말
하는 동성애란 사회적·지적 경험이 풍부한 노련한 성인이
능동적인 입장이 되어 어린 청년을 교육적으로 이끌어가는
방식이었다. 이런 맥락에서 노련한 성인 남성끼리의 동성
애는 긍정적인 평가를 받지 못했다.

플라톤의 에로스 이론에는 남성들 간의 사랑하는 자
'에라스테스Erastes'와 사랑받는 자 '에로메노스Eromenos'의 관
계가 중요했다. 그리스 도시국가에서는 소년이 자라서 입
대할 나이가 되면, 그의 '에라스테스'가 갑옷과 투구, 무기
를 선물해 주었다. 『파이드로스』는 '에라스테스'와 '에로
메노스' 사이에서 형성되는 동성애에 대해 여러 방식으로
논한다. 그리스 사회의 동성애는 오늘날 우리가 성적 소수
자의 사랑으로 취급하는 개념과는 거리가 멀었다. 당시 자
유로운 그리스 남성 즉 시민은 결혼 생활을 정상적으로 해
나가는 동시에 동성애를 추구했다. 이들은 여성, 외국인,

노예 위에 군림하며 자신들만의 폐쇄적인 공동체를 만들었다.

플라톤은 "여자와 동침하면 육체를 낳지만, 남자와 동침하면 마음의 생명을 낳는다."라는 말까지 한다. 그리스 사회에서 여성은 아이를 낳고 양육하는 도구로 취급받았다. 이에 비해, 자유 시민인 남성에게 생활의 중심은 가족이 아닌 국가와 사회였다. 대부분의 생산 활동은 노예가 담당했고, 남성은 정치에 관여하거나 국방에 종사했다. 남성들끼리 접촉하는 기회가 많다 보니 우정이 동성애로 발전하는 것은 흔한 일이었다. 플라톤은 『향연』에서 "연인으로만 이루어진 국가나 군대를 만들 수 있다면 그보다 더 좋은 방법은 없다. 모든 병사가 연인과 함께 싸운다면 아무리 적은 세력이라도 세계를 정복할 수 있을 것이다."라고 말한다. 여기서 연인 관계란 동성애 관계를 의미한다.

실제로 서로 사랑하는 남성들만으로 이루어진 군대가 존재했으니, 그리스 중부에 있었던 도시국가 '테베Thebes'의 '신성대神聖隊; Hieros lochos'이다. 테베의 장수 고르기다스Gorgidas는 "사랑으로 똘똘 뭉친 군대를 만들면 좋겠다."라고 하면서 동성애자 300명으로 구성된 군대를 만든다. 신성대는 실전에서도 큰 전과를 올리는데, 테베와 스파르타의 싸움에서 테베군의 주축을 이루면서 스파르타를 격파한다.

소크라테스를 사랑한 남자
알키비아데스

『향연』에는 알키비아데스^{Alkibia-}des의 소크라테스를 향한 연정이 재밌게 묘사되어 있다. 알키비아데스는 아테네 명문 귀족 집안 출신으로 특히 미모가 빼어나기로 유명했다. 그는 소크라테스와 함께 전장에 있기도 했는데, 이때 소크라테스는 '에라스테스'였고, 알키비아데스는 '에로메노스'였을 것으로 추정된다.

사람들이 연회장에서 열띤 토론을 벌이는데 알키비아데스가 소란을 피우며 연회장에 들어선다. 알키비아데스는 소크라테스를 향한 연정을 노골적으로 드러내며 자신이 그를 유혹한 경험담을 털어놓기 시작한다. 알키비아데스는 소크라테스의 내면에 반했다면서 그것은 "아주 신적이고 황금과 같으며 아름답고 놀라운 것"이라고 설명한다. 어느 날 그는 소크라테스를 집으로 불러들이고는 몸과 마음을 바칠 테니 자신을 잘 이끌어달라고 부탁한다. 그러자 소크라테스는 알키비아데스의 요구를 '청동과 황금'을 맞바꾸는 것에 비유하며 거부한다. 황금인 자기가 청동에 불과한 너와는 교류할 수 없다고 말한 것이다. 이날 소크라테스는 알키비아데스를 무시하고 홀로 잠든다. 알키비아데스는 이 같은 경험을 연회장에서 털어놓으며 소크라테스에 대한 섭섭함을 토로한다. 그러나 알키비아데스는 이러한 모욕을 겪고 나서 오히려 소크라테스에 대한 존경심이 커졌다고도 말한다. 이후 알키비아데스는 소크라테스와 함께한 전투에서 소크라테스의 초인적인 강인함과 용맹함을 경험했다고 말한다.

고대 그리스 영웅 가운데 동성애로 가장 유명한 인물은 아마도 알렉산드로스 대왕일 것이다. 알렉산드로스는 유년 시절부터 친구였던 헤파이스티온 Hephaistion 을 왕이 된 이후에도 최측근에 두고 연인 관계를 지속한다. 호메로스 Homeros ; BC 800~750 의 대서사시 『일리아스』의 주인공 아킬레우스 Achilles 에게도 파트로클로스 Patroclus 라는 동성 애인이 있었고, 고대 그리스의 시인 사포 sappho ; BC 612?~? 역시 동성애자였다. 플라톤은 예술을 관장하는 여신 뮤즈 9명 다음으로 사포를 '10번째 뮤즈'로 불러야 한다고 말하기도 했다. 사포는 그리스의 레스보스 Lesbos 섬에서 활동했는데, 레즈비언 Lesbian 이란 말은 이 레스보스에서 나온 말이다.

진짜 세계는 이데아에 있다

° ° °

플라톤의 이데아론은 육체보다 정신을
중시하고 현실을 타락한 것으로 간주하면서
진짜 세계는 저편에 있다고 설명한다.
모든 사물이 이데아의 복사판에
불과하다는 것이다. 이런 관점은 플라톤 이후
전통적인 서양 철학의 사유에서 주메뉴가 된다.
특히 기독교에 지대한 영향을 미친다.

서양 철학에서 가장 뜨거운 화두
이데아론

플라톤은 우리가 사는 세계를 두 개로 구분했다. 하나는 육체를 감각적으로 인식하는 사물의 세계이다. 이 영역은 가변적이고 불안정하다. 다른 하나는 정신이 머무는 이념의 세계다. 플라톤에 의하면 바로 이 이념의 세계가 참된 세계이자 영구불변의 세계다. 우리가 접하는 사물은 이념의 세계에 속한 원형의 복사판에 불과하다. 즉, 현실의 세계가 가짜이고 진짜 세계는 이데아에 있는 것이다.

플라톤의 이데아론은 이전에는 없었던 철학 이론이었다. 따라서 우리는 서양 철학사를 플라톤 이전과 플리톤 이후로 나눌 수 있다. 우리가 개를 보고 "이것은 개다."라고 인식할 수 있는 이유를 어디에서 찾을 수 있을까? 각각의 개를 보면서도 그것을 '개'라고 일반화할 수 있는 것은 어떤 '보편성' 때문이다. 많은 종류의 개가 존재하지만, 그것들을 모두 개라고 인식할 수 있는 보편적인 개념의 '개'가 있어야만 한다. 이 보편 개념으로서의 '개'는 이미 우리의 인식에 들어와 있다. 그래서 어떤 개를 우리 앞에 내세워도 그것을 고양이도 아니고 너구리도 아닌 개로 인식한다. 모든 개의 종류를 죄다 외워서 '개'라고 인식하는 것이 아니다. 이 보편 개념으로서의 개는 시간과 공간으로 짜인 현실 속에 존재하는 것이 아니라 이념 속에 존재한다. 개별적인 개들은 죽지만 이념으로서의 개는 죽지 않고 영원하다.

만물에게는 자기만의 이데아가 있다

책상 하나를 거울이 비추고 있다고 하자. 거울에 비친 책상은 진짜 책상의 모사일 뿐이다. 마찬가지로 현실의 모든 사물은 이데아에 존재하는 사물의 모사일 뿐이다. 모든 사물은 각각 자신의 이데아를 지닌다. 예컨대, 말, 나무, 집, 고양이 등도 자신의 이데아가 있다. 삼각형에는 삼각형의 이데아, 아름다움에는 아름다움의 이데아가 따로 있다. 종이에 삼각형을 그린다 해도 완벽한 삼각형은 그릴 수 없다. 아무리 정교하게 그려도 그린 것마다 아주 미세하게나마 조금씩 다를 수밖에 없기 때문이다. 그런데 우리는 이것을 삼각형으로 인식한다.

이데아는 감각적인 개별 사물을 초월하며, 보편적이면서 영구불변이다. 수학 법칙의 경우 상대적으로 이데아에 근접하다고 할 수 있다. 왜냐하면, 수학은 다른 대상과는 다르게 변하지 않는 법칙이기 때문이다. 이 부분은 수학 공식을 떠올려 보면 쉽게 이해할 수 있다. 영혼 역시 이데아에 근접해 있다. 생로병사로 끊임없이 변하는 육체에 비해 영혼은 근원적이고 불변한다. 플라톤에 의하면, '선의 이데아'는 최고의 이데아다. 선의 이데아는 눈으로는 인식할 수 없고, 마음의 눈, 즉 순수한 이성적 사유에 의해서만 인식할 수 있기 때문이다.

우리는 이데아의 세계로
돌아가야 한다

이데아의 세계는 우주 저편에 존재하며, 다섯 개의 하늘 가운데 가장 높은 최고천 Empyreum ; 이데아의 왕국이다. 플라톤에 의하면 인간의 영혼은 육체에 들어오기에 앞서 우주 저편에 있는 이데아에 속했다. 영혼은 '이성'의 힘으로 육체적인 차원에서 벌어지는 저열한 여러 감각을 끊고 잊어버린 이데아의 세계를 다시 떠올려야 한다. 만약 영혼이 이 일을 해내지 못하면 영혼은 육체를 통해 계속 윤회할 수밖에 없다. 이런 플라톤의 생각은 앞서 다룬 피타고라스의 철학과도 상당히 비슷하다.

동굴의
비유

플라톤은 이데아를 설명하는 과정을 동굴에 비유했다. 동굴 비유는 『국가』「7권」에 나오는데, 소크라테스가 글라우콘에게 철학자의 역할을 말해주기 위해 사용한 비유다. 동굴 비유는 철학자가 무지한 자를 이끌어가야 한다는 '계몽'의 맥락에서 자주 인용된다.

동굴의 비유 첫 단계는 커다랗고 깊숙한 동굴 안에 있는 죄수에서 출발한다. 동굴 속의 죄수들은 태어날 때부터 다리와 목에 쇠사슬이 묶여 있어 몸을 돌릴 수 없고 벽면에 비친 그림자만 보고 있다. 죄수는 이데아의 세계를 모른 채 물질적인 현실 세계에 안주해 살아가는 보통 사람을 상징한다. 동굴의 벽과 입구 중간에는 담이 있으며 담 뒤에는 불빛이 켜져 있어 담과 불빛 사이로 인형술사(사회에서 영향력 있고 권력 있는 사람)가 사물들(여러 인형)을 들고 오가고 있다. 여기서 불빛은 동굴 밖에 있는 태양의 모방이고, 사물들은 동굴 밖

이데아의 세계에 있는 진짜 실물들의 모방이다. 쇠사슬에 묶인 죄수들은 불빛에 의해 생긴 동굴 벽면의 그림자를 진짜라고 생각하고 살아간다. 죄수들은 이 그림자를 현실로 여기고 탐구의 대상으로 삼는다.

우리가 보고 느끼는 이 세계의 모든 것은 동굴 안쪽 벽면에 투영된 그림자와 같다. 우리는 이 허상에서 벗어나 동굴밖의 세계, 즉 진정한 실체이자 이데아의 세계로 나가야 한다. 물질적 차원의 욕망과 관련된 여러 '감각'들을 끊고, 이성적 사유에 의지해야 한다.

바로 이렇게 예지에 의지해서 어떤 죄수 하나가 자신의 족쇄를 풀고 고개를 돌려 불빛을 바라본다. 누군가가 그를 억지로 그곳에서 끌어내며 햇빛이 비추는 곳으로 나오게 한다. 그가 바로 철학자다. 하지만 죄수는 동굴의 어둠에 익숙해진 탓에, 태양 빛을 제대로 보지 못 한다. 그래서 그는 밤을 기다려 물 위에 비친 실물, 혹은 달빛과 별빛에 비친 사물을 보면서 적응하는 시간을 보낸다. 결국, 그는 달빛에 적응하고, 이어 태양 아래의 실물을 보게 된다. 마침내 태양 그 자체까지도 보게 된 그는, 태양이 만물을 관장한다는 사실을 깨닫는다. 플라톤은 이렇게 말했다. "영혼의 눈은 이미 시력을 가지고 있다. 영혼의 눈에 새롭게 시력을 주입하는 것이 아니라, 잘못된 방향을 바라보고 있는 시선을 올바른 방향으로 돌려놓아야 한다."

'분리된 선분'의
비유

플라톤은 이데아를 '분리된 선분'에 비유해 우리의 지식 수준에 관해 자세하게 언급한다. 가장 낮은 단계의 지식은 '상상'이며, 지식의 수준은 '신념', '사고 작용', '완전한 지식' 순으로 높아진다. '상상'은 오직 '감각'에만 의존하는 경험 영역이다. 이것은 동굴의 비유에서 벽에 비친 '그림자'에 해당한다. 그림자는 존재의 허상일 뿐이다. 동굴 속의 죄수들은 깊은 무지의 덫에 걸려 있으며, 자신들이 그림자를 보고 있다는 사실조차 깨닫지 못한다. 그림자 이외에 플라톤이 기만적이라고 생각했던 것은 바로 예술 작품이다. 현실이 이데아의 모방인 그림자라면, 예술은 그림자를 또다시 모방한 것이다. 즉 예술은 모방된 사물을 한 번 더 모방한 것이기에 이데아로부터 아주 멀리 떨어져 있다고 볼 수 있다. '상상' 다음 단계는 '신념'이다. 우리는 보고 만질 수 있는 사물을 관찰할 때 어떤 확실성을 느낀다. 그렇지만 플라톤에게 본다는 것은 단지 믿는다는 것에 불과하다. 최고의 인식 단계는 '완전한 지식'이다. 이 경지에 이르면 우리는 모든 감각적 현실로부터 해방된다.

철학자가 통치자가 되어야 한다

° ° °

다음은 『국가』에 나오는 문구로 소크라테스가
'철인정치론'를 주장하는 대목이다.
"철학자가 왕이 되거나, 아니면 세상의 왕과
통치자들이 철학의 정신과 힘을 지닐 때까지,
또, 정치적 탁월함과 철학적 지성이 한 곳에서
만날 때까지 (……) 여러 나라와 인류는
결코 악으로부터 해방되지 못할 것이다."

이성, 의지, 욕망의
삼각관계

플라톤의 『국가』는 그의 철학과 이상을 폭넓게 담은 고전 중의 고전이다. 플라톤에 의하면 우리는 물질적 차원에 머물러 있는 감성계에서 벗어나 이데아를 직관해야만 한다. 그리고 그것을 가능하게 할 정치적·사회적 조건을 창출해야 한다.

플라톤은 영혼론과 윤리론 그리고 국가론을 유기적으로 연결하려 했다. 인간의 신체는 머리, 가슴, 배 세 부분으로 이루어져 있다. 여기서 머리에 해당하는 영혼은 '이성'이고, 가슴에 해당하는 영혼은 '의지'이며, 배에 해당하는 영혼은 '욕망'이다. 플라톤에 따르면, 머리의 영혼은 지혜의 덕을, 가슴의 영혼은 용기의 덕을, 배의 영혼은 절제의

덕을 추구해야만 한다. 이것이 바로 '정의'이다.

첫째, '절제'는 인간의 동물적 측면에 해당한다. 육체적인 욕구는 이성에 의해 조절되어야 한다. 육체적인 욕구는 필연적이지만, 이성과 의지를 해치지 않는 범위 내에서만 옳다.

둘째, '용기'는 인간의 씩씩한 기상에 해당한다. 씩씩한 기상은 인간의 활동에 추진력과 의욕을 주기 때문에 매우 중요하다. 그러나 씩씩한 기상도 육체적인 욕구와 마찬가지로 이성에 의해 통제되어야만 한다. 아니면 난폭함이 된다.

셋째, '지혜'는 인간의 이성적 부분에 해당한다. 이 부분은 앞의 두 부분을 통제하는 역할을 한다. 이 목적을 제대로 수행하기 위해서는 '선함'에 대한 분명한 인식이 선행되어야만 한다. 그래야만 옳고 그름을 분별할 수 있기 때문이다.

국가에서
세 계급이 지닌 의미

절제·용기·지혜는 국가의 세 계급으로 연결된다. 머리에는 지혜를 지닌 통치자 계급이, 가슴에는 용기 있는 수호자 계급이, 배에는 절제를 발휘해야 하는 생산자 계급이 자리한다.

이러한 플라톤의 생각은 오늘날의 시각에서 보면 좀

고루한 느낌이 든다. 그런데 우리가 플라톤을 언급할 때 잊지 말아야 할 점이 있다. 플라톤이 민주주의 신봉자가 아니었다는 사실이다. 그리스 도시국가 가운데에서 가장 민주주의의 전통이 강성했던 아테네에서 플라톤은 민주주의에 반하는 정치 이념을 펼쳤다. 플라톤은 자기가 태어난 나라인 아테네보다 스파르타를 더 좋아했다. 플라톤은 국가 구성원이 능력별로 배치되어 국가가 유기적인 통합성을 갖추어야 한다고 생각했다. 플라톤에 따르면 계급은 가문의 지위나 재산에 의해 결정되는 게 아니라, 개개인의 능력에 따라 정해진다. 국가가 감독하는 교육 과정에서 드러난 개인의 역량에 따라 누구는 통치자 계급에, 누구는 생산자 계급에 배정될 것이다.

물론 이 세 계급 중에서 가장 중요한 계급은 통치자 계급이다. 통치자 계급을 키워내는 것이 교육의 가장 중요한 기능이다. 플라톤은 철학자가 통치자, 혹은 왕이 되어야 한다고 생각했다. 플라톤이 보기에 국가는 가장 지혜로운 사람이 다스려야만 한다. 이런 까닭에 나머지 두 계급보다 통치자를 위한 교육 기간이 훨씬 길다. 교육 과정에서 마지막까지 견뎌낸 자가 국가의 통치자가 되는 것이 플라톤이 생각한 교육의 시스템이었다.

세 계급의
역할

가장 중요한 첫 번째 신분은 통치자 계급이다. 이들은 어떠한 육체적인 활동도 하지 않으며, 오직 철학 탐구와 정치 활동만을 한다. 국가는 적극적으로 지도자 자질을 갖춘 인재들을 찾아 육성해야 한다. 이들에게는 최고로 높은 수준의 식견과 지혜가 요구되며, 무엇보다도 중요한 것은 철학 탐구로 이데아를 터득해야만 한다는 사실이다.

두 번째 신분은 전사나 파수꾼이라고 불리는 수호자 계급이다. 이들은 백성의 안전을 책임진다. 이 일이 너무나도 중요하기 때문에, 백성의 안전 보장 이외에는 아무런 노동도 하지 않는다. 이 계급은 국가로부터 봉급을 받으면서 국방을 책임지며 법을 집행한다. 수호자 계급에게 요구되는 덕목은 사욕이 없는 헌신적인 정신과 '용기'다.

세 번째 신분인 생산자 계급은 산업에 종사하는 농부와 어부였다. 경제 활동의 임무를 맡은 이들은 쉽게 욕망에 휘둘릴 위험이 있기에 수호자와 통치자의 보호와 지도를 받는다. 생산자 계급의 경제적 욕구를 그대로 두면 사회는 갈등에 빠질 것이다. 따라서 생산자 계급은 스스로 '근면'과 '절제'의 미덕을 쌓아야만 한다. 그래야 국가의 부가 보장된다.

국가를 운영하는 자에게
요구되는 덕목

수호자 계급과 통치자 계급은 개인의 경제적 이익을 위해 권력을 남용할 우려가 있다. 따라서 이들에게는 사유재산이 허용되지 않는다. 그뿐 아니라 이들의 가족에게도 사유재산 소유가 허용되지 않는다. 이들이 개인적인 이익을 위해 움직일 모든 가능성을 원천적으로 봉쇄한 것이다.

그뿐만 아니라 통치자의 아이는 국가에 귀속되어 부모가 아닌 공공비용으로 양육되고 교육받는다. 부모가 누구인지 모르는 아이들은 아버지 연배의 어른을 전부 '아버지'라고 불러야 했을 것이다. 같은 이유로 '어머니'가 되고 '형제'나 '자매'가 되었을 것이다. 심지어 플라톤은 통치자와 같은 뛰어난 사람이 아이를 많이 낳도록 통치자 계급 사이에서 아내를 공동으로 소유하자고 말하기도 했다.

정치적 무관심이 초래한 손해는
나에게 돌아온다

사유재산을 가질 수 없고, 엄청나게 긴 교육 시간을 가져야 하는 통치자 계급은 거의 수도승이나 다름없는 생활을 해야 했다. 유년 시절에는 음악과

체육이 중시되었다. 음악은 지혜와 사랑을 키워주는 교육이고, 체육은 신체 발달과 기개를 키워주는 교육이라 여겼기 때문이다. 교육이 얼마만큼 엄격했냐면 건강을 위해 생선과 쇠고기는 구운 것 이외에는 먹지 말아야 하고, 조미료 역시 사용할 수 없었다. 플라톤은 자기가 구상한 나라에서 성장한 사람들은 의사가 따로 필요 없을 거라 말하기도 했다. 상급생이 되면 20살이 될 때까지 계산법, 수학, 논리학, 극기 훈련 등을 배웠다. 시험을 치른 후 통과된 학생들만 10여 년간 교육하고, 이 가운데 다시 뛰어난 학생들을 뽑아 5년 동안 철학을 중심으로 교육했다. 이렇게 해서 35세가 되면 그 이후에는 이론을 현장에서 실습하는 훈련을 15년 동안 해야 한다. 이로써 모든 공부가 끝나면 50살이 된다. 플라톤은 50살이 된 이후에야 비로소 정치를 시작할 수 있다고 했다.

이러한 혹독한 교육을 누가 받으려 하겠냐는 말에 소크라테스는 이렇게 답한다. "진정으로 올바른 사람은 돈이나 명예, 권력 따위에는 관심이 없기에 정치에는 뜻을 두려 하지 않을 것이다. 그런데도 올바른 사람이 정치를 할 수밖에 없는 것은 스스로 통치하려는 마음을 갖지 않으면, 그에 대한 최대의 벌은 자기보다 못한 사람한테 통치를 당하는 것"이기 때문이다.

사랑이란
잃어버린 자기의 반쪽을 찾는 것

극작가 아리스토파네스는 『향연』에서 '사랑^{에로스}'의 탄생을 이렇게 정의했다. 본래 인간의 모습은 둥근 몸 하나에 팔다리가 각각 네 개씩 달려 있고 머리는 하나이고 얼굴은 두 개였다. 즉, 두 사람이 등을 맞댄 모습이었다. 그리고 인간은 두 사람이 붙은 모양에 따라 세 종류로 나뉜다. 1. 두 남성이 붙은 경우, 해의 자손. 2. 두 여성이 붙은 경우, 땅의 자손. 3. 남녀가 붙은 경우, 달의 자손. 그런데 이들은 능력이 뛰어나서 신들에게도 위협의 존재가 되었다. 결국 제우스는 이들을 둘로 쪼개고 만다. 제우스는 자기 아들인 아폴론에게 인간들의 잘린 상처를 치유하게 하는데, 이때 남은 흉터가 바로 배꼽이다.

그렇게 잘린 인간들은 자신의 반쪽을 하염없이 그리워하게 된다. 남녀가 함께 붙어 있는 상태에서 잘린 경우 남자는 여자를, 여자는 남자를 탐한다. 또, 남자로만 이루어진 몸에서 잘린 경우는 남자끼리의 동성애를 원한다. 마찬가지로, 여성으로만 이루어진 몸에서 잘린 여자 둘은 여성끼리의 동성애를 바란다. 아리스토파네스에 의하면, 남자와 여자로 이루어진 몸과 여자와 여자로 이루어진 몸에서 분리된 자들 사이의 사랑은 수준 낮은 사랑이다. 바람직한 사랑은 남자 사이의 사랑이다. 남자 둘이 붙어 있던 몸에서 분리된 자들에게 이성과의 결혼은 법에 따른 것일 뿐이다. 이러한 아리스토파네스의 언급은 당시 아테네 사회에서 남성 사이의 동성애를 합리화하는 데 크게 일조했다. 아리스토파네스의 언급을 한 문장으로 정리하면, 사랑이란 잃어버린 자기의 반쪽을 찾는 열망에서 비롯된 것이다. 아리스토파네스의 언급은 오늘날 문학과 정신분석학 등에 적지 않은 영향을 남겼다.

> 사랑이 있다면 이런 것이다. 우리는 떨어져 있을 때 반쪽의 부족함을 느끼게 된다. 우리는 불완전하게 된다. 마치 두 권짜리 책이 있는데, 다른 한 권이 없는 것처럼. 이것이 사랑이다. 불완전과 부재不在.
>
> ——— 영화 〈하프 라이트(Half Light)〉 中

4장.

만학의 아버지,
아리스토텔레스

모든 학문의 개척자

○ ○ ○

아리스토텔레스는 이렇게 말했다.
"아테네 시민이 두 번 다시 철학에
죄를 짓지 않게 하려고 나는 떠난다."
아리스토텔레스도 소크라테스와 마찬가지로
불경죄로 고소당하지만,
소크라테스와는 다른 길을 간다.

위대한 제자에
위대한 스승

　　　　　　앞에서 말했듯, 영국 철학자 화이트헤드^{A. N. Whitehead ; 1861~1947}는 서양 철학의 전통이 플라톤 철학에 달린 각주일 따름이라고 말했다. 그런 그는 플라톤의 제자인 아리스토텔레스에 대해서는 이렇게 말한다. "아리스토텔레스는 과학의 창조에 필요했던 반쪽짜리 진리들을 죄다 발견했다." 이렇듯 아리스토텔레스는 학문을 영역별로 집대성했으며, 자연의 대상을 그 특징에 따라 세밀하게 분류했다. 돌고래를 포유류로 분류한 최초의 인물도 아리스토텔레스였다.

　　아리스토텔레스^{Aristotle ; BC 384~322}는 모든 학문의 개척자로 불린다. 물리학, 천문학, 기상학, 형이상학, 정치학, 논리학, 시학, 윤리학, 동물학, 식물학 등 그가 다루지 않은 학문 분야는 거의 없다고 해도 과언이 아니다.

아리스토텔레스는 그리스 북쪽 변방에 있던 트라키아의 스타기라^{stagira}에서 태어났다. 고대 그리스인은 외부인을 모두 야만인으로 보았기 때문에, 스타기라 사람들은 그리스 도시국가에 살던 사람들로부터 멸시를 당했다. 아리스토텔레스는 대머리인데다가 키가 작고 말도 더듬었으며, 겁이 많고 매우 예민했던 걸로 전해진다. 그의 부친은 마케도니아 왕의 주치의로, 아리스토텔레스는 아버지로부터 많은 재산을 물려받아 경제적으로 별 무리가 없었다. 또한 그는 굉장한 미식가였으며, 외모에 상당히 신경을 써서 올리브 기름을 넣어 데운 욕조에서 목욕하는 것을 즐겼다고 알려져 있다.

아리스토텔레스는 아테네에 있는 플라톤의 아카데미아에서 약 18년 동안 플라톤이 죽을 때까지 아카데미아에 남아 공부했다. 플라톤은 그를 '책벌레'라고 평가했다고 알려졌지만, 이것이 아리스토텔레스에 대한 칭찬인지 비판인지 아리송하다. 책벌레란 책을 많이 읽는다는 의미도 있지만, 주야장천 책만 읽었지 철학적 사색 능력이나 통찰력은 부족하다는 뉘앙스도 담겨 있기 때문이다. 전해져 내려오는 단편적인 기록을 종합해보면 플라톤이 아리스토텔레스를 주목할 만한 제자로 평가한 것만큼은 분명하다.

플라톤이 주목한 또 한 명의 제자가 있었으니, 그의 이름은 크세노크라테스^{Xenocrares}였다. 아리스토텔레스가 다소 거침없었다면, 크세노크라테스는 상당히 조심성이 많고 고지식했다고 한다. 두 제자에 대해 플라톤은 "아리스토텔레스에겐 고삐가 필요하고, 크세노크라테스에게는 박차가 필요하다."라고 했다.

플라톤은 아리스토텔레스의 천재성을 인정했으나 그의 오만함을 염려했다. 플라톤은 아카데미아의 전반적인 살림을 아리스토텔레스가 아닌 크세노크라테스에게 맡긴다. 또 플라톤은 죽으면서 아카데미아를 이끌 후임자로 자신의 조카 스페우시포스를 지목했다. 아리스토텔레스가 플라톤에 이어 아카데미아의 원장이 되지 못한 이유는 고분고분하지 않던 아리스토텔레스의 성격 탓도 있겠으나 결정적으로는 그가 아테네 출신이 아니었기 때문이었을 것이다.

이후 아리스토텔레스는 아카데미아를 떠났지만 아카데미아의 원장이 되고 싶은 열망만은 여전했다. 아리스토텔레스가 아테네로 돌아왔을 때 아카데미아의 원장은 자신의 옛 동료 크세노크라테스로 바뀌어 있었다. 아리스토텔레스는 늑대의 신인 리케이오스^{Lykeios; 아폴론 신의 별칭}를 모시는 신전 근처에 리케이온^{Lykeion}이라는 학원을 세운다. 아카데미아의 원장이 되는 것을 포기하고, 아카데미아보다 더 뛰어난 학원을 세우기로 마음먹은 것이다. 아리스토텔레스와 제자들은 가로수 밑에서 삼삼오오 짝을 지어 대화와 토론을 나누었기 때문에 사람들은 그들을 소요[Peripatos]학파라고 불렀다.

아리스토텔레스와
알렉산드로스 대왕

당시 그리스의 여러 도시국가는 펠로폰네소스 전쟁의 후유증으로 분열되어 있었다. 이 틈을 노린 마케도니아의 군주 필리포스 2세는 그리스의 여러 도시국가를 제패하는 데 성공한다. 필리포스 2세는 아들 알렉산드로스[Alexander ; BC 356~323]의 가정교사로 아리스토텔레스를 초빙한다. 아리스토텔레스는 7년 동안 알렉산드로스를 가르친다. 마케도니아 궁중의 권력 암투로 필리포스 2세가 암살당하고 알렉산드로스가 왕위를 계승하자 아리스토텔레스는 아테네로 돌아와 리케이온을 세운다.

아리스토텔레스와 알렉산드로스의 관계를 정확히 알 수 있는 자료는 남아 있지 않다. 알렉산드로스는 일찍부터 대권에 야망을 품고 있었고 정치,군사 전문가다운 면모가 강했다. 한편, 아리스토텔레스는 치밀한 논리와 과학적인 사고, 그리고 덕에 의한 정치를 중시했던 철학자였다. 알렉

아리스토텔레스

산드로스는 학문의 중요성에 관해 아리스토텔레스로부터 영향을 받았으나, 방탕한 기질이 있던 자기를 다잡기 위해 아버지가 보낸 꼰대 정도로 생각했을 가능성이 있다.

특히 알렉산드로스가 동방원정에 성공하고 나서 둘 사이는 상당히 소원해진다. 평소 아리스토텔레스는 그리스인만이 문명인이고 아시아 쪽 사람은 야만인이라고 여겼다. 하지만 알렉산드로스의 생각은 달랐다. 그는 페르시아 제국을 정복한 이후 그들의 문명에 경외감을 느끼게 된다. 이런 다른 문화에 대한 견해 차이뿐만 아니라, 갈등의 정황을 확증할 수 있는 사건도 있었다. 아리스토텔레스의 조카인 칼리스테네스Callisthenes; BC 360~327는 알렉산드로스의 측근이 되어 동방원정을 함께 했다. 하지만 알렉산드로스가 페르시아 문화를 존중하는 태도를 보이자 이에 반대하면서 둘 사이에 갈등이 벌어지고, 이후 알렉산드로스에 대한 암살 음모에 연루되어 죽임을 당한다.

그렇지만 아리스토텔레스가 알렉산드로스로부터 많은 혜택을 받은 사실은 분명하다. 아리스토텔레스는 외국의 법에 관한 자료를 모은다거나 동식물의 표본을 모을 때 알렉산드로스의 덕을 톡톡히 보았다. 게다가 알렉산드로스와의 인연은 자기가 세운 리케이온이 번영하는 데 큰 자산이 되었다. 내막이야 어떻든 아테네 사람들에게 아리스토텔레스는 알렉산드로스라는 세기적인 권력자의 스승이었기 때문이다. 그게 아니었다면 아테네 출신이 아니었던 그가 이런 대접을 받기는 어려웠을 것이다. 알렉산드로스가 바빌로니아에서 12년 동안 보내 준 막대한 연구 자료와 마케도니아의 그리스 총독 안티파트로스의 비호 아래 그의 학원은 날로 번창한다. 학생 수가 너무 많아 질서 유지를 위해 세밀한 규칙을 제정했으며, 학생들이 자치적으로 학교를 관리하게 하고, 식사도 학교 내에서 공동으로 하도록 했다.

알렉산드로스가 바빌로니아에서 33세로 요절하자 상황이 급변한다. 그리스 도시국가들이 일제히 들고 일어난 것이다. 아테네에서도 마케도니아 부역자들에 대한 숙청이 단행된다. 당연히 아리스토텔레스는 숙청 대상 1순위였다. 이때 아리스토텔레스는 신을 모독하고 국가의 종교를 위반했다는 죄로 고소당한다. 이미 소크라테스도 비슷한 죄목으로 고소당해 사형당한 바가 있었다. 소크라테스가 사형선고를 받고 장렬하게 죽음을 맞이한 데 비해 아리스토텔레스는 이렇게 말했다고 전해진다.

아테네 시민이 두 번 다시 철학에 죄를 짓지 않게 하려고 나는 떠난다.

그는 어머니 고향인 칼키스로 망명해, 이듬해 오랜 지병이었던 위장병으로 죽는다.

현실과 이상 사이에서

○ ○ ○

플라톤에 의하면, 예술 작품은
이데아의 모방인 현실을 또 다시 모방한
이중으로 헛된 세계다. 하지만
아리스토텔레스에 따르면, 예술을
접하고 느끼는 '카타르시스 Catharsis'는
이데아로 접근하는 지름길 가운데 하나다.

스승의 이데아를
뒤집다

플라톤과 아리스토텔레스는 사제지간이지만 학문적 스타일이 아주 달랐다. 플라톤과 아리스토텔레스 이후의 서양 철학사는 이들로 대표되는 이상론과 현실론의 각축장이라고 볼 수 있다. 플라톤은 종교적이고 관념적인 성향이 강했으나, 아리스토텔레스는 과학적이고 현실적이었다. 플라톤은 감각적 현실 세계를 '그림자'로 보고 '이데아' 세계가 참다운 세계라고 보았다. 이런 맥락에서 이데아의 '모방'인 현실은 청산 대상이었다. 아리스토텔레스는 플라톤의 가장 핵심 개념인 '이데아'에 대해 정면으로 도전장을 내민다.

아리스토텔레스가 보기에 '이데아'는 생각과 관념으로

만 있는 것이지 실제로 존재하는 게 아니다. 확실히 존재한다고 말할 수 있는 것은 현실 세계뿐이다. 플라톤에게 육체적인 '감각'이란 '이데아'를 보는 '마음의 눈'을 가리는 교란에 불과하다. 하지만 아리스토텔레스에게 '감각'은 어떤 궁극적인 지혜로 가기 위한 첫 단추다. 현실 너머에 무엇이 존재하는가를 알기 위해서는 먼저 우리가 발 딛고 서 있는 현실을 이해해야만 한다. 아리스토텔레스에 의하면, 현실은 초월적인 세계를 이해하기 위한 발판이다. 따라서 인간 사회에서 벌어지는 온갖 일은 물론이고, 자연 세계의 현상에 대해서도 꼼꼼하게 파악해야만 한다.

아테네 학당

르네상스 시기 이탈리아 화가 라파엘로S. Raffaello ; 1483~1520가 그린 〈아테네 학당(The School of Athens)〉은 현재 로마 바티칸에 있는 교황의 개인 서재 서명실署名室 벽면에 그려져 있다. 교황 율리우스 2세의 요청으로 그려진 이 그림에는 수많은 철학자가 등장하는데 주인공은 그림의 정중앙을 차지한 플라톤과 아리스토텔레스이다.

이 그림에서 아리스토텔레스와 플라톤은 각각 책 한 권을 들고 있다. 플라톤이 들고 있는 책은 '우주와 인간',

'혼과 몸'에 대한 이야기를 담은 『티마이오스』이며, 아리스 토텔레스가 들고 있는 책은 『니코마코스 윤리학』이다. 그 림에는 우주에 대한 이해와 인간의 도덕적 도리를 모두 갖 추어야 '올바른 삶'이라는 작가의 의도가 잘 표현되어 있다. 재밌는 점은 플라톤과 아리스토텔레스의 손가락 혹은 손바 닥이 향하고 있는 방향이다. 두 사람이 사이좋게 중앙에서 걸어 나오는데, 플라톤의 손가락은 하늘을 가리키고 있다. 현실보다는 이상 세계인 우주 저편의 이데아가 중요하다는 의사 표명이다. 이에 대해, 아리스토텔레스는 손바닥을 아 래로 향하면서 마치 이렇게 말하는 듯하다. "이제 그만하 시죠, 스승님! 지금 눈앞에 있는 현실이 무엇보다 중요합니 다." 아래로 향한 손바닥은 그만하라는 의미의 제스처인 동 시에 이상보다는 현실이 중요하다는 의미다. 바로 여기서 라파엘로의 천재성이 엿보인다.

수학과 생물학의
차이

한편 선호하는 학문의 차이가 두 사람의 이념의 차이를 부른 것일 수도 있다. 피타고라스 학파의 영향을 받은 플라톤은 수학에 관심이 많았다. 그는 수학의 추상성이야말로 이데아의 세계와 가깝다고 주장했

산치오 라파엘로, 〈아테네 학당〉, 프레스코 벽화, 579.5x823.5cm,
1509~1510년, 로마 바티칸의 스텐차 델라 세나투라.

다. 아카데미아 입구에 "기하학을 모르는 자는 이곳에 들어오지 말라."는 문구를 써 붙일 정도였다. 그에 반해 여러 학문을 두루 섭렵한 아리스토텔레스는 특히 생물학에 관심이 많았다. 이는 의사였던 아버지로부터 영향을 받았을 가능성이 크다.

지금 여기에 민들레가 있다. 플라톤 이데아론에서는 현실의 민들레 꽃씨에서 싹이 나와 생장해 꽃이 피는 과정을 저편의 세계에 있는 민들레꽃의 이데아 덕분이라고 설명할 것이다. 생물을 좋아했던 아리스토텔레스에 의하면 이는 틀린 것이다. 아리스토텔레스는 지금 피어 있는 민들레꽃 그 자체에 주목한다. 민들레꽃의 씨에는 생장해 꽃을 피운다는 가능성이 이미 감추어져 있다. 여기서 민들레 꽃씨는 그 가능성을 감춘 '가능태'다. 아리스토텔레스에 따르면, 이데아는 개체와 분리되어 존재하는 게 아니라 이미 내재해 있는 것이다. 플라톤이 만물의 발생 원인을 저편의 세계에서 찾은 데 비해, 아리스토텔레스는 그것을 만물의 내부로 가져왔다. 아리스토텔레스가 말하는 만물의 내부에 '잠재된 가능성'이란 오늘날 과학 용어로 말하면 '유전자' 같은 거로 이해된다.

카타르시스를
느껴라!

플라톤에 의하면 개별적 사물은 참된 실재인 이데아의 모방Mimesis이다. 플라톤에게 예술은 이데아의 모방인 현실을 또 모방한 '모방의 모방'인 탓에 철저한 멸시의 대상이었다. 예술 작품으로 인해 느끼는 감동도 한갓 허구에 불과하다. 플라톤이 볼 때 예술은 아예 국가에서 추방되어야만 한다. 하지만 아리스토텔레스에게 예술에서의 '모방'은 오히려 이데아를 실현하는 하나의 길이다. 그 실현 방법 가운데 하나가 바로 희곡의 '플롯'이다.

아리스토텔레스의 주저 가운데 하나인 『시학』은 희곡을 이야기할 때 절대 빼놓을 수 없는 고전이다. 이 책은 희곡 중에서도 비극에 초점이 맞추어져 있다. 『시학』이 비극만을 다루고 희극에 대해서는 거의 언급하지 않는 이유는 희극이 후대에 없어졌기 때문이라고 주장하는 학자도 있다. 움베르토 에코의 『장미의 이름』은 『시학』에서 사라진 '희극' 편의 행방을 둘러싸고 중세 수도원에서 벌어지는 연쇄살인사건을 다루고 있다.

아리스토텔레스에게 잘 쓰인 비극은 관객에게 혼돈을 경험하게 하고, 극적 갈등이 최고조에 달하는 순간에 반전을 통해 큰 깨달음을 준다. 이때 관객은 현실에 대한 깨달음뿐만 아니라, 순간적인 긴장의 방출인 '카타르시스Catharsis ; 정화, 배설'를 경험한다. 이 감정의 '정화'가 이데아에 이르는 길이다. 현대예술이론에서도 많이 언급되는 유명한 개념인 '카타르시스'는 사실 『시학』에서 단 한 차례밖에 나오지 않는다.

> 비극은 심각하고, 완결된, 그리고 어느 정도 중요성을 띠는 행위에 대한 모방이다. 서사가 아닌 사건의 형태로, 연민과 두려움을 통해 이러한 감정들의 적절한 '카타르시스'를 불러일으키는 효과를 낸다.

아리스토텔레스에 의하면, 눈물은 우리의 마음을 정화하는 치료 효능이 있다. 비극을 보며 관객은 비극의 주인공과 자신을 동일시한다. 또 이를 통해 공포와 연민의 감정을 끌어내고, 이런 감정을 '배설'함으로써 쾌감을 불러올 수 있다. 여기서 우리의 영혼은 뭔가 억압으로부터 풀려나는 듯한 느낌을 맛볼 수 있다. 이렇게 아리스토텔레스는 플라톤 철학의 키워드인 이데아를 다른 형태로 변형시켰다. 후세 사람들은 두 사람의 관계를 이렇게 평가했다.

> 아리스토텔레스는 망아지가 자기 어미를 걷어차듯 플라톤을 걷어찼다.

자연은 결코 허튼짓을 하지 않는다

° ° °

아리스토텔레스는 세상을 움직이는

절대적인 원리를 '순수 형상'이라고 불렀다.

또 자기를 움직이지 않으면서 만물을 움직이게

한다는 의미에서 '부동의 원동자'라고 하기도 했다.

하지만 그는 이 '순수 형상'과 '부동의 원동자'를

과학적인 방법으로 설명했다.

'형이상학'이란
용어

난해하기 이를 데 없는 아리스토텔레스의 『형이상학 Metaphysics』은 세계의 궁극적 근거가 무엇인지에 대해 다룬다. '형이상학'의 사전적 의미는 '물질세계를 초월하는 것을 연구하는 학문'이란 뜻이다.

하지만 아리스토텔레스가 활동할 당시에는 오늘날과 같은 뜻이 아니었다. 제자들이 스승의 방대한 저작을 정리할 때, 천문·기상·동식물 등 자연학 다음에 '존재'의 문제를 다룬 저술 14개를 배치하면서 붙여진 이름이었다. 아리스토텔레스는 이를 '프로테 필로소피아 prote philosophia', 즉 '으뜸 철학 first philosophy'이라고 했다. 이 '으뜸 철학'의 목적은 만물이 생기게 된 원인을 밝히는 데 있다. 후학들이 이 저술을 자연학 뒤에 배치한 까닭은 자연에 대한 이해가 선행되어야만 비로소 만물이 발생한 원인을 연구할 수 있다고 봤기 때문이다. 이처럼 '형이상학'은 원래 저작물의 순서를 의미했다. 오늘날과 같이 초월적 학문이란 의미를 지닌 것은 중세 시대때부터였다. 이때 아리스토텔레스의 저작을 라틴어로 번역하는 과정에서 그리스어 '메타^{meta}'를 '다음에'가 아닌 '너머의'로 해석했기 때문이었다. 이는 중세 학자들의 오역일 수도 있고, 아니면 당시 시대정신이 기독교였으므로 번역한 학자들이 현상을 초월한 신을 강조한다는 맥락에서 일부러 그렇게 번역했을 수도 있다.

만물의 형성은
'형상'과 '질료'의 만남

아리스토텔레스 형이상학에서 가장 기본이 되는 개념은 '형상^{形相 ; eidos, form}'과 '질료^{質料 ; hyle, matter}'다. 사전적으로 '형상'이란 사물의 본질이고, '질료'란 사물의 재료다. 만물은 '질료'와 '형상'의 결합으로 존재한다. 예를 들어보자.

대리석을 쪼아 개의 조각상과 인간의 조각상을 만든다고 가정해 보자. 여기서 개 모양의 조각상이나, 인간 모양의 조각상이나 똑같이 대리석으로 되어 있다. 즉, 개 조각상과 인간 조각상은 '질료'가 같다. 그러나 우리는 개 조각상과 인간 조각상의 생김새는 물론이고 석상에 가치를 부여할 때도 차이를 둔다. 각각의 가치를 달리 평가하는 이유는 '형상'이 다르기 때문이다. 이를 단지 외형의 차이로만 여겨서는 안 된다. 둘은 같은 질료지만, 형상의 구조원리가 다르기에 우리는 개 조각상과 인간 조각상을 다르게 구분하고 또 평가한다.

능동이냐 수동이냐의 차원으로 볼 때, 형상은 움직이는 원리로서 능동적이고, 질료는 움직이는 재료로서 수동적이면서 가능성만 있다. 질료가 수동적이고 가능성만 지닌 이유는 뭔가에 의해 영향을 받아야만 움직이는 단순한 재료에 불과하기 때문이다. 형상이 능동적인 이유는 인간 조각상이든 개 조각상이든 적극적으로 자기 본질이나 원리를 밖으로 표출하기 때문이다. 질료와 형상은 늘 같이 붙어 다닌다. 질료가 없으면 형상은 현실의 대상으로 나타날 수 없으며, 마찬가지로 형상이 없으면 질료는 현실적인 대상으로 나타날 수 없다. '가능태'로서의 질료와 '능동태'로서의 형상이 만나 구체적인 사물을 이루게 된 것을 아리스토텔레스는 '현실태'라고 불렀다.

'순수 형상'을
향하여

아리스토텔레스에 의하면 어떤 형상 뒤에는 네 가지 원인이 있다. '질료인', '형상인', '동력인', '목적인'이 그것이다. 다시 대리석 조각상을 예로 들어보자. 여기서 조각상의 '질료인'은 대리석이고, '형상인'은 그 조각상에 나타날 본질이다. 개 조각상으로 할 것이냐, 인간 조각상으로 할 것이냐에 따라 본질이 달라진다. 이어, '동력인'은 조각가의 끌과 대리석과의 접촉이고, '목적인'은 조각가가 뜻하는 목적이다. 여기서 목적이란 조각가가 개 모양으로 할 것이냐, 인간 모양으로 할 것이냐 결정하는 것을 말한다.

무생물은 그저 가만히 존재하므로 '질료적'인 측면이 강하다. 그러나 식물의 경우 영양 섭취의 능력을 갖추었기에 '형상적'인 측면이 더 많다. 동물은 감각 작용과 운동을 소유했기에 식물보다 더 '형상적'이다. 인간의 경우 이성을 소유하고 있으므로 가장 '형상적'이다. 무생물로부터 인간에 이르기까지의 단계를 살펴보면, 무생물은 능력이 거의 없지만 '질료적'인 측면이 꽤 많고, 이에 반해 인간은 '질료적'인 측면은 무생물보다 덜하나 능력이 훨씬 탁월하다.

아리스토텔레스는 무생물보다 더 완전한 재료를 가진 대상이 있다면서, 그것을 '제1질료'라고 불렀다. 또, 인간보다 더 완전한 능력을 지니고 아무런 재료도 없는 것을 일컬어 '순수 형상' 또는 '신'이라고 불렀다. 아리스토텔레스가 생각하는 세계는 맨 아랫부분에 '제1질료'가 있고 맨 윗부분에 '순수 형상'이 있으며, 그 사이에는 개별 사물들이 있는 그러한 곳이다.

이렇듯 모든 사물은 자신보다 높은 수준의 사물에 대하여 질료가 된다. 물론 여기서 높은 수준의 사물은 자기보다 낮은 수준의 사물에 대하여 형상이 된다. 예컨대, 씨앗은 싹의 질료가 되지만, 싹은 씨앗의 형상이다. 싹에서 가지가 돋았을 때, 관계가 또 변화하는데, 가지에 대해 싹은 질료가 되며, 싹에 대하여 가지는 형상이 된다. 마찬가지로 가지에 열매가 맺혔을 때, 또다시 관계가 변하여 열매에 대하여 가지는 질료이고, 가지에 대하여 열매는 형상이 된다. 이렇듯 보다 더 높은 목적은 이전의 모든 목적을 기초로 삼는다. 사물이 끊임없이 더욱더 높은 '형상'으로 옮아감으로써 '질료'는 더욱더 뒤로 물러선다.

세계에서 벌어지는 모든 사태의 최종 목표는 '질료'로부터의 완전한 해방으로, 이는 곧 '순수 형상'과 하나가 되는 것이다. 이것이 가능하려면 모든 존재자는 자기를 완전히 '정신화'해야만 한다. '순수 형상'으로서 최고의 형상은 바로 신이다. 신은 질료가 없으며, 가장 순수한 능동태다.

아리스토텔레스가 말한
'신'의 성격은?

아리스토텔레스가 완전한 정신화를 말하면서 '순수 형상' 개념을 정립해 가는 과정을 보면, 비록 그가 플라톤의 이데아를 비판했지만, 본질적인 차원에서는 이데아 이념과 별반 차이가 없어 보이기도 한다. 그렇지만 방법론적인 시각으로 볼 때 아리스토텔레스의 철학은 분명 플라톤의 철학보다는 과학적이다. 아리스토텔레스는 "자연은 절대 허튼짓을 하지 않는다."라고 말한다.

아리스토텔레스는 어떤 현상 뒤에는 반드시 그 원인이 있다고 추론했다. 아리스토텔레스는 '질료인', '형상인', '동력인', '목적인' 이렇게 원인 네 가지를 말했다. 수동적이고 가능성만을 지닌 '질료'가 능동적인 '형상'으로 나타나려면 '동력인'이 필요하다. 그리고 아리스토텔레스에 의하면 사물에는 그 안에 '목적인'이 잠재되어 있다. 종자는 나무가 되려 하고, 운동은 건강을 위해 필요한 것이다. 그런데 모든 '동력인' 가운데 최초의 '동력인', 다시 말해 다른 원인에 기대지 않으면서 스스로가 '동력인'이자 '목적인'이 되는 제일의 원인이 있어야만 한다. 그 자체는 움직이지 않으면서 운동을 가능케 하는 절대적인 것, 그것을 아리스토텔레스는 '부동의 원동자', '신'이라 불렀다. 이는 '순수 형상'이기도 하다. 그러나 이 '부동의 원동자', '신',

'순수 형상'이 종교적 의미에서의 창조자는 아니었다. 즉, 인간의 활동을 알고 배려하는 그런 인격신의 성격은 가지고 있지 않았다. 사물의 운동이나 발생을 설명하기 위해 설정한 어떤 궁극 원리라는 의미였다.

좋은 피리는
피리를 잘 부는 사람에게 줘라

○ ○ ○

'중용'은 희로애락의 어느 한 극단에

치우치지 않고 정신적으로나 감정적으로나

균형을 이룬 상태로, 참다운 행복의 지름길이다.

아리스토텔레스 철학은 중세 철학자

토마스 아퀴나스 Thomas Aquinas에 의해

유럽 지성사의 기둥으로 자리 잡는다.

'수단'이 아니라
'목적' 자체를 위하여

아리스토텔레스의 『니코마코스 윤리학』은 서양 윤리학의 정수다. 이 책은 행복을 윤리학의 중심 과제로 끌어올렸다. 인간의 행복은 무엇인지, 그 행복에는 어떻게 도달할 수 있는지, 그 과정에서 필요한 앎은 무엇인지 체계적으로 정리되어 있다.

아리스토텔레스는 모든 목적은 일단 달성하면 다른 목적의 수단이 된다고 했다. 예를 들어 누군가가 목수에게 테이블 제작을 의뢰했다고 하자. 목수의 목적은 테이블을 만드는 것이지만, 테이블 의뢰자에게는 수단이 된다. 여기서 목수와 그가 제작한 테이블은 모두 그 자체로 목적이 아닌 의뢰자의 도구이자 수단이다.

아리스토텔레스에게 '선'이라는 개념은 추상적인 어떤 것이 아니라 사물이 지닌 기능과 관련이 있다. 음식이 잘 썰리는 '좋은' 칼은 곧 '선한' 칼이다. 그런데 비록 칼이 음식물을 잘 썰어 자신의 기능을 완수했다 해도, 이것은 그 자체가 목적이 아닌 음식물을 해체하는 수단일 뿐이다. 아리스토텔레스는 도구이자 수단이 아닌 목적 자체가 될 만한 것으로 어떤 것이 있는지 탐구했다. 인간에게는 영양 섭취 및 생식의 기능, 물질적인 욕망의 기능, 이성의 기능 등이 있다. 여기서 가장 중요한 기능은 이성의 기능이다.

아리스토텔레스는 이 이성의 기능에 의해 참다운 행복에 도달하기 위해서는 어떤 방식이 필요한지 찾았다. 부와 명예, 권력 등도 분명히 행복의 요소일 수는 있다. 그러나 이 모든 건 다른 그 무엇에 도달하기 위한 수단으로서만 추구된다. 돈은 더 좋은 물건이나 집을 구매하기 위한 수단이고, 명예나 권력도 그 자체가 목적이라기보다는 다른 이들로부터 존경받기 위한 수단이다. 목적 자체로서의 '최고선'은 과연 무엇일까?

플라톤은 이데아의 선, 도덕적인 보편성을 추구했다. 그러나 아리스토텔레스는 목적 자체의 '최고선'이라 해도 현실에서 충분히 '도달할 수 있는 선'이 되어야 하며 어렵지 않게 실천할 수 있어야 한다고 주장했다.

'중용'은
참다운 행복을 보장한다

아리스토텔레스가 보기에 '중용'은 충분히 '도달할 수 있는 선'이자 '어렵지 않게 실천할 수 있는 것'이다. 또한 '중용'은 참다운 행복을 보장한다. 중용은 희로애락의 어느 한 극단에 치우치지 않고 정신적으로나 감정적으로나 균형을 이룬 상태다.

훌륭해진다는 것은 쉬운 과제가 아니다. 하나에서 열까지 중간을 찾는다는 것은 쉬운 과제가 아니다. 예를 들어 원의 중심을 찾는 것은 누구나 할 수 있는 일이 아니라, 그것을 아는 사람만이 할 수 있다. 따라서 누구든 화를 낼 수도, 돈을 주거나 쓸 수도 있지만, 적절한 사람에게, 적절한 정도로, 적절한 시기에, 적절한 동기를 가지고, 적절한 방식으로 그렇게 하는 것은 누구나 할 수 있는 일도 아니며 쉽지도 않다. 따라서 훌륭함이란 드물고, 찬탄할 만하고, 고귀한 것이다.

───── 아리스토텔레스, 『니코마코스 윤리학』

중용은 단순히 양극단을 기준으로 딱 중간에 형성된 정적인 개념이 아니라, 훨씬 융통성 있고 활동적인 개념이다.

'용기'는 만용과 비겁의 중용이다.

'절도'는 방일과 둔감의 중용이다.

'극기'는 향락과 자기 고민의 중용이다.

중용은 사람의 성향과 상황에 따라 다르게 나타난다. 모든 행동을 규정짓는 하나의 중용이란 있을 수 없다. 성인과 어린 소녀에게 알맞은 '중용'의 식사량이 같을 수는 없다. 양자에게 적절한 중용은 바로 '절제'다. 여기서 양극단의 악덕은 '포식'과 '절식'이다. 아리스토텔레스에게 중용이란 산술적 중간이 아니라 가치론적인 의미에서 가장 좋은 어떤 지점이다. 중용은 감정이나 욕구가 아닌 '이성'에 의해 결정된다. 그리고 중용을 터득하기 위해서는 오랜 노력이 필요하다.

혼의 활동은 평생토록 지속하여야 한다. 제비 한 마리가 날아온다고 하루아침에 봄이 오지 않듯, 사람도 하루아침에 또는 단기간에 행복해지는 것은 아니기 때문이다.

—————

아리스토텔레스, 『니코마코스 윤리학』

인간은
정치적 동물

　　　　아리스토텔레스는 '국가'야말로 '덕 Arete'을 실현할 최고의 주체라고 보았다. 국가의 정치가 참되면 시민들도 참되게 된다. 국가는 시민들이 선하고 윤리적인 인간이 되도록 잘 이끌어야만 한다. 이렇듯 아리스토텔레스에게 윤리학은 정치의 범주에서 전개되었다. 아리스토텔레스에 의하면 정치에서 정의란 "사람이 마땅히 받아야 할 것을 받는 것"이다.

　이를테면 최고의 피리를 받기에 합당한 사람은 돈이 많거나 잘생긴 사람이 아니다. 그 피리를 가장 잘 다룰 수 있는 사람에게 전달되어야 한다. 마찬가지로 국가에서 어떤 중요한 정책을 펼치고자 할 때는 그 정책을 가장 잘 다룰 수 있는 사람에게 맡겨야 한다. 그 정책을 수행하는 부서가 정치적 영향력이 크다는 이유로 권력자가 능력도 없는 친인척을 그 부서의 장으로 보낸다면 정책이 성공적으로 추진될 턱이 없다. 아리스토텔레스는 국가의 중요성을 일관되게 강조한다.

　도시국가는 자연스러운 산물이고, 인간은 타고난 정치적 동물이자 사회적 동물이다. 단지 운 때문이 아니라 본래부터 도시에 속하지 않는 자라면 그는 인간보다 못하거나 인간을 뛰어넘는 존재일 것이다.

———

완벽한 정치 체제는
없다

아리스토텔레스는 국가의 정치 체제를 ① 군주제 ② 귀족제 ③ 민주제 이렇게 세 가지로 구분한다. 아리스토텔레스는 이 정치 체제들이 부패할 경우 어떻게 될지도 언급하고 있다.

군주제는 독재가 되기 쉽고, 귀족제는 소수의 세력만이 권력을 독점하는 과두제가 되기 쉬우며, 민주제는 중우제가 되기 쉽다.

'군주제'는 정치에서 빠른 결단을 내릴 수 있고, 혼란이 덜하다는 장점이 있다. 하지만 왕에 의한 독재로 이어질 수 있다. '귀족제'는 권력이 분산되어 독재의 위험은 덜하지만, 소수의 권력 다툼으로 나라가 혼란에 빠질 수 있다. '민주제'는 공평한 의사 결정을 내릴 수 있다는 장점이 있지만, 대중이 정치적 무관심에 빠져서 잘못된 세력이 집권할 수 있다. 또한, 대중이 우민화되어 보편적인 감정이나 분위기만으로 정치적 결정이 이루어지고, 무책임한 선동 정치가의 난립으로 국가가 파탄에 이를 수 있다.

아리스토텔레스는 각각의 정치 체제가 타락하면 반드시 혁명을 부르기 마련이라고 진단했다. 군주제가 타락하면 시민혁명이 일어나 민주제가 될 수 있다. 하지만 민주제가 타락해 중우정치가 만연하면, 카리스마 넘치는 영웅이 나타나 혁명을 일으켜 다시 군주제가 될 수 있다. 이런 상황은 계속 반복된다. 아리스토텔레스는 어떤 정치 체제이든 최선을 지키는 노력을 하지 않고 부패하면 반드시 혁명이 일어나 다른 정치 체제로 이행할 것이라고 진단했다.

한편 아리스토텔레스는 국가에 대한 시각에서도 스승인 플라톤과 날을 세웠다. 플라톤은 국가를 '개별적인 인간들이 모여 만든 통일적 체제'라고 보았다. 나아가 통치자 계급은 가족과 사유재산을 가질 수 없다고 말하기도 했다. 아리스토텔레스는 이런 플라톤의 입장을 비판하면서, "국가란 작은 단위의 공동체로 구분된 '하나의 전체'여야만 한다."라고 주장했다.

아리스토텔레스의 철학은 한동안 유럽에서 큰 빛을 보지 못했다. 그의 사상은 9세기경 아라비아로 수출되어 그곳에서 더 활발히 연구되었다. 이때 아리스토텔레스에 관한 연구로 가장 먼저 이름을 떨친 이슬람 학자는 9세기 무렵 바그다드에서 활약한 알파라비[872~950]였다. 10세기 말 천재

의학자로 명성을 떨친 이븐 시나[980~1037] 역시 아리스토텔레스를 심도 있게 연구한 것으로 유명하다. 아리스토텔레스가 다시 유럽 무대에 등장한 것은 1225년이었다. 이때 아라비아어로 번역되었던 그의 책이 다시 라틴어로 옮겨졌다.

설득의 고수가 되려면
세 가지만 기억하라

아리스토텔레스는 『수사학』에서 상대방을 설득하려면 로고스·에토스·파토스, 이 세 가지가 필요하다고 설파했다. '로고스 Logos'는 이성적이고 논리적인 언변이자 과학적인 태도다. 이성적인 논리로 상대방을 설득하려면 내용이 잘 정리되어 있어야 한다. 설득하고자 하는 내용이 이치에 맞지 않으면 상대방을 제대로 설득하기 어렵다. '에토스 Ethos'는 성격·관습의 뜻을 지닌 그리스어에서 비롯된 말로, 보편적인 도덕을 의미한다. 설득하는 사람이 도덕적으로 평판이 좋다면 상대방을 설득하기가 쉽다. 보통 도덕적인 사람을 더 신뢰하기 때문이다. '파토스 Pathos'란 열정·정념·충동 등의 의미다. 인간은 이성과 감정을 함께 가진 동물이기 때문에 논리만으로는 상대방을 설득할 수 없다. 열정으로 공감을 불러일으켜야 설득하기가 쉽다. 다른 사람의 마음을 바꾸고 싶다면, 논리적인 설득보다는 감성적인 이해가 필요하다. 그리고 이해보다는 '공감'이 더 중요하다. 아무리 논리적 사고에 뛰어나더라도 사회 조직에서 활동할 때 명심해야 할 부분이 있다. 사람이란 완전히 논리적으로 움직이는 동물이 아니라는 사실을 아는 것이다. 인간관계에서 논리는 필요조건이 될 수는 있지만, 충분조건은 아니다. 토론을 떠올려보자. 아무리 토론이 합리적으로 진행된다 하더라도 토론에서 꺾인 상대는 겉으로만 따르는 척할 뿐 속으로는 커다란 반발심을 품고 있다. 설득에서도 논리를 지나치게 앞세우는 것은 역효과를 불러올 수 있다. 어떤 정서적인 분위기가 중요하다. 이미 정서적으로 분위기가 그렇게 흐르면 그것을 논리력으로 바꾸는 것은 매우 어렵다.

5장

이성에 합당한 삶
vs 고요한 정신적 쾌락

우주의 섭리를 따르자,
스토아 학파

° ° °

스토아 학파는 개인의 안심입명에

관심이 많았지만, 또 공동체를 중시하는

윤리관도 강했다. 스토아 학파에 의하면,

모든 인간은 이성을 갖추고 있으므로

민족이나 혈통의 구별은 의미가 없다.

욕망을 끊기 위해
자살한 철학자

스토아 Stoa 학파와 에피쿠로스 Epikouros 학파는 헬레니즘 시대의 철학을 이끈 양대 산맥이다. 헬레니즘 시대는 기원전 334년 알렉산드로스 대왕이 동방으로 원정을 떠나던 시기부터 기원전 30년 로마가 이집트를 병합할 때까지를 의미한다.

알렉산드로스가 죽자 후계자들은 그가 일군 방대한 정복지를 놓고 40여 년 동안 치열한 권력 투쟁을 벌인다. 결국, 알렉산드로스가 일군 제국은 시리아, 이집트, 마케도니아 왕국으로 나누어졌다가, 나중에 로마의 산하로 들어간다. 이 혼란한 시기에 대부분의 철학자는 바깥 세계를 향한 관심을 거두고, 내적인 마음의 평화를 희구했다. 그 대표가 바로 스토아 학파와 에피쿠로스 학파다.

스토아 학파는 한 사람이나 한 시대의 소산이 아니라, 여러 사람이 오랜 시일에 걸쳐서 형성한 것이다. 스토아 철학의 창시자는 키프러스섬의 키티온 출신인 제논^{Zenon ; BC 336~264}이다. 제논은 철저히 금욕주의를 내세운 키니코스 학파^{Cynics}, 논쟁을 중시한 메가라 학파^{Megarian school}, 세상에 대한 무관심을 제창한 피론^{Pyrrhon}의 회의주의 등을 공부했다. 공부가 어느 정도 무르익자, 기원전 294년에 아테네에서 학교를 열었다. 스토아^{Stoa}란 고대 건축물의 바깥쪽에 회랑 형식으로 된 입구 혹은 현관을 의미한다. 당시 아테네에서 가장 중요한 지역은 파르테논 신전이 있는 아크로폴리스^{Acropolis}와 인간의 영역인 아고라^{Agora}였다. 아고라 광장 북쪽에는 스토아 포이킬레^{Stoa Poikile ; 양옆으로 기둥이 늘어선 주랑}가 있었다. 제논은 바로 그 스토아 포이킬레 앞에서 제자들을 가르쳤다. 그래서 그의 학파 이름이 스토아 학파가 되었다. 스토아 철학은 특히 로마인 사이에서 꽤 인기가 있었는데, 이때 명성을 떨친 인물로는 로마의 정치가이자 철학자 키케로^{Cicero}, 네로황제의 스승이기도 했던 세네카^{Seneca}, 노예 출신이었던 에픽테토스^{Epiktetos}, 로마 황제였던 마르쿠스 아우렐리우스^{Marcus Aurelius} 등을 들 수 있다.

스토아 학파의 창시자 제논의 죽음은 아주 특이했다. 제논은 욕망에서 영원히 벗어나기 위해 곡기를 끊고 단식

으로 자살한다. 그런데, 제논의 죽음에 대해서는 다른 기록
도 전해진다. 하루는 제논이 스토아에서 강의를 마치고 나
가다가 발을 접질러 넘어진다. 그러자 그는 땅이 자기를 부
른다고 생각해 그 자리에서 호흡을 끊고 죽었다고 한다.

신은 만물에
깃들어 있다

스토아 학파는 물질에 신神적인
정신이 깃들어 있다고 생각했다. 신이 모든 물질에 내재한
다고 본 것이다. 물질 그 자체는 아무런 역할을 못 하지만,
거기에 신의 정신이 합일해 비로소 여러 성질이 나타난다.
스토아 학파에서는 이 모든 것을 가능하게 하는 근원인 헤
라클레이토스Heraclitus의 생각을 받아들여 로고스Logos라고 하
였고, 만물의 근본 원소 또한 불火이라고 했다. 신이 곧 로고
스이고 불인 것이다.

신이 만물에 깃들어 있다고 생각하는 이념을 종교 철
학에서는 '범신론汎神論'이라고 한다. 신은 세계와 역사 바깥
에 있는 것이 아니라, 세계와 역사 안에 편재한다. 이런 의
미에서 세계 안의 모든 존재자는 신의 표현물이다. 그 가운
데서도 인간은 이성적 능력을 지닌 가장 탁월한 표현물이
다. 신은 완벽한 이성이고 인간은 만물 가운데 이 특징이 가

장 잘 드러난 존재다. 스토아 학파는 이런 범신론의 전형이다.

무조건
운명에 따르라

　　　　　　스토아 학파 철학자들은 운명을 믿었다. 신은 이 세계를 가장 좋은 방식으로 설계했다. 세계 안의 모든 사건은 겉으로 보기에는 악한 것으로 보일지라도 결국 선함으로 귀결된다. 이런 식으로 결정된 세계 및 역사의 흐름을 '섭리'라고 부른다. 그리고 이런 섭리가 한 인간의 인생사로 구현된 것을 '운명'이라고 한다. 인간이 겪는 그 어떤 사건도 우주 섭리의 관점에서 보았을 때는 악함이 아니다. 다 이유가 있기에 그런 일이 발생하는 것이다.

인간은 이러한 세계 흐름에 아무런 변화도 줄 수 없다. 다만, 인간은 이러한 세계 흐름에 어떤 태도를 취할지 결정할 수 있다. 즉, 세상과 조화를 이룰 것인지, 아니면 고통스러운 자기 분열 속에서 살 것인지를 결정하는 것이다. 운명은 순종하는 자들은 인도하고, 저항하는 자들은 강제한다. 인간은 목줄에 매여 있는 개와 같다. 영리한 개는 주인이 이끄는 대로 즐겁게 따라가지만, 불행한 개는 뒷다리로 버티면서 질질 끌려가야 한다. 이때 개의 운명은 인간의 손에 달린 것이다. 개는 주인이 이끄는 대로 잘 따라야 행복하지, 주인에게 저항하면 불행해진다.

홀리즘으로써
스토아 철학

스토아 철학은 오늘날 철학 용어를 빌려오면 '홀리즘Holism; 전체론'이다. 홀리즘이란 세계를 기계적으로 구성한 요소들의 집합체가 아닌, 여러 상호 관계가 복잡하게 얽혀 있는 그물과 같다고 보는 견해다. 인간은 우주와 역사의 한 부분이다. 인간은 자신을 개별적인 존재가 아닌 전체의 한 부분으로 인식해야 한다. 따라서 전체의 선善은 곧 인간 자신의 선이다. 다시 말해 전체 우주에 고유한 질서가 있다면, 인간은 이러한 전체 질서를 잘 파악해 그것에 일치하도록 노력해야 한다. 로마 황제이자 철학자 마르쿠스 아우렐리우스는 이렇게 말했다.

전체에 이로운 것이라면 부분에도 해롭지 않다. 전체는 그에게 이롭지 않은 것을 가지고 있지 않기 때문이다. (……) 내가 그런 전체의 부분이라는 점을 기억하는 한, 나는 어떤 일이 일어나더라도 행복할 수 있다.

―――― 　　　　　　　　마르쿠스 아우렐리우스, 『명상록』

인간다움은 이성에서 찾아야 하는데, 이성은 이 우주 자연을 지배하는 법칙이기도 하다. 그러므로 인간 본성에 맞는 생활은 곧 우주에 순응하는 생활이다. 스토아 학파의 슬로건은 "우주에 순응하여 생활하라."였다. 그 순응 속에서 지금 내가 가진 것에 만족해야만 한다. 다음은 로마 시대의 스토아 철학자 세네카의 말이다.

만약 지금 가진 것이 부족하다고 느끼면, 온 세상을 가진다 해도 불행할 것이다.

'아파테이아'의 경지를 얻어라

스토아 학파는 부귀·공명·쾌락·생사는 선함도 악함도 아니라고 생각했다. 이런 것들을 윤리적으로 판단해서는 안 된다. 이는 '아디아포라Adiaphora', 즉 '중립적인 것'들이다. 우리는 '아디아포라'에 마음이 사로잡혀서는 안 된다. 이것들에 사로잡히면 번뇌가 생기기 시작한다. 이성에 따른 생활이란 번뇌에서부터 해탈한 생활이다. 스토아 학파에게 수양이란 '아디아포라'에 대해서 완전히 무관심할 수 있는 '아파테이아Apatheia ; 부동심'를 얻는 데 있다. 아파테이아는 주관적인 감정으로부터 자유로워진 초월 상태다. 이 부동심을 통해 우리는 안심입명^{安心立命}할 수가 있다. 불행이든 행운이든 그것이 우주의 필연적인 전체 질서에 따라 벌어진 일이라면, 우리는 분노하거나 쾌락을 느낄 필요가 없다. 노예 출신의 스토아 철학자 에픽테토스는 말했다.

> 인간을 어지럽히는 것은, 사물 그 자체가 아니라, 사물에 관한 우리들의 생각이다. 소크라테스에게 그랬던 것처럼, 죽음 그 자체가 무서운 것이 아니라 죽음에 대한 우리들의 표상이 무서운 것이다.

부동심을 존중하고 생사까지도 가벼이 생각한 스토아 철학자 중에는 욕망의 멍에로부터 영원히 벗어나기 위해 자살을 택한 이들이 있다. 스토아 학파의 창시자 제논과 그의 수제자 클레안테스^{Cleanthes} 그리고 로마 시대의 스토아 철학자 세네카까지 자살로 생을 마감했다. '아디아포라'에 의해 지배되기보다는 자기 스스로 목숨을 끊는 것이 옳다고 본 것이다.

로마 황제이자 철학자,
마르쿠스 아우렐리우스

○ ○ ○

삶을 어떤 가치가 있는 것으로
생각하지 말라. 그대 뒤에 있는 거대한 시간과
그대 앞에 있는, 또 다른 끝 모를 공간인 시간에
주의를 기울여라. 이 무한 속에서,
사흘을 사는 자와 3세대를 사는 자 사이에
무슨 차이가 있겠는가?

2000여 년의
베스트셀러

로마 제국 16대 황제 마르쿠스 아우렐리우스^{Marcus Aurelius ; 161~180}는 스토아 학파의 대표 철학자 가운데 한 명이다. 그는 '팍스 로마나^{Pax Romana}'라고 부르는 로마의 태평성대를 주도한 다섯 황제 가운데 마지막을 장식한 인물이다. 영국의 역사가 에드워드 기번^{Edward Gibbon}은 『로마제국 쇠망사』에서 마르쿠스 아우렐리우스에 대해 다음과 같이 평했다. "열두 살 나이에 그는 스토아주의자들의 엄격한 사유 체계를 받아들였는데, 그 가르침은 육체를 정신에, 열정을 이성에 복속시키고, 덕을 유일한 선으로, 부도덕을 유일한 악으로 간주하는 것이며, 외부 세계의 만물에 무관심해지라는 것이었다." 아우렐리우스 황제가 저

마르쿠스 아우렐리우스

술한 『명상록』은 스토아 철학의 핵심이 잘 녹아 있는 책이며 2000년 역사를 관통하여, 오늘날까지도 많은 사람에게 사랑받는 베스트셀러다. 당시 로마는 변방 외적의 침입이 잦았다. 아우렐리우스는 전장의 한복판에 살다시피 했다. 『명상록』은 아우렐리우스 황제가 전쟁 막사에서 쓴 일기다. 『명상록』은 총 12권으로 구성되어 있는데, 1권은 자신의 친인척들에 대한 감사와 신에 대한 예찬이 기술되어 있다. 나머지 책에서는 삶의 철학적 의미, 이성적이며 공동체적인 인간으로서의 행동, 인생의 무상함, 신에 대한 존중, 현재에 충실한 삶 등을 피력했다.

인생이란
신이 연출한 연극이다

마르쿠스 아우렐리우스에 의하면, 인간에게는 세 가지 관계가 있다. 하나는 나를 담고 있는 육신과의 관계이고, 다른 하나는 신과의 관계이며, 나머지 하나는 함께하는 사람들과의 관계다. 여기서 특히 신의 섭리를 이해하는 것이 매우 중요하다.

우리는 우주 안에 있음과 동시에 내 안에 있는 신을 무한히 존중해야 한다. 내가 어떤 직업과 역할로 인생을 살 것인지는 우주의 연출가인 신이 결정한다. 그것이 황제이든,

노예이든, 남자이든, 여자이든 신이 나에게 맡긴 역할과 의무를 잘 지켜야 한다. 신은 감독이고 우리는 배우이기 때문이다.

아우렐리우스에 따르면 인생은 하나의 연극이고, 연극의 무대는 이 우주 전체다. '나'의 역할은 이미 결정되었다. 따라서 나의 비극은 이미 결정된 것이기에 절망할 필요가 없다. 자기 역할을 감독의 의도에 따라 충실히 소화하는 사람이 좋은 배우이듯, 신에 의해 주어진 자신의 사회적 역할을 잘 수행해야 한다. 그런 사람이 덕이 있는 사람이고 행복한 인생을 살아갈 수 있다. 반대로 주어진 배역에 만족하지 않으면서 불평불만을 늘어놓는 자는 어리석은 배우이다. 마찬가지로 신이 부여한 우리의 인생에 대해 불평해서는 안 된다. 이러한 아우렐리우스의 생각은 노예 출신 철학자 에픽테토스로부터 영향을 받은 것이었다.

철학은 병든 영혼을
치유하는 기술이다

철학은 이론이 아니라 삶의 기술이다. 이는 의사의 치유와도 같은 것이다. 철학은 운명을 받아들이도록 인도하는 기술이다. 이 기술은 어디서나 있어야 할 도구이다. 의사가 의료 도구를 지니듯이 말이다.

따라서 철학은 일상생활과 유리되지 않는다. 철학은 삶의 어떤 사소한 일일지라도 처리해 내게끔 지도하는 기술이다. 아우렐리우스는 말한다.

> 의사들은 어느 때나 그들의 기술을 필요로 하는 경우를 대비해 항상 진료 도구와 칼을 간직하고 있다. 마찬가지로 그대도 신의 일 또는 인간의 일을 이해하기 위하여, (……) 어떤 사소한 일일지라도 처리해 낼 수 있도록, 그에 관한 대비로 항상 철학을 갖추도록 하라.

육체의 병에는 의사가 필요하듯이, 마음의 병에는 철학이 필요하다. 우리는 자신이 처한 상황을 잘 이해하고 성찰하면서 스스로 해답을 찾아야만 한다. 우리는 철학의 자급자족을 이루어야만 한다. 그래서 필요할 때마다 자신의 내면에서 철학적 통찰력을 꺼내어 사용할 수 있어야만 한다. 철학적 치유란 어떤 바깥의 힘이 개입되는 것이 아니다. 자기 자신 속에 숨은 힘을 꺼내어 활동하도록 만드는 방법이다. 의료 기술에는 이념적 목적이 없다. 사람을 치료하는데 무슨 이념이 필요하겠는가? 철학도 마찬가지다. 아우렐리우스는 탐닉, 증오, 시기, 질투, 후회, 분노, 두려움, 불안, 공포, 슬픔, 절망 등을 '정념'이라 부르면서 영혼의 질병으로 규정했다. 아우렐리우스에 따르면, 철학은 이런 영혼의 질병을 치유해 행복에 이르는 기술이다.

아우렐리우스가 볼 때 정념을 유발하는 것은 우리 바깥이 아니라 안에 있다. 늙음 자체가 우리에게 불안감이나 두려움을 유발하지는 않는다. 늙음을 악이라고 생각하는 자신의 태도로 인해 불안에 떠는 것이다. 늙음은 필연적으로 반드시 오게 되어 있다. 죽음도 두려워할 필요가 없다. 그럴 시간이 있으면, 조금이라도 더 현재에 충실해야 한다. 인생에서 아직 육신이 굴복하지 않고 있는데 영혼이 먼저 굴복한다는 것은 치욕이다. 만약 신이 나에게 가난을 예정해 놓았다면, 가난 역시 반드시 닥치게 되어 있다. 이것들은 결정된 것이다. 우리는 가까운 길을 가야만 한다. 가까운 길이란 곧 자연에 순응하는 길이다. 늘 유유자적하게 존재를 있는 그대로 받아들여야만 한다. 아우렐리우스는 말한다.

오이 맛이 쓰면 버려라. 길에 가시덤불이 있으면 피해 가라. 그것으로 충분하다. '왜 세상에 이런 것들이 있단 말인가'라고 단서를 달지 말라.

당신은 마치 이미 죽은 사람같이, 현재 이 순간이 당신 생애의 끝인 것처럼, 자연에 따라 남은 생애를 보내야 한다.

우리는 '우주'라는 도시의
시민이다

아우렐리우스는 전체 자연과 우주를 담을 수 있을 정도로 우리의 자아를 확대할 것을 권한다. 고대 인디언은 '산처럼 생각할 것'을 가르쳤다고 한다. 아우렐리우스는 한 발짝 더 나아간다. 그는 우리가 "마치 우리 스스로가 자연인 것처럼, 전체 우주인 것처럼 생각"해야 한다고 했다. 협소하기 짝이 없는 자아, 사적인 욕망으로 가득 찬 자아를 과감히 벗어던지고 자연 혹은 우주와 하나가 될 수 있는 폭넓은 자아를 구성해야만 한다.

아우렐리우스에게 우주와 별개인 개별적 자아는 존재하지 않는다. 인간은 언제나 이 우주의 한 부분으로 존재한다. 이렇게 넓은 시야로 삶을 바라보면, 상처받을 만한 게 별로 없다. 우리가 사소한 일에 분노하고 좌절하는 것은 자아가 좁쌀만큼 좁기 때문이다. 우주처럼 생각하는 사람은 쉽게 분노하거나 상처받지 않는다. 아우렐리우스는 이렇게 말한다.

인간이여, 그대는 지금껏 거대한 우주라는 도시의 시민이었다. 그대가 이 도시의 시민이었던 기간이 5년이건 50년이건 무슨 상관인가. 이 도시의 법칙이 명하는 것은 만인에게 평등하다. 그런데 무엇 때문에 불평을 하겠는가.

개인의 쾌락에 몰두할 것,
에피쿠로스

○ ○ ○

에피쿠로스는 유물론자이지만 신의 존재를

부정하지 않았다. 그에 의하면,

신은 인간에게 전혀 관심이 없어

시시하기 이를 데 없는 인간사에

끼어들지 않고 '황금의 궁전'에서

재밌게 산다는 것이다. 따라서 인간은

신에게 경배할 필요가 없다.

나의 스승은 바로
나 자신이다

에피쿠로스 학파의 시조인 에피쿠로스 Epikuros ; BC 341~270는 사모아섬에서 출생했다. 어머니는 무녀였다고 전해진다. 에피쿠로스는 열여덟 살에 아테네에서 2년간 군복무를 한다. 당시 아테네에는 플라톤이 세운 아카데미아와 아리스토텔레스가 세운 리케이온을 비롯한 유명 학원이 많았다. 그러나 에피쿠로스는 마음에 드는 스승을 만나지 못했던 듯싶다. 그는 늘 "나의 스승은 바로 나 자신이다."라고 주장했다고 한다. 다만 에피쿠로스는 철저한 유물론이었던 데모크리토스의 사상과 쾌락을 인생의 목적으로 삼았던 키레네 학파의 사상은 받아들인다.

늘 목표를 정해놓고 일로매진하는 사람이 있다. 이런

에피쿠로스

사람은 세상을 자기가 원하는 대로 바꾸려 한다. 아무리 높은 산이라 해도 자신의 등산 능력은 고려하지 않은 채 과감히 오른다. 이와 반대로 오르기 힘들어 보이는 산은 거들떠보지도 않는 사람도 있다. 그는 세상을 바꾸기보다는 자신의 욕구를 바꾼다. 얻기 힘든 것은 과감하게 포기한다. 먹고 싶은 걸 안 먹고 힘들게 저축하는 등 미래를 위해 현실을 희생하는 일 따위 하지 않는다. 하고 싶은 일은 지금 당장 실행에 옮긴다. 에피쿠로스는 어떻게 될지도 모를 미래를 위해 현실의 행복을 희생시키지 않으려 했다. 그는 현대 자본주의의 무한경쟁 사회를 살아가는 우리에게 자기를 위한 삶이 과연 무엇인지 곱씹게 만든다. 그는 이렇게 말했다.

혹시 나에게 없는 것을 쳐다보다가 가진 것마저 망치고 있지는 않은가? 우리가 가진 것들이 행운의 선물임을 기억하라.

아타락시아

에피쿠로스는 철저하게 '개인'의 쾌락을 강조했다. 스토아 학파도 개인의 유유자적한 삶을 강조했지만, 그에 못지않게 가정이나 국가에 대한 의무도 중시했다. 하지만 에피쿠로스 학파에게 국가란 개인의 편리를 돕기 위해 존재하는 것이었다. 에피쿠로스에 따르면 우리는 국가의 속박에서 벗어나 개인의 행복을 추구해야만 한다. 굳이 개인의 행복에 걸림돌이 되는 가정도 만들 필요가 없다. 에피쿠로스는 정치 활동도 에너지만 낭비하는 쓸데없는 짓이라고 여겼다.

에피쿠로스에 의하면 철학이란 개인의 '쾌락Hedone'을 어떻게 하면 드높일지 연구하는 학문이다. '선함'이란 쾌락을 많이 주는 것에 불과하고, '악함'이란 고통스러운 것에 지나지 않는다. 선과 악을 도덕적인 맥락에서 바라봐선 안 된다. 고통을 줄이고 쾌락을 많이 얻는 것이 선하고 좋은 삶이다. 그렇다고 에피쿠로스가 무작정 쾌락만을 좇으라고 말한 것은 아니다. 어떤 쾌락은 얻으면 얻을수록 오히려 고통이 커지기 때문이다. 지나친 식욕과 성욕이 바로 그렇다. 우리는 '고통이 없는 쾌락'만을 추구해야 한다.

'고통이 없는 쾌락'은 일시적인 환락에 취해 얻어지는 것이 아니다. '무욕의 상태Askesis'로 인한 마음의 안정이 '고통 없는 쾌락'을 불러온다. 이런 마음의 상태가 바로 아타락시아Ataraxia다. 에피쿠로스는 "빵과 물만 있다면, 나의 행복은 신의 그것과 같으리라"라고 말했다. 어느 날 에피쿠로스는 제자인 메노이케우스Menoikea에게 다음과 같은 편지를 써서 보냈다.

우리가 의미하는 쾌락이란 방탕한 자의 쾌락이 아니고, 성적 쾌락도 아니다. 내가 말하는 쾌락은 육체적 고통이 없는 것과 마음의 혼란으로부터의 자유다. 쾌락이란 과도한 음주나 연회도 아니며, 아름다운 연인이나 부녀자들과 놀아나거나, 생선과 고기, 또는 사치스러운 식사를 즐기는 그런 종류가 아니다. (……) 마음이 혼란스러운 원인의 갖가지 억측을 떨쳐 버린 순수한 사고야말로 쾌락의 생활을 만들어주는 것이다.

필수적 욕망만을
추구해라

에피쿠로스는 욕망을 크게 '필수적 욕망', '필수적이지 않은 욕망', '공허한 욕망'으로 나누었다. '필수적 욕망'은 우리가 살아가는 데 꼭 필요한 음식·의복·집 등에 대한 기본적인 욕구다. 에피쿠로스는 필수적인 욕망에 철학과 우정에 대한 욕망도 넣었다. 철학을 함으로써 불필요한 욕망을 없애고 사람들과 우정을 나누며 소박하게 산다면, 어떤 욕망에도 흔들리지 않는 고통이 없는 상태인 아타락시아^{ataraxia}에 이를 수 있다. '필수적이지 않은 욕망'은 맛있는 음식, 좋은 옷, 쾌적한 집 등에 대한 욕망이다. 마지막으로 '공허한 욕망'은 명성이나 인기 같은 것들에 대한 욕심이다.

필수적이지 않은 욕망과 공허한 욕망을 채우기 위해서

는 큰 노력이 필요하다. 가진 게 많을수록 짐도 많아지는 법이다. 그런데도 이것들은 우리에게 쾌락을 주지 못한다. 욕망이 채워질수록 기대 수준이 점점 더 높아져 결국 고통만을 주기 때문이다. 우리가 추구해야 할 것은 필수적인 욕망뿐이다. 이것은 큰 노력 없이도 얻을 수 있을뿐더러, 일단 채워지면 더는 고통을 낳지 않는다. 에피쿠로스의 육성을 들어보자.

우리는 자기만족 역시 위대한 선함으로 간주한다. 이것은 언제나 작은 것에만 만족한다는 의미가 아니라, 적게 소유할 때는 작은 것에도 만족할 줄 알아야 한다는 것을 의미한다. 사치를 가장 적게 필요로 하는 자가 사치를 가장 크게 즐기게 된다. 그리고 모든 자연적인 것은 습득하기 쉽지만, 비실용적인 것은 습득하기 어렵다. (……) 빵과 물은 배고픈 자가 먹고 마실 때 가장 큰 쾌락을 준다.

죽는 것을
두려워하지 마라

에피쿠로스는 철저한 유물론자였다. 그에게 죽음이란 몸을 이루는 원자들이 흩어지는 일 이상도 이하도 아니다. 육체가 사라지면 영혼도 사라진다.

때문에 우리가 죽음을 두려워할 이유는 없다. 왜냐하면, 우리가 살아 있는 동안 죽음은 없는 것이고, 또 죽었다면 우리가 존재하지 않기 때문이다. 에피쿠로스는 제자인 메네케우스에게 다음과 같은 편지를 쓴다.

> 죽음이 우리와 아무런 상관이 없다는 생각에 익숙해져라. 모든 선과 악은 지각에 근거하는데, 죽음은 이러한 지각의 상실을 의미하기 때문이다. 따라서 죽음이 우리와 아무런 상관이 없다는 점을 올바르게 통찰하면, 우리의 유한한 삶은 즐거울 수 있다. (……) 가장 끔찍한 악인 죽음은 우리와 아무런 상관이 없다. 우리가 존재하는 한 죽음은 오지 않고, 죽음이 오자마자 우리는 더는 존재하지 않기 때문이다.

자연공동체 마을 운동의 원조
에피쿠로스의 정원공동체

에피쿠로스는 말만 앞세우는 철학자가 아니었다. 그는 30대 초반에 아테네 교외에 있는 정원을 사들인다. 그리고 이곳에 은둔해 소박한 우정을 나누는 철학 공동체를 만든다. 이는 에피쿠로스의 '정원공동체'로 불린다. 에피쿠로스는 이곳에 노예든 매춘부든 출신성

히에로니무스 반 에켄, <쾌락의 정원>, 패널에 유채,
195x220cm, 1500년경, 프라도 미술관.

분을 따지지 않고 누구나 받아들였다. 이들 중 상당수가 여성이었다. 당시는 여성들이 극단적으로 차별받던 시절이었다. 숱한 억압에 시달리던 많은 여성이 이곳 '정원공동체'에서 안식을 찾았다. '정원공동체'는 자유를 원하는 사람들의 새로운 삶의 터전이자 아카데미아와 같은 학원이기도 했다. 이곳에서 에피쿠로스는 모든 사람에 대한 인간애를 가르쳤다.

'정원공동체'를 만든 뒤 에피쿠로스는 수많은 스캔들에 시달렸다. 매춘부들을 애인으로 삼았다든지, 너무 먹어대는 바람에 하루에 두 번씩 토하곤 한다든지 하는 소문이 정원 주변에 끊임없이 맴돌았다. 특히 '정원공동체'에 들어온 한 여성과의 동거는 당시 상당한 화젯거리였다고 한다. 일부 사람들은 에피쿠로스와 그의 제자들을 '돼지들'이라고 부르기도 했다. 스토아 학파의 주요 철학자 가운데 한 사람인 에픽테토스는 에피쿠로스를 이렇게 평가한다. "먹고, 마시고, 섹스하고, 배설하고, 코를 고는 것, 이것이 당신이 가치 있는 생활이라고 생각하는 전부였다." 일부는 사실일 수도 있고, 과장된 것일 수도 있다. 귀족이든 노예든 매춘부든 모든 계층의 사람이 끊임없이 들락거리던 '정원공동체'는 당시 아테네 사람들에게는 대단한 관심거리였을 것이다.

'정원공동체'에서는 여자나 노예도 동등한 구성원으로

생활할 수 있었다. 이를 '지배-피지배' 구조를 유지해온 기득권 세력이 좋아할 리가 없었다. 또한, 에피쿠로스는 당시 아테네를 주름잡던 주류 철학 이론을 조롱했기에 주류 지식인들로부터도 큰 불만을 샀다. 에피쿠로스는 창녀들과도 동등한 입장에서 서신을 교환했다. 이를 사람들은 '음란마귀'라고 비판했다. 자유롭게 살아가는 이들에게 손가락질하는 풍토는 예나 지금이나 비슷하다. 자유로운 자에 대한 질시는 곧 자유로워질 용기가 없는 자기 자신에 대한 '연민'이 아닐까?

에피쿠로스는 말한다. "숨어서 살아라!" 이 말은 단순히 사회의 불쾌한 현실에서 도피하라는 의미가 아닌, 은둔과 고요함이 인간의 마음에 평정을 가져오고 이 평온함 속에서 새로운 통찰력을 키울 수 있기 때문이다. 에피쿠로스는 다시 말한다. "영혼의 평온함이라는 왕관은 지휘자의 높은 자리보다 훨씬 더 가치가 있다."

헬레니즘과 세계시민주의

헬레니즘^{Hellenism} 시대는 기원전 334년 알렉산드로스가 동방 원정을 시작하던 때부터 기원전 30년 로마가 이집트를 병합할 때까지를 가리킨다. 헬레니즘이란 용어는 그리스인이 자신을 지칭하던 '헬렌^{Héllēn}'에서 나온 말이다. 독일의 역사가 드로이젠^{Droysen ; 1808~1884}이 자신의 저서 『알렉산드로스 대왕의 역사』에서 처음 사용했다.

알렉산드로스가 영토를 크게 확장하면서, 각 지역의 민족이 혼합되기 시작했다. 정복지는 소아시아, 아시리아, 이집트, 메소포타미아, 메디아, 페르시아와 오늘날 아프가니스탄과 인도 북부 지역, 중앙아시아 초원 지대를 망라했다. 알렉산드로스는 동방 세계를 정복하는 과정에서 그리스의 문화와 철학을 각 지역에 전파하는데, 그 과정에서 그리스도 동방 문화와 철학으로부터 큰 영향을 받았다. 이때 인도의 문화가 그리스에 전파된다. 알렉산드로스는 정복 와중에도 이민족에게 중요 관직을 주고 병사와 이민족 여성이 결혼하도록 장려했다. 알렉산드로스의 민족 융합 정책은 동서양의 거리를 좁혔으며 세계시민주의 확산의 토대가 되었다. 헬레니즘 문화는 이러한 동서 문화 교류의 결과로 형성된 것이다.

각 민족 문화의 통합은 로마에 의해 정점에 달했으며, 새로운 시대의 발전을 위한 기초가 되었다. 이제는 아테네가 철학 탐구의 유일한 중심으로 남아 있을 수 없었다. 로도스, 페르가몬, 알렉산드리아 등 다른 도시들이 철학의 육성에 참여했다. 동방과 로마의 문화 및 윤리가 그리스 민족의 삶으로 밀려들어오므로 그리스 민족 특유의 이른바 '그리스적 정신'은 점점 쇠퇴하게 된다.

철학에서 세계시민주의를 확산시킨 장본인은 스토아 학파였다. 스토아 학파가 주창한 세계시민주의는 알렉산드로스에 의한 그리스 도시국가의 붕괴와 민족혼합정책 등의 분위기에서 공고하게 다져진다. 스토아 학파는 모든 인간이 자신이 출생한 지역의 시민임과 동시에 자기 지역을 초월한 범세계적 시민이라는 점을 강조했다. 스토아 학파는 가족, 신분, 국적을 뛰어넘어 자연, 세계, 우주를 바라보고자 했다. 특히 로마 제국 시기가 되면 이러한 관점이 구체적으로 정책화한다.

6장.

중세와
르네상스 철학

기독교가 유럽의 절대 이념이 되다

○ ○ ○

아우구스티누스의

"오류를 범하고 있다 하더라도

나는 존재한다."라는 말은

근대 철학의 시작을 알린 데카르트의

"나는 사유한다. 고로 나는 존재한다."

명제의 선구다.

중세 철학의
흐름도

서양의 중세는 봉건 제도와 기독교가 지배했다. 봉건 제도가 성립한 9세기에서 붕괴되기 시작한 14세기까지의 철학을 중세 철학이라고 부른다. 중세 철학은 일반적으로, 교부 철학 시대[2세기~8세기], 초기 스콜라 철학 시대[9세기~12세기], 중기 스콜라 철학 시대[13세기], 그리고 후기 스콜라 철학 시대[14세기]로 구분된다. 중세 철학 전체를 꿰뚫는 가장 중요한 문제는 '신앙'과 '이성'의 관계이다. 초기 스콜라 철학 시대에는 신앙이 이성보다 우위에 있었다. 중기 스콜라 철학에서는 신앙과 이성의 조화가 추구되었다. 이때가 스콜라 철학의 전성기라 할 수 있다. 후기 스콜라 철학에서는 신앙과 이성의 결합이 부정되었다.

교부 철학의 아버지
아우구스티누스

그리스도교의 교리를 철학적으로 다듬어내는 작업은 교부에 의해서 이루어졌다. 교부란 신학을 연구하는 학자나 성직자를 가리킨다. 그들에 의한 철학이 교부 철학이다. 교부 철학 시기는 대체로 2세기경에서 8세기 말경까지로 본다. 교부 철학은 스콜라 철학의 성립에 큰 영향을 끼쳤다.

교부 철학자들 가운데 가장 두드러진 인물은 아우구스티누스 Augustinus ; 354~430 이다. 아우구스티누스는 기독교도가 아닌 아버지 파트리키우스와 독실한 기독교도인 어머니 모니카 사이에서 태어났다. 그의 출생지는 아프리카 북부 누미디아의 타가스테이다. 아우구스티누스는 아버지보다 어머니의 굳은 신앙심으로부터 큰 영향을 받았다. 하지만 청소년기에는 꽤 자유분방했는지 19세에 노예 출신의 여성과 동거해 아들을 낳기도 한다. 하지만 어머니의 반대로 그녀와는 눈물을 머금고 헤어진다.

아우구스티누스는 한때 사산 제국의 예언자 마니 Mani 가 창시한 마니교를 믿었다. 마니교 Manichaeism 는 유대교, 영지주의, 기독교, 조로아스터교, 불교, 자이나교 등이 뒤섞인 독특한 종교였다. 아우구스티누스는 마니교에서 가톨릭으로 개종하며, 396년경에 카르타고에서 멀지 않은 곳에 위치한

아우구스티누스

히포^{Hippo}라는 곳의 주교가 되었고 죽을 때까지 이곳의 주교로 있었다.

역사와
시간

아우구스티누스는 『신국론』에서 역사 발전의 원리를 제시했다. 아우구스티누스는 역사를 신이 인간을 구원하는 과정으로 여겼다. 『신국론』은 지상의 나라와 신의 나라가 갈등을 일으키면서 역사가 전개되는 과정을 설명한 저술이다. 지상의 나라를 다스리는 원리는 이기적 사랑이고, 신의 나라를 이끄는 원리는 이타적 사랑이다. 이 두 세계가 갈등하는 과정이 바로 역사이며, 이러한 역사를 통해서 신은 인류를 구원한다. 신이 인류를 구원하는 역사 과정은 세 단계로 이루어진다. 첫 번째 단계는 역사 이전의 시대다. 여기에서 아우구스티누스는 신에 의한 천지창조와 인류의 원죄에 관해 설명한다. 두 번째 단계는 최후의 심판이다. 악이 지배하는 지상의 나라가 선을 원리로 삼는 신의 나라에 의해서 심판을 받고 결국 종말을 고한다. 세 번째는 심판 이후 펼쳐지는 신의 나라의 모습에 대해서 다룬다.

아우구스티누스는 『고백록』에서 시간을 독특한 방식

으로 구분한다. 그에 의하면 과거, 현재, 미래는 오직 '지금'이라는 시간에 존재한다. 아우구스티누스는 일상에서 느끼는 여러 감각을 극복하고 이성의 빛에 의해서 신의 시간인 '지금'을 붙잡아야 한다고 말한다. "과거는 '기억으로서의 지금'이고, 현재는 '감각으로서의 지금'이며, 미래는 '기대로서의 지금'이다." 아우구스티누스에게 과거와 현재와 미래는 모두 '지금, 이 순간'이자 영원이다.

스콜라 철학의
보편논쟁

스콜라 철학scholasticism은 9세기 이후에서 중세 말까지 교회에 소속된 학교에서 가르치던 교사들의 철학이다. 스콜라 철학자들은 교부 철학자들의 이념을 이어받았지만, 그리스 철학의 방법과 개념도 대폭 수용했다. 스콜라 철학자들이 그리스 철학을 적극적으로 끌어들인 이유는 그리스도교를 더욱 합리적으로 설명하기 위해서였다. 교리를 위하여 그리스 철학과 논리학을 이용했기 때문에, "철학은 신학의 시녀"라는 말까지 나왔다.

스콜라 철학의 최대 논쟁은 '보편논쟁'이다. '보편논쟁'이란, 실재론實在論과 유명론唯名論 사이에 벌어진 논쟁을 말한다. 실재론은 현실에 존재하는 개별적인 존재보다 보편 개념이 더 중요하다는 이론이다. 유명론은 보편 개념이란 단지 우리의 관념 속의 이름에 불과하다는 이론이다. 실재론의 입장에 의하면, 예컨대 홍길동, 이몽룡, 성춘향이라는 이름은 우리가 죽으면 사라지지만, 이들의 보편 개념인 '인간'은 영원하다. 하지만, 유명론의 입장에서는 보편 개념인 '인간'이란 단지 이름으로만 존재하는 것이며, 홍길동, 이몽룡, 성춘향이라는 개별적인 대상이 더 중요하다.

스콜라 철학의
전성기

초기 스콜라 철학에서는 보편 개념이 참다운 본질이며, 이것은 개별적 사물에 앞서 존재한다고 보았다. 안셀무스 Anselmus ; 1033~1109는 개별적 존재인 사물은 거짓이고, 보편적 개념인 신만이 참다운 존재라고 했다. 이는 플라톤의 이데아 이념으로부터 영향을 받은 것이다.

중기 스콜라 철학에는 아리스토텔레스의 철학이 큰 영향을 끼친다. 이때가 바로 스콜라 철학의 전성기였다. 12~13세기는 교황권과 군주권의 충돌이 찾은 시기였다. 그러나 교황 이노센트 3세에 의해 교황권이 군주권을 압도하게 되어 교회는 세속적인 문제에도 깊이 관여하게 되었다.

이때 나온 말이 "교황은 태양, 왕은 달"이다. 이 시기는 또한 십자군 원정으로 새로운 지역에 관한 견문이 넓어지던 때였다. 이때 이슬람 세계에서 수입된 아리스토텔레스의 철학은 당시 학자들에게 큰 반향을 불러일으킨다. 그동안 교회는 플라톤 철학만을 수용했으나 이는 현실을 중시하는 시대적 상황에 적용하기가 어려웠다. 이상을 현실에서 찾으려 한 아리스토텔레스의 철학은 이러한 새로운 시대의 요구에 부응할 수 있었다. 새로운 시대에 부응한 대표적인 신학자가 바로 토마스 아퀴나스다.

스콜라 철학을 완성하다
토마스 아퀴나스

토마스 아퀴나스 Thomas Aquinas ; 1225~1274는 로마와 나폴리 사이에 위치한 로카세카성에서 태어났다. 그는 19세에 도미니코 수도회 수사가 된 이후 알베르투스 마그누스 Albertus Magnus ; 1193~1280에게 신학을 배웠다. 마그누스는 아리스토텔레스 철학을 새롭게 해석했고, 또한 계시와 이성을 명확하게 구분하고자 했다. 토마스 아퀴나스는 1257년 파리 대학에서 신학 학위를 받고 교수직을 얻어 제자들을 가르쳤다. 그는 많은 시간을 강의와 저술에 할애했다. 토마스 아퀴나스는 교황 그레고리 10세로부터 리

토마스 아퀴나스

용의 제2차 공의회에 참석할 것을 요청받고 리용으로 가던 중에 병들어 사망했다.

토마스 아퀴나스는 기독교 교리와 아리스토텔레스의 철학을 종합해 완벽한 체계를 갖춘 스콜라 철학을 완성했다. 특히 아리스토텔레스의 철학은 방대한 스콜라 철학 연구에 가장 중요한 자료였다. 그가 남긴 많은 저술 중에서 가장 유명한 저작은 『신학대전』이다.

토마스 아퀴나스는 인간의 이성이 사물의 본질을 파악하는 능력이긴 해도 이것으로 신의 본질을 파악하기는 어렵다고 했다. 이성은 논리적 추론으로 신의 존재를 증명할 수 있을 뿐이다. 신의 본질에 대한 깨달음은 신이 부여한 은총에 의해 가능하다. 그러나 인간 이성은 논리적 추론으로 신의 존재를 어느 정도 증명해 주므로 중요한 가치를 지닌다. 이렇듯 토마스 아퀴나스는 이성과 신앙의 조화를 꾀하였다. 토마스 아퀴나스는 보편과 특수의 관계에 관하여 아리스토텔레스의 형상과 질료의 관계를 이용했다. 개별적 사물은 신에 의해서 주어지는 형상이 질료에 가해져서 창조된다는 것이다.

정치와 도덕은 별개다, 마키아벨리

· · ·

"정치는 항상 최악의 상황을 벗어나기 위해
무엇이 필요한지 고민해야만 한다. 이상적인 최선이
아니라 현실적인 최선을 찾아야 한다."
마키아벨리는 정치에서 윤리적 가치와 규범을
걷어냈다. 그는 이기적인 인간의 본성과
냉혹한 현실을 직시하면서 무엇이 과연
바람직한 정치 공동체인지 고민했다.

마키아벨리와
『군주론』

마키아벨리는 르네상스 시대의 가장 탁월한 정치 철학자였다. 그의 정치 철학은 경험으로부터 비롯된 것이었고, 그가 구사하는 철학 언어는 매우 솔직했다. 정치적인 사악함을 대하는 마키아벨리의 솔직한 태도는 서양 철학사에서 독보적이다.

피렌체 출신인 니콜로 마키아벨리[N. Machiavelli ; 1469~1527]는 15~16세기에 실질적으로 피렌체 공화국을 통치한 메디치 가문에서 외교관 일을 도맡았다. 레오나르도 다빈치, 미켈란젤로, 보티첼리 등을 후원한 것으로도 유명한 이 가문은, 학문과 예술을 후원해 피렌체에서 르네상스 운동이 꽃을 피우는 데 결정적인 역할을 했다.

마키아벨리가 14년 동안 피렌체의 외교 업무를 맡으면서 겪은 다양한 경험은『군주론』을 집필할 때 큰 도움이 되었다. 그는 메디치 가문에게 헌정하기 위해『군주론』을 집필했다.『군주론』은 주변 강대국에 둘러싸여 시달림을 받던 이탈리아의 현실을 타개할 지침서로 쓰인 것이었다. 마키아벨리는 분열된 이탈리아의 통일과 강력한 군주권에 의해 안정된 국가 질서를 희망했다.

도덕과 정치의
분리

고대 그리스에서는 정치를 도덕적인 행위의 연장선상으로 바라보았다. 소크라테스와 플라톤, 아리스토텔레스에게 정치 현장은 덕을 펼쳐나가는 실천의 장이었다. 중세가 되자 종교의 목적에 부합하는 정치만이 정당화되었다. 이제까지 정치는 늘 도덕 혹은 종교와 긴밀하게 엮여 있었다.

마키아벨리가 활동할 당시에도 기독교가 모든 것을 규율했다. 하지만 이상이 아닌 현실에 주목한 마키아벨리는 기독교 윤리가 아니라, 인간의 실제 행위에 부합하는 가치를 찾고자 했다.

니콜로 마키아벨리

많은 사람이 아무도 본 적이 없거나 실제 존재했던 적이 없는 공화국과 군주국을 상상해 왔다. 인간이 실제로 어떻게 살고 있는가의 문제와 인간이 어떻게 살아야만 하는가의 문제는 너무도 다르다.

마키아벨리는 현실과 이상을 분리해 정치에서 도덕을 빼냈다. 정치의 독자성을 말했다는 점에서 마키아벨리는 최초의 근대 정치 철학자다. 마키아벨리가 목적 달성을 위한 정치 행위에 도덕 따위 필요 없다고 한 이유는 그가 비도덕적이어서가 아니었다. 정치 현상 자체가 그렇기 때문이다. 마키아벨리의 관점에 의하면, 두 개의 악 가운데 그래도 덜 악한 것을 발견하는 것, 이것이야말로 최선의 정치적 선택이다. 정치는 항상 최악의 상황을 벗어나기 위해 무엇이 필요한지 고민해야만 한다. 이상적인 최선이 아니라 현실적인 최선을 찾아야 한다.

군주가 갖추어야 할
덕목 4가지

마키아벨리의 『군주론』에는 4가지 키워드가 있다. '비르투 Virtu', '포루투나 Fortuna', '네체시타 Necessita', '푸르덴치아 prudenzia'가 그것이다. 이는 군주가 반드시 갖추어야 할 덕목이다.

'비르투'는 남성성, 용맹함, 용기를 뜻한다. 통치자가 강력한 실천력으로 과업을 달성하고자 할 때 필요한 덕목이다. 군주에게는 윤리적으로 정당화되기 어려운 일이라 할지라도, 그것이 꼭 필요한 일이라면 주저 없이 밀어붙이는 씩씩한 자세가 필요하다. '포루투나'는 운명 혹은 운명의 여신이다. 이는 인간의 의지로 통제하기 어려운 어떤 우연성이다. 정치 현실은 목적을 달성하기 위해 일로매진하는 태도인 '비르투'와 운명인 '포루투나' 사이에 벌어지는 각축장이다. 군주는 자신의 '비르투'로 운명을 지배해야만 한다.

'네체시타'는 상황이 요구하는 불가피성이다. 군주는 불가피하다면 잔인한 행동도 불사해야만 한다. '푸르덴치아'는 상황이 요구하는 불가피성인 네체시타를 알아채는 이성적 능력이다. 군주는 어떤 상황에서는 잔인한 조치도 과감히 취해야만 하는데, 과연 그러한 행위를 할 타이밍인지 판단할 능력을 갖추어야만 한다. 잘못하면 아무 잘못도 없는 엉뚱한 사람들을 다치게 할 수도 있기 때문이다.

사자의 용맹과
여우의 교활함

아마도 『군주론』에서 가장 논란의 소지가 되는 내용 가운데 하나는 군주가 폭력을 동반한 비도덕적 행위를 서슴없이 행할 수 있다는 관점일 것이다.

> 군주는 법을 통한 싸움과 힘으로 하는 싸움 모두를 잘 알아야 한다. 법으로 하는 싸움은 인간에게 합당한 것이고 힘으로 하는 싸움은 짐승에게 합당한 것이다. (……) 군주는 짐승의 방법과 인간의 방법 두 가지 모두를 잘 알아 둘 필요가 있다.
> 군주는 짐승의 방법을 잘 알아야 하는데, 그 가운데에서도 여우와 사자를 선택적으로 따라야 한다. 사자는 함정으로부터 자신을 지키기 어렵고 여우는 늑대로부터 자신을 지킬 수 없기 때문이다. 따라서 함정을 식별하기 위해서는 여우가 될 필요가 있고 늑대를 혼내 주기 위해서는 사자가 될 필요가 있다.

마키아벨리에 의하면, 군주는 '사자의 용맹함과 여우의 교활함'이 필요하다. 자기만의 이익에 매몰되어 농단을 일삼는 귀족은 일거에 제거해야만 한다. 또 "인간이란 사소한 피해에는 보복하려 들지만, 엄청난 피해에는 감히 복수할 엄두조차 내지 못한다. 따라서 피해를 주려면 그들의 복수를 두려워할 필요가 없을 정도로 크게 주어야 한다." 여기서 인간들이란 역시 농단을 일삼는 귀족 세력을 가리킨다. 마키아벨리는 군주가 포상과 형벌을 기술적으로 잘 안배해야 원만한 통치를 할 수 있다고 말한다.

> 국가를 탈취한 정복자는, 그가 저질러야만 하는 모든 가해 행위를 재빨리 살펴보고, 그것도 일거에 저질러서 매일 새로 반복하지 않도록 해야 한다는 점에 유의해야 한다. (……) 가해 행위는 모두 일거에 저질러야 한다. 그래야 그 맛을 덜 느끼기 때문에 반감과 분노를 적게 일으킨다. 반면 은혜는 조금씩 베풀어야 한다. 그래야 그 맛을 더 많이 느끼게 된다.

마키아벨리는 이런 말도 한다. "이미 군주가 된 경우라면 (……) 너그러움은 유해한 것이지만, 아직 군주가 되기 전 단계라면 너그럽거나 너그럽다는 평판을 반드시 얻을 필요가 있다." 이는 마치 독재자로 성공하는 방법을 제시하는 느낌도 든다.

『군주론』의 핵심은 이렇게 정리할 수 있다. 제대로 된 군주라면 국가를 장악하고 개혁하기 위해, 상황이 요구하는 불가피한 과업(네체시타)을 실천적 이성(푸르덴치아)을 통해 잘 이해하고, 운명의 힘(포르투나)에 수동적으로 굴복하는 대신 '용기(비르투)'를 가지고 과감하게 완수하는 사람이 되어야 한다는 것이다.

마키아벨리는
독재옹호론자였을까?

마키아벨리가 활동하던 당시 교황군의 총사령관이자 로마냐의 공작이었던 체사레 보르자^{Cesare Borgia ; 1475~1507}는 정적들을 제거하기 전에 그들을 안심시키기 위해 자신의 최측근을 죽였다. 체사레 보르자는 목적을 달성하기 위해서는 어떤 일도 마다하지 않았다. 마키아벨리는 체사레 보르자가 '비르투'를 제대로 실천한 모범적인 군주라고 평가했다.

정치 행위에 도덕을 고려하지 않는 마키아벨리의 관점은 예나 지금이나 논란이 많다. 셰익스피어는 〈헨리 6세〉 속에서 그를 언급하며 '잔혹한 마키아벨리'로 불렀고, 현대 미국의 저명한 정치 철학자 레오 스트라우스는 그를 가리켜 '악의 교사'라고 했다.

하지만 17세기 철학자 스피노자와 18세기 철학자 루소는 마키아벨리를 공화주의의 대변자이자 자유의 옹호자로 평가하기도 했다. 마키아벨리의 또 다른 주저 『로마사 논고』는 루소의 평가에 한 표를 던지도록 한다. 『로마사 논고』에서는 혼합정부(군주정·귀족정·민주정을 합친 것)가 가장 완벽한 정치 체제로 제시된다. 왕의 위치에 '통령' 두 명이 최고 행정 수반을 담당하고, 귀족 대표로 원로원을 두며, 민중 대표로 호민관을 둔다. 마키아벨리에 따르면, 어떤 나라

이든 "민중과 부유층이라는 적대적인 두 파당이 존재"하는
데, 이들 중 하나가 다른 하나를 압도하면 공화국은 부패한
다. 부유층의 대표가 군주가 되면 참주정이 도래하고, 부유
층의 파당이 귀족정을 하면 그들 자신의 이익에만 몰두하
는 과두정이 되며, 민주정에서는 민중들이 자기들 이익에
만 몰두할 것이다. 따라서 부유층과 일반 민중이 서로 견제
하는 것이 가장 바람직하다. 귀족의 권력 독점에 대한 평민
의 견제와 균형을 주장했던 마키아벨리는 현대 대의제 민
주주의의 맹아라고 볼 수 있다.

화형당한 철학자, 브루노

○ ○ ○

브루노의 자연학은 근대 자연과학에도
큰 영향을 준다. 브루노는 우주의 가장 작은
구성 단위를 '단자'라고 불렀다. 그에 의하면,
'단자'는 자체 이성을 지니며, 더는 쪼갤 수 없다.
이러한 생각은 근대 철학에서 중요한 위치를
점하고 있는 라이프니츠 Leibniz ; 1646~1716 의
단자론에 커다란 영향을 미쳤다.

새로운 철학을 했다는 이유로
화형당한 철학자

조르다노 브루노 Giordano Bruno ; 1548~1600는 이탈리아 르네상스 철학에서 가장 독특한 철학자 가운데 한 사람이다. 그는 이탈리아 나폴리 근처에 있는 '노라'에서 태어났다. 이곳에서 라틴어 학교를 졸업한 뒤 17살에 나폴리에 있는 도미니카 수도원에 들어갔다. 그러나 그는 1576년에 이단으로 낙인이 찍혀 수도원을 뛰쳐나온 이후, 유럽 곳곳을 방랑하며 생활했다.

1581년, 파리에 도착한 브루노는 그곳에서 강의를 했는데, 이때 앙리 3세의 눈에 들게 된다. 이후 브루노는 앙리 3세의 비호 아래 저술 활동에 몰두할 수 있었다. 브루노는 1583년 초 앙리 3세의 추천장을 소지하고 런던에 있는 프

조르다노 브루노

랑스 대사관에 가서 그곳에서 2년간 거주했다. 브루노는 런던 체류 시절에 마법이나 마술을 연구하기도 했다.

그의 저술은 그리스도교의 정신을 담고 있으면서도 이교도적인 색채가 짙었다. 브루노는 이집트의 종교가 그리스도교보다 더 훌륭하며, 심지어 예수를 일종의 마법사라고 말하기도 했다. 그는 종교 재판소에 회부되는 것을 두려워하지 않고 이런 발언들을 토로하며 각지를 돌아다녔다. 그는 유목민처럼 각지를 자유롭게 돌아다니면서 자기의 철학을 설파했다. 당시 교황청에서 그는 눈엣가시 같은 존재였다. 그런데 브루노는 어떤 베니스인에게 속아서 이탈리아로 귀향하게 된다. 이 베니스인이 브루노를 밀고함으로써, 브루노는 종교 재판소에 서게 된다. 브루노는 종교 재판소에서 자신의 견해를 포기하지 않는다. 뿐만 아니라 이후 8년간 옥살이를 하면서 갖은 회유와 고문 속에서도 자신의 주장을 굽히지 않는다. 이윽고 1600년 2월 17일 운명의 날이 도래한다. 이날 브루노는 캄포 데 피오리 Piazza di campo dei Fiori 광장에서 화형을 당한다. 그가 화형을 당할 때 부르짖은 말은 훗날 역사에 가장 유명한 유언으로 남는다.

말뚝에 묶인 나보다, 나를 묶고 불을 붙이고 있는 너희들이 더 공포에 떨고 있구나!

이 사건은 소크라테스 이후 발생한 또 하나의 철학이 야기한 사형이었다. 브루노가 사형당한 피오리 광장은 당시 사형 집행 장소였으나, 지금은 로마인들의 활동 중심지다. 피오리 광장 중심에는 철학적 견해가 다르다는 이유로 끔찍하게 사형당한 이 철학자를 기리기 위해 1889년에 세워진 동상이 자리하고 있다. 새로운 정신이 세상에 퍼지기 위해서는 늘 희생이 따르기 마련이다. 부르노는 새롭게 근대를 맞이하는 여명기에 하나의 밀알이 되었다.

외계인이 존재한다고
주장하다

브루노는 유럽에 만연해 있는 전쟁과 자유에 대한 억압을 비판하면서 그에 대한 이념적 대안으로 이집트의 자연 종교를 깊이 있게 연구했다. 이집트 자연 종교의 핵심은 모든 사물에 신이 깃들어 있다는 범신론과 윤회론이었다. 브루노는 이로부터 큰 영향을 받았으며, 모든 생명은 소멸하더라도 각기 다른 존재로 다시 생성한다는 윤회설을 강하게 주창했다. 브루노에 의하면 모든 자연 대상에는 영혼이 있다. 생생하게 살아 있는 지구는 신성한 태양 주위를 돌고 있다. 브루노의 지동설과 윤회설은 당시 그리스도교 가치관에 정면으로 대항하는 것이었다.

특히 놀라운 사실은 우주에 생명체가 있다고 주장한 점이다. 브루노에 의하면, 온 우주에는 생명체가 번성해 있다. 부르노는 오늘날 우리에게도 매우 뜨거운 화두인 지구 밖 생명체에 관한 담론의 원조라 할 수 있다.

우주가 곧
신이다

그때까지 세상을 지배하던 과학은 아리스토텔레스의 자연학이었다. 브루노는 아리스토텔레스 이래의 지구 중심설에 반대하면서 코페르니쿠스 지동설을 적극적으로 옹호했다. 그는 아리스토텔레스 철학을 죽은 학문이라고 비판하면서, 자신의 철학이야말로 생생하게 살아 있는 자연을 정확히 설명한다고 말했다. 브루노는 자신의 저서 『무한자와 우주와 세계』에서 우주는 살아 있는 유기체이며 그 공간적 크기는 무한하면서 또 무수한 세계가 펼쳐져 있다고 주장했다. 그리고 이 무한히 펼쳐진 우주 자체가 바로 '신'이자 '일자一者'다. 신이 우주와 별개로 따로 존재하는 것이 아니다.

그는 말한다. "무한한 원인은 필연적으로 무한한 결과를 산출한다." 무한한 우주이자 신은 무한히 많은 존재를 생성해낸다. 따라서 "우주에서는 모든 것이 중심"이 될 수 있다. 브루노는 우주 혹은 자연에 '죽음'이란 있을 수 없으며, 단지 다른 존재로 변화할 뿐이라고 했다.

우주이자 신은 '세계영혼'을 지닌다. 우주와 '세계영혼'의 관계는 배와 그 배를 움직이는 선원과도 같다. 선원이 배를 움직이는 '원리'를 제공하는 존재이자 '원인'이듯이, '세계영혼'은 우주 만물을 움직이는 '원리'이자 '원인'이다. 이렇게 우주가 움직이는 원동력은 만물 밖에 존재하는 것이 아니다. 신이 우주 밖에서 만물을 주재하는 것은 아니라는 의미다.

이러한 그의 세계관에 의하면, 물리적 죽음을 전제로 하는 그리스도교의 구원론은 무의미하다. 더 나아가 죽은 다음에 가는 다른 세계의 설정과 신에 의한 심판도 부정된다. 브루노는 인간이 행복하기 위해서는 죽음의 공포에서 벗어나 현재에 충실해야 한다고 설파했다.

우주이자 신은 우주 전체를 포괄함과 동시에 우주 안에 있는 각 개체 속에도 존재한다. 우리는 모두 신의 속성을 지닌다. 우주 자체가 신이라면 이 우주 안에 존재하는 우리는 신의 일부이다. 브루노는 우주 안에 존재하는 각 개체를 잘 탐구하면 신의 흔적을 찾을 수 있다고 보았다. 우주에는 수많은 태양이 존재한다. 태양과 같은 항성이 우주에 엄청나게 많이 존재한다는 그의 주장은 현대에 와서야 밝혀진 사실이기에 놀랍다고 평가하지 않을 수 없다. 하지만 신과 우주를 하나로 보는 그의 범신론은 중세 그리스도교의 관념과는 완전히 다른 것이었기에 철저히 배척당한다.

자기 철학을 굳건히 지키며
죽음을 선택하다

브루노가 종교 재판에서 자신의 주장을 철회했다면 살아남을 수 있었을 것이다. 하지만 그는 오히려 자기 생각의 타당성을 강조하며 교황청을 설득하려 했다. 그는 마지막 수단으로 교황에게 편지까지 보낸다. 이때 그에게 그동안의 주장을 철회할 것인지, 아니면 화형당할 것인지 선택할 기회가 주어진다. 그의 주장은 교황청으로부터 '여덟 가지 이단 명제'로 불렸다. 여덟 가지 이단 명제란 다음과 같다.

1. '세계영혼'이 영원한 원리다.

2. 무한한 신이 무한한 결과를 산출한다.

3. 인간의 정신은 신으로부터 나오며 신으로 돌아간다.

4. 이 세상의 어떤 것도 새롭게 발생하고 소멸하는 것은 아니며, 단지 그 양태가 변화할 뿐이다.

5. 태양을 중심으로 지구가 돈다.

6. 하늘에 떠 있는 별들은 육안으로 볼 수 있는 천사이며, '이

성의 영혼'을 갖고 있다.

7. 지구에도 '이성의 영혼'이 있다. 지구는 '이성적 동물'이다.

8. 영혼은 몸 안에 있는 정신이다.

브루노는 여덟 가지 이단 명제를 철회할 것을 요구받았지만 이내 거절하고 죽음을 선택한다. 이것은 탈옥할 수 있었음에도 당당히 죽음을 맞이한 소크라테스의 행동과도 비견될 수 있다. 브루노의 철학은 향후 펼쳐지게 될 종교 개혁의 전주곡이었다.

모든 별은 인간과 같은 유기체다

중세 말기 자치 도시의 발전과 민족주의의 발흥은 근대
사회와 근대 정신의 모체가 되었다. 특히 도시가 발달한
이탈리아는 이러한 분위기의 중심이었다. 인간과 사물을
신과 상관없이 생각하는 태도가 유행하기 시작하는데, 이
문화 기조를 우리는 '르네상스 운동'이라고 부른다.

르네상스 운동은 이성을 중심에 놓는 새로운 철학 기
조와 근대 과학의 바탕이 되었다. 특히 1453년에 동로마
제국이 멸망하면서 그 안에 있던 그리스 학자들이 대거
유럽으로 건너온다. 이때 유럽 전반에 걸쳐 르네상스 운
동이 확산하였다.

십자군 원정의 실패는 교황권의 쇠퇴를 가져왔고, 나
아가서는 기사 계급의 몰락을 초래하면서 중세 봉건사회
는 해체되기 시작한다. 도시에서는 부르주아 계급이 헤게
모니를 쥐기 시작한다. 부르주아 계급의 정치적 의식이
크게 향상되면서, 새로운 철학 사조가 나타나기 시작했
다. 교황권이 약화되고 왕권이 강해짐에 따라 새로운 역

학 관계가 정립되고, 민족국가 개념이 정립되기 시작했다. 마키아벨리의 정치 철학이 이러한 기조의 대표라고 볼 수 있다. 또, 시대사조에 부응해서 인간과 자연에 대한 신학적 해석을 포기하고 인간과 자연을 그 근원에서부터 새롭게 해석하려는 경향도 나타났다. 브루노의 철학이 바로 이러한 흐름을 대표한다. 르네상스는 교회의 권위에 대항해서 개인의 권위 및 국가가, 신학적인 계시에 대해서는 이성이 지배적인 힘을 획득하기 시작한 시기였다. 이는 향후 전개될 계몽주의의 발판이 된다.

르네상스 철학의 특징은 세 가지로 요약될 수 있다. 1. 앎의 세계는 무한하다 생각했다. 2. 정신과 자연의 통일을 주창했다. 3. 개인의 해방을 강조했다. 앎의 대상인 세계가 무한하다는 인식의 대표는 쿠사누스 Cusanus ; 1401~1464였다. 쿠사누스는 브루노에게도 영향을 끼쳤다. 또, 정신과 자연의 통일에 관한 탐구는 파라켈수스 Paracelsus ; 1493~1541와 브루노가 선도했다. 파라켈수스와 브루노는 모든 별이 인간과 같은 유기체라고 말했다. 개체의 해방에 대한 사상은, 모든 르네상스 철학자들이 공유했다.

7장.

육체와 정신은 별개
vs 육체와 정신은 하나

코기토 에르고 숨, 데카르트

○ ○ ○

우리가 느끼는 감각은 한바탕의
꿈일 수도 있기에 진짜가 아닐 수 있으며,
우리 머리에 떠오른 인식도 악마가
심은 것일 수 있기에 진짜가 아닐 수 있지만,
이렇게 진짜가 아니라고 여기는
'생각'만은 진짜다.

근대
'개인'이 중심이 되다

중세에는 신학이 모든 학문을 지배했다. 따라서 중세 철학은 신학의 하위 개념이었다. 하지만 르네상스에 접어들자 철학이 자연과학의 탐구 방법을 잘 활용하면서 의미 있는 결과를 창출하기 시작했다. 우리는 이를 브루노에게서 확인했다. 근대에 접어들자 철학은 급속도로 발전한 과학에 힘입어 새로운 이념을 선보인다.

근대성은 곧 개인 의식의 발전이다. 서구에서 개인의 발전은 사회적으로는 부르주아 계급, 학문적으로는 계몽주의, 종교적으로는 프로테스탄티즘, 이 세 가지가 서로 맞물리면서 이루어졌다. 계몽주의의 경우 데카르트가 생각하는 '나'라는 개체의 확실성을 강조했다. 프로테스탄티즘의 경우는 신 앞에 선 단독자를 설파했다. 이러한 계몽주의 철학과 프로테스탄티즘으로 무장해 근대 자본주의의 주인공이 된 사회적 집단이 곧 부르주아 집단이다.

데카르트와
네덜란드

근대 철학은 데카르트^{Descartes :} ^{1596~1650}로부터 비롯되었다. 데카르트는 프랑스 사람이지만 생애 대부분을 네덜란드에서 보냈다. 당시 네덜란드는 유럽에서 언론과 사상의 자유가 가장 잘 보장된 나라였다. 네덜란드 동인도 회사를 설립¹⁶⁰²해 세계 경제를 주름잡은 네덜란드는 인류 최초로 부르주아 계급에 의해 탄생한 국가였다. 데카르트가 한창 활동하던 시기에 네덜란드의 무역액은 세계 시장의 절반을 차지하고 있었다. 경제적 부흥과 그로 인한 사회적 안정은 학문 분야에도 긍정적인 영향을 끼쳤다. 네덜란드의 열린 사회적 분위기는 새로운 철학 기조가 움트기 좋은 조건이었다.

데카르트는 네덜란드에서 10여 년 동안 장교로 직업 군인 생활을 했다. 제대한 후 그는 네덜란드에서 조용히 살면서 수학, 자연과학, 철학 연구에 몰두했다. 데카르트는 평생 독신이었지만, 하녀와의 사이에서 딸을 낳았다. 그는

데카르트

늦게 얻은 딸을 무척 사랑했지만, 아이는 불과 다섯 살의 나이로 병에 걸려 사망한다. 이때 데카르트는 상실감에 못 이겨 딸의 생전 모습과 똑같은 인형을 만들어 어디를 가든 늘 데리고 다녔다고 전해진다. 그는 1649년 스웨덴의 여제 크리스티나의 가정교사로 초청을 받아 스톡홀름에 갔으나, 급작스러운 생활 습관의 변화와 찬 기후 탓으로 이듬해 세상을 떠났다.

악마의
가설

다재다능한 데카르트는 철학자이자, 수학자이면서 생리학자이기도 했다. 데카르트는 분석기하학을 창안하기도 했다. 그의 철학은 오늘날 인지과학 분야에도 영향을 미쳤다.

데카르트 철학의 진수는 『방법서설』에 담겨 있다. 이 책의 풀네임은 『올바르게 이성을 사용해 학문의 진리를 추구하는 방법에 관한 서설』이다. 이 책에서 데카르트는 진리 추구의 방법을 4단계로 나눠서 말한다.

1. 명백하고 확실한 것만 판단 안에 포함한다.
2. 검토 중인 난점들은 가능한 많은 부분으로 나누어 본다.

3. 이해하기 쉬운 대상부터 점차 복잡한 것으로 나아간다.

4. 완벽하게 열거하고 검토하여 빠진 것이 없도록 한다.

데카르트는 '나'라는 자아에 관해 집요하게 파고 들어갔다. 그에 의하면, 인간에게는 명백하고 확실한 지식에 도달할 수 있는 능력이 내장되어 있다. 데카르트 인식론의 출발점은 모든 것에 대한 '의심'이다. 그는 사람들이 당연하다고 여기는 것까지 일일이 의심했다. 데카르트는 우리가 느끼는 '감각'에 대해서도 의심했다. 감각은 확실한 반응을 전달하지만 이 모든 게 우리를 속이는 걸 수도 있다는 것이다. 사랑하는 사람과의 스킨십은 확실한 감각을 전달한다. 하지만 이것이 꿈이라면? 꿈을 꾸는 동안에는 그것이 꿈이라는 사실을 모른다. 장자莊子의 '나비 꿈'처럼 꿈에서 나비가 되어 훨훨 날면서 자유를 만끽할 수 있으나, 깨고 나면 허상이다. 설사 꿈에서 깨어났다 해도, 진짜 꿈에서 깨어난 게 아닌, 꿈에서 깨어난 꿈을 꾼 것일 수도 있다. 데카르트는 이처럼 집요하게 우리의 감각 자체를 의심했다.

그는 외적 감각뿐만 아니라 상상이나 기억도 우리를 속일 수 있다고 했다. 여기에는 수학적 명제도 포함된다. 데카르트는 유명한 '악마의 가설'을 내놓았다. 전능한 악마가 있다고 가정하자. 악마는 순수하게 정신적인 방법을 통해서 지식을 획득할 때마다 인간이 실수를 저지르도록 장치를 해놓았다. 예를 들어 우리가 '2 더하기 3이 5'라는 것을 자명하다고 생각하는 것은 악마가 만들어 놓은 속임수 때문이라고 볼 수도 있는 것이다. 만약 그런 악마가 존재한다면, 순수하게 정신적인 능력을 통해서 획득한 지식도 불확실한 것일 수 있다.

코기토 에르고 숨

이렇게 의심에 의심을 거듭하던 데카르트는 의심의 끄트머리에서 다음과 같은 결론에 도달한다. "이런 식으로 모든 게 거짓이라고 생각하는 동안에도 이렇게 생각하는 나는 반드시 어떤 것이어야 한다는 점을 알게 되었다." 따라서 "나는 생각한다, 그러므로 나는 존재한다." '코기토 에르고 숨$^{Cogito\ ergo\ Sum}$'이라는 진리는 아주 확실하다. '코기토^{Cogito}'란 "나는 생각한다."는 뜻이다. 데카르트는 "나는 생각한다. 그러므로 나는 존재한다."가 명석판명한 원리이므로 이를 일컬어 '철학의 제1원리'라고 불렀다.

데카르트는 두 개의 독립된 '실체^{substance}'가 있다고 주장했다. 여기서 '실체'란 신神과 같이 다른 것으로 대체 불가능한 절대 개념을 의미한다. 데카르트는 두 개의 '실체'로 '연장延長'과 '사유'를 상정했다. '연장'은 물질의 근본적인 특징으로 어떤 공간적인 자리를 차지하고 있음을 의미한다. '사유'는 생각하는 성질이다. 이처럼 데카르트의 철학은 두 개의 '실체'를 가정하므로 '이원론'이라고 한다. 인간은 정신(생각)과 물질(연장)이라는 두 실체가 결합해서 이루어진 것이다. 하지만 인간 이외의 다른 존재들은 정신(생각)은 없고 물질(연장)만 존재한다. 예컨대 동물은 인간과는 다르게 정신(생각)이 없다.

정신(생각)	물질(연장)
의식 / 의심 / 느낌	모양 / 크기 / 무게

• 데카르트의 이원론 •

데카르트는 정신과 육체를 완전히 나누었지만, "나는 생각한다. 그러므로 나는 존재한다."라는 말에서도 드러나듯이, 그는 정신을 물질보다 우선했다. 그는 말한다. "나는 내가 장소를 필요로 하지도 않고 물질적인 것에 의지하지도 않는 (……) 실체임을 인식했다. (……) 정신은 전적으로 내 육체와 별개이고, (……) 육체가 없었다 해도 어쨌든 정신은 있는 그대로 존재했을 것이다."

데카르트의 문제의식은 사악한 악마가 아무리 속이려든다 해도, 속아 넘어갈 그 무엇이 이미 존재해야만 한다는 것이다. 심지어 삶이 한바탕의 꿈이라 하더라도, 그런 꿈을 꾸는 주체가 있어야만 한다. 따라서 데카르트가 보기에 무엇으로든 존재한다는 점은 분명한 사실이다. 그런데 이 존재가 육체적인 것은 아니다. 자신의 육체를 의심할 수는 있으나, 이 육체를 의심하는 그 무엇은 의심할 수 없다. 이것이 무엇이든 육체는 아니며, 따라서 본질은 물리적인 것이 아니다. 이렇듯 데카르트는 '정신'의 우월성을 강조했다.

'정신'을
복제할 수 있을까?

'정신'에 대한 데카르트의 관점은 오늘날 새롭게 재조명된다. 인공지능과 관련된 여러 담론이나 영화에서 '정신'은 진지한 주제로 다루어진다. 우선 데카르트의 정신과 육체의 분리 구도는 컴퓨터에서 소프트웨어와 하드웨어의 관계와 비슷한 측면이 있다. 애니메이션 〈공각기동대〉는 데카르트가 제기한 문제의식이 상당히 그럴듯하게 묘사되어 있다. 이 작품에는 특수 임무에 종사하는 사이보그 쿠사나기 소령과 공안6과에서 첩보를 위해 만들어진 '인형사'라는 프로그램이 등장한다. 사이보그 쿠사나기는 자신에게도 과연 인간과 같이 영혼이 있는 것인지 고민한다. 한편, 인형사는 '나는 생각한다. 그러므

로 나는 존재한다.'라고 되뇌면서, 자신은 사유할 수 있으
므로 생명체라고 주장한다. 육체가 있으나 영혼의 존재를
의심하는 쿠사나기와 정신의 존재를 확신하지만 육체가 없
는 프로그램 인형사, 이 둘이 합일해 새로운 생명으로 태어
난다.

신은 곧 자연이다, 스피노자

○ ○ ○

스피노자는 당시 교회가 우리 삶
가까이에 있는 사람들을 사랑하지 않고
이를 초월하는 신만을 사랑하는 것에
회의를 느꼈다. 그의
"신은 곧 자연(우주)이다."라는 말에는
각 자연 대상들 사이의 사랑 속에
신이 깃들어 있다는 의미가 함축되어 있다.

앉으나 서나
저주받거라

근대 철학은 신 중심주의에서 벗어나 인간 이성을 중시했다. 하지만 근대가 갓 시작되는 시점에 인간 중심주의에서 벗어난 철학자가 있었다. 그렇다고 기존의 그리스도교로 되돌아간 것도 아니었다. 그는 근대가 시작되자마자 탈근대를 지향하는 철학을 했다.

탈근대 철학자 스피노자Spinoza ; 1632~1677는 네덜란드 암스테르담에서 부유한 포르투갈계 유대인 상인의 아들로 태어났다. 어릴 때부터 총명했던 스피노자는 유대인 목사로 키워진다. 스피노자는 네덜란드 학자인 반 덴 엔데로부터 라틴어를 배운다. 이때 스승의 딸을 사랑하기도 했지만 사랑의 열매를 맺지 못한다. 이후 스피노자는 평생 독신으로 지

스피노자

낸다. 스피노자는 라틴어를 배우면서 철학에 깊이 발을 들여놓는다.

그런데 한 사건이 그의 운명을 완전히 바꿔 놓는다. 어느 날, 스피노자는 유대교 신도들이 한 청년을 교회당 입구에 엎드리게 한 후 짓밟는 광경을 목격한다. 교리에 어긋나는 믿음을 가졌다는 이유에서였다. 그 청년은 집으로 돌아가자마자 자살한다. 이 사건은 스피노자에게 큰 충격을 준다. 스피노자는 유대교를 비롯한 기존 신학에 대해 비판적 견해를 밝히기 시작한다. 어느 날, 스물넷의 스피노자는 교회에 불려간다. 교회는 그에게 신학에 대한 비판을 멈추면 연금을 주겠다고 제안한다. 스피노자가 단호히 거절하자, 유대교 교회 장로들은 그를 유대인 공동체로부터 추방한다. 다음은 유대교 장로들이 스피노자를 파문하며 말한 내용이다.

그가 낮에도, 밤에도 저주를 받게 하라. 눕거나 일어설 때도 저주받게 하라. 나갈 때나 들어올 때도 저주받게 하라. (……) 앞으로 주의 분노가 이자에게 타오르고, 이자에게 율법에 적힌 모든 저주가 내려지며, 이자의 이름이 하늘 아래에서 사라지기를 비노라. (……) 지금부터 그 누구도 이자와는 대화하지 말고 편지도 나누지 말라. 누구도 이자를 위해 일해서는 안 되고, 누구도 이자와 같은 집에서 살아서는 안 된다.

당초에 스피노자는 유대인 공동체를 이끌어갈 인물로 기대를 한몸에 받았다. 당시 유대인들은 유럽에서 핍박받고 있었다. 그나마 유대인 공동체에 소속되어 있으면 외부의 위협으로부터 어느 정도 보호받을 수 있었다. 하지만 공동체로부터 쫓겨난 유대인은 치명적인 상황에 노출될 수밖에 없었다. 스피노자가 쫓겨난 이후에도 그런대로 삶을 영위할 수 있었던 이유는 자유로운 기풍이 살아 있던 네덜란드였기 때문일지도 모른다.

스피노자는 평생 안경알을 깎는 일로 생계를 유지했다. 실력이 꽤 좋았는지 그가 다듬은 안경알은 사람들에게 인기가 많았다고 한다. 먼지투성이인 작업장에서 안경알을 손질하던 스피노자는 폐병에 걸려 죽는다. 안경을 깎을 때 발생한 미세한 유릿가루가 그의 명을 재촉했으리라. 외롭고 고요했던 45년의 짧은 생애였다.

스피노자의 대표작은 『에티카』다. '에티카Ethica'란 '윤리학'이란 의미다. 이 책의 원제는 『기하학적 순서로 증명된 윤리학』이다. 스피노자는 『에티카』 원고를 생의 마지막 순간까지 꼭꼭 숨겨놓았다. 스피노자의 친구 마이어가 그가 죽은 이후 『에티카』를 출간한다. 스피노자는 죽기 전에 "진리는 주인이 없다."라는 말과 함께 책에 자신의 이름을 적지 않을 것을 부탁했다고 전해진다. 『에티카』는 당시 교황청으로부터 금서로 지정되었으며, 초고는 현재 바티칸에 있는 것으로 알려져 있다. 스피노자는 오랫동안 무신론자·유물론자·이단으로 간주 되었으며, 20세기에 들어와서야 비로소 본격적으로 재조명받는다.

신神이 곧 자연이고
자연이 곧 신이다

데카르트는 정신과 물체를 서로 독립된 '실체'로 보았지만, 스피노자에게 정신과 물체란 신의 두 가지 속성일 뿐 하나의 '실체'였다. 스피노자에 따르면, '실체'는 곧 신神이며, 자연(우주) 밖에 있는 것이 아니라, '자연 그 자체'다. 이처럼 스피노자도 부르노와 같이 철저한 범신론의 입장이었다. 따라서 스피노자에게 그리스도교의 신에 의한 자연 창조는 부정된다. 또, 우리 삶에서 나타나는 모든 현상은 신에 속해 있다. 신은 잘못을 저질렀다고 해서 벌을 내리는 인격적인 존재가 아니다. 스피노자에 의하면, '실체=자연=신'은 많은 속성을 지니는데, 그중에 '연장'과 '사유'는 인간이 유일하게 알고 있는 두 가지 속성일 뿐이다. 나머지 영역은 인간이 알 수 없다. 여기 손잡이가 달린 컵이 있다. 손잡이가 달린 방향에서 컵을 바라본 사람은 당연히 손잡이가 달린 컵이라고 할 것이다. 하지만 반대편에서 본 사람은 손잡이가 없는 컵이라고 할 것이다. 이 컵은 보는 방향에 따라 그 형태가 다르다. 컵 전체가 '실체=자연=신'이라면 손잡이가 없는 쪽과 있는 쪽은 '실체=자연=신'의 속성이다. 바다가 다양한 파도를 만들어내는 것과 마찬가지로, 신과 우리의 관계는 바다와 파도에 해당한다.

스피노자의 범신론을 이해하는 데 도움이 되는 현대 과학이론이 바로 프랙탈^{fractal} 이론이다. 프랙탈이란 작은 구조가 전체 구조와 비슷한 형태로 끝없이 되풀이되는 구조를 말한다. 예컨대 심장에서 나온 대동맥은 굵지만 계속 가지를 쳐서 결국에는 눈에 잘 보이지도 않는 실핏줄이 되어 우리 몸 구석구석에 혈액을 공급한다. 실핏줄과 대동맥은 크기는 다르지만 같은 구조다. 이는 자연 세계에서 허파동맥이 갈라져서 허파꽈리를 만드는 과정, 나뭇가지의 형태, 눈송이, 브로콜리 등 무수히 발견된다. 자연과 그 안에 있는 만물의 관계도 이런 프랙탈 이론의 '자기 유사성'으로 이해할 수 있다.

정신과 육체를 묶어주는 힘
코나투스

스피노자에 의하면 정신과 육체는 별개가 아닌 하나의 실체다. 그런데 정신과 육체가 하나로 묶일 수 있는 것은 무엇 때문일까? 스피노자는 인간에게는 육체와 정신을 합일시키려는 '코나투스conatus'가 있다고 말한다. '코나투스'란 어떤 상태를 '지속하려는 힘'이자 '자기 보존의 원리'다. 이 힘은 만물에 제각각 있다. 예컨대 우리 몸은 피가 나면 자연적으로 응고시켜 피가 나지 않도록 하고 세포를 재생시킨다. 코나투스는 이런 성격의 힘이다.

정신과 육체를 합일시키는 코나투스는 정신의 성격과 물질의 성격을 모두 지닌다. 코나투스가 정신과 관련되면 '의지'라고 불리고, 육체와 정신 모두에 관련되면 '욕망'이라고 불린다. 정신적 힘은 육체가 어떤 상태에 있느냐에 따라 변화하며, 반대로 육체가 정신의 상태에 맞춰 변하기도 한다. 스피노자에 의하면 '기쁨'은 정신이 '코나투스'와 같은 방향으로 작용해(자기 보존 욕망이 실현되어) 자기가 더 커질 때 나타난다. 반면에 슬픔은 정신이 코나투스와 대립해(자기 보존 욕망에 반대되어) 자기가 이전보다 더 작아질 때 느끼는 감정이다.

우리는 신을
더욱 확대할 수 있다.

자연은 외부에 의해 창조된 것이 아니라, 자연 스스로 만들어진 것이다. 이렇듯 자연은 생산적인 힘으로 가득하다. 신은 우리가 생산하는 생산력이기에 우리는 신을 더욱 확대할 수 있다. 왜냐하면 자연(우주) 자체가 신이라면, 자연(우주) 안에 있는 우리는 신의 일부이기 때문이다. 신의 일부인 우리의 생산력은 곧 신의 생산력이기도 하다. 인간뿐만 아니라, 개미·고양이·개·각종 식물·창문 등 만물은 모두 신의 일부다. 스피노자는 이렇게 말한다.

이전에는 인간이 인간에 대하여 늑대였지만, 이제 인간은 인간에 대하여 신이 될 것이다.

그리스도교 전통이 희생과 겸양의 미덕을 강조했다면, 스피노자는 '자기 만족'이 진정한 의미의 최고선이라는 상당히 도발적인 주장을 펼친다. 또한, 선과 악은 사회의 규범적 가치에 불과하다면서 도덕적 순종을 넘어서는 보다 적극적인 개인 윤리를 제시한다.

선과 악의 인식은 기쁨이나 슬픔의 정서일 뿐이다. 선과 악은 우리가 사물을 비교함으로써 형성되는 개념일 뿐이다. 왜냐하면 같은 사물이 동시에 선이고 악일 수 있으며, 또한 선악과 무관할 수도 있기 때문이다. 예컨대 음악은 우울한 사람에게는 좋고, 슬픈 사람에게는 나쁘며, 청각장애인에게는 좋지도 나쁘지도 않다.

　　나는 신의 일부이므로 내가 신을 사랑한다는 것은 곧 신이 자기 자신을 사랑한다는 의미다. 인간을 포함한 모든 존재는 신성을 보유하므로 어떤 것도 경멸을 받아서는 안 되며 모든 생명은 그 자체로 긍정되어야 한다. 내 몸에 붙어 있는 팔은 전체 몸에 속한 존재지만 매우 소중한 가치를 지닌다. 팔은 몸이 없으면 의미가 없고, 몸도 팔이 없으면 온전한 몸이 아니다. 이렇게 스피노자는 '개별'이 '보편'과 같은 가치를 지니고, 부분은 전체를 통해서 전체는 부분을 통해서 바라보아야 한다고 생각했다. 스피노자에게 행복은 이러한 방식으로 찾아가는 나와 자연의 일체감이었다. 또, '자유'란 개체의 자유 의지가 아니라 '자연=신'에 관한 지적 사랑이었다. 내가 신에 대한 지적인 사랑을 통해 '자연(우주)=신' 속에 용해된다면 나는 이 '자연=신'처럼 파괴될 수 없는 것이 되며 영원성을 경험할 수 있게 되는 것이다.

　　인간의 신에 대한 지적 사랑은 신이 자기 자신을 사랑하는 무한한 사랑의 일부다. 우리는 우리가 영원하다는 것을 느끼고 경험한다.

'영원한 상'을 깨달아
자유로부터 자유로워져라

° ° °

스피노자는 인간 중심의 사고를 비판하고
'주체'를 일종의 환상으로 간주했다.
이런 점에서 니체·프로이트·푸코·들뢰즈 등
현대 탈근대적인 사상가들의
선구자라고 평가할 수 있다.

죽음은
존재하지 않는다

스피노자에 의하면 '예속'과 '복종'은 죽음에 대한 공포로부터 나온다. 우리는 모든 '예속'과 '복종'에서 탈출해 매사 긍정적이고 기쁨에 넘치는 삶을 살아야 한다.

자유인은 결코 죽음을 생각하지 않으며, 그의 지혜는 죽음이 아니라 삶에 대한 성찰이다.

물론 스피노자도 유한한 삶의 허무를 깊이 인식했다. 하지만 그는 삶의 허무로부터 도피하지 않고 '죽음에 대한 공포'에 도전장을 내밀며 "그렇다 해도 우리는 어떻게 긍정적으로 살 수 있을까"를 끊임없이 고민했다. 스피노자가 볼 때 세속 종교 및 권력은 보통 사람들의 '죽음의 공포'를 이용해 자신의 입지를 강화한다. 스피노자는 이러한 '예속'으로부터 인간을 해방하고자 했다.

스피노자에게 '영원성'은 삶과 죽음의 경계에 대한 부정이었다. 스피노자에게 '영원성'이란 죽음 후의 '천상의 세계'를 의미하는 것이 아니라, '무한한 삶' 그 자체였다. 모든 개인은 시간을 초월해 영원히 존재할 수 있다. 왜냐하면, 인간은 '자연=신'의 일부이기 때문이다. '자연=신'은 소멸하지 않으므로, 우리는 신의 영원한 부분으로 남는다.

해는 중천에 떠 있는 동시에 저무는 것이고, 동물은 살아 있는 동시에 죽어가는 것이다. 모든 것은 변하며 머물러 있는 존재란 없다. 초는 심지가 타서 녹아 없어지는 것처럼 보이지만 실제로는 없어지는 게 아니라 모양이 바뀔 뿐이다. 물리학에서 말하는 '에너지 보존의 법칙'을 떠올리면 된다. 어떤 생명과학 분야의 학자가 말하기를 사람은 죽음 직전에 "나는 누구인가?"라는 간결하면서도 강력한 생각을 떠올린다고 한다. 그리고 그 생각은 하나의 에너지가 되어 다른 길을 간다. 요컨대 죽음이란 존재하지 않는다. 단지 다른 존재로 변할 뿐이다.

영원한 상^相의
아래

인간은 기본적으로 자기중심적이기에 세상을 자기 기준으로 파악하려는 성향이 있다. 인간은 모든 동물 가운데 자신이 가장 진화했다고 생각한다. 하지만 무엇이 가장 진화했는지는 기준에 따라 달라지는 것이 아닐까?

만약 북극곰에게 진화에 대해 묻는다면 추위를 잘 견디는 순서대로 동물을 배열할 것이다. 박쥐에게 진화론적 관점에서 인간의 의사소통이 어떠냐고 물으면 초음파로 소통하는 자신들에 비해 미개하다고 대답할 것이다. 만물은 우열 없이 각각 다른 속성을 가질 뿐이다.

스피노자에 의하면 슬픔·기쁨·욕망 등의 감정이 자연 혹은 우주의 질서에 따른 것임을 인식하고, 이 사실을 받아들여 자신의 운명을 사랑할 때, 인간은 질투와 분노·탐욕 등의 부정적인 감정들로부터 해방될 수 있다.

자신이 운명에서 벗어나 있지 않다는 것을 이해하면 마음이 편안해진다. 분노는 이해의 부족에서 촉발된다. 모든 슬픔과 잘못된 행동은 결국 무지에서 나오는 것이다. 상대가 나에게 잘못을 저질렀을 때도 '이해'하면 용서할 가능성이 커진다. 만사가 어떤 필연적인 운명의 일부임을 '이해'하면 타자에 대한 경멸이나 증오는 사라진다. 인간은 자신의 행위를 결정하는 '인과의 사슬'을 깨달아야만 한다. 스피노자는 이렇게 말했다.

> 정신 안에는 절대적이거나 자유로운 의지가 존재하지 않는다. 오히려 정신은 이것 또는 저것을 의지하도록 어떤 원인에 의하여 결정되며, 이 원인 역시 다른 원인으로 인하여 결정되고, 이것은 다시금 다른 원인에 의하여 결정되며, 이렇게 무한히 진행된다.

자유 의지를 강력하게 표출하기보다는 모든 것이 필연적인 섭리로 작동된다고 생각하는 것이 마음의 안정에 보탬이 된다. 우리는 세계를 '영원한 상의 아래'로 인식해야만 한다. '영원한 상相의 아래'란 자연을 유일한 신으로 파악하고 또 모든 개체를 그 자연 안에서 벌어지는 하나의 양상으로 간주하는 태도다. 이 개념은 불교에서 말하는 '연기緣起; 모든 현상에는 독립적인 것이 없으며 만물은 원인과 결과로 촘촘히 연결되어 있음' 설과 비슷하다.

무턱대고 자신이 자유롭다고 생각하는 것은 마치 활시위를 떠난 화살이 자신의 의지대로 날아간다고 여기는 것과 같다. 스피노자는 우리에게 눈앞에서 일어난 일에 얽매이지 말고 큰 자리에서 세계를 바라보라고 권고한다.

운명을 사랑하고
욕망을 이해해라

우리는 다양한 욕망의 지배를 받는다. 스피노자는 욕망에 대한 정확한 '이해'는 각종 종속에서 벗어나는 지름길이라 했다. 전통 윤리적 관점에서 인간의 육체가 빚어내는 온갖 욕망이나 감정은 이성에 의해 통제되어야 한다. 하지만 스피노자가 볼 때, 감정이나 욕망은 이성에 의해 억압되어서는 안 된다. 욕망을 이성의 통제에 두는 방식이 아니라, 나와 타자의 관계를 바꿈으로써 욕망 자체를 바꿔야 한다. 무턱대고 욕망을 억누르려고 하면 안 된다.

감정이나 욕망을 무시하고 이성적으로 사는 게 그리 간단한 문제는 아니다. 욕망이나 감정이야말로 현실에 가장 큰 영향을 준다. 이성은 소용돌이치는 삶의 현장에서 무력할 때가 많다. 감정이 격앙되었을 때는 어떤 이성도 통하지 않는다. 스피노자는 감정과 욕망에 대한 정확한 이해를 강조했다는 점에서 다른 윤리 철학자들과 변별된다. 그는 감정이나 욕망을 비웃지도 말고 슬퍼하지도 말며 이해해야만 한다고 했다. 인간은 가장 도덕적으로 보이고 싶을 때 감정이나 욕망을 비하하기 때문이다.

어떤 나쁜 욕망이 있다고 가정하자. 전통적인 윤리학의 관점에서는 이 욕망을 '이성'에 의해 억눌러야만 한다.

하지만 이러한 방식은 성공하기 어렵다. 금연을 해 본 경험이 있는 사람이라면 이성의 힘으로 금연을 한다는 것이 얼마나 힘든 일인지 잘 이해할 것이다. 이때 스피노자 방식의 처방을 내리자면 욕망에 대한 억압이 아니라 욕망에 대한 '변형'을 시도해야만 한다. 담배를 피울 때 느끼는 희열감을 다른 것에서 찾아야 한다. 시를 쓰거나, 그림을 배우거나, 스포츠에 빠져보거나, 여행에 심취해 보는 등 여러 방법이 있을 것이다. 분명한 점은 욕망을 비난하는 것만으로는 문제가 해결되지 않는다. 기쁨이 촉발되는 방식 안에서 욕망을 좋은 것으로 만들어야만 한다. 스피노자는 말한다.

모든 고귀한 것은 힘들 뿐만 아니라 드물다.

『에티카』의 맨 마지막 문장이다. 이 말에는 완전한 행복으로 가는 길은 힘들고 드물지만, 희망의 끈을 놓지 말자는 메시지가 담겨 있다. 스피노자의 『에티카』에서 말하는 행복은 지금 이 순간의 행위에서 비롯되는 것이지, 그리스도교에서 말하는 천국이나 부귀영화에 의해 보상받는 것이 아니다. 우리를 괴롭히는 트라우마도 사서 고생하듯이 불러들인 것들이 많다. 진정한 행복은 먼 훗날 달성해야 할 목표가 아니라, 지금 이 순간 이루어내야만 한다. 행복은 미래의 목표가 아니라, 현재의 선택이다.

동양 철학과 유사한
스피노자의 철학

스피노자의 논리는 서양 철학 일반의 방법론과는 상당히 다르다. 차라리 동양 철학의 관점에 가깝다고 평가할 수 있다. 스피노자가 말하는 '실체=자연=신'은 동양 철학에서 말하는 '도道' 개념을 연상시킨다. 동양 철학에서 가장 중요한 개념인 '도' 또한 자연의 원리임과 동시에 만물에 깃든 '자연적' 속성이기 때문이다. 다음은 중국의 고전 『장자莊子』의 한 구절이다.

　　동곽자東郭子가 장자에게 "도라는 것은 어디에 존재합니까?"라고 묻자 장자가 답한다. "어디에든 존재합니다." 동곽자가 재차 묻는다. "어디에 있는지 분명히 적시해 주십시오." 그러자 장자는 "땅강아지와 개미에게 있습니다."라고 답한다. 동곽자는 어째서 그처럼 시시한 곳에 있냐고 묻는다. 그러자 장자는 "돌피나 논에 자라는 피에도 있습니다."라고 답한다. 동곽자가 재차 묻는다. "어째서 더욱 시시한 곳을 말씀하십니까?" 장자가 말한다. "기와나 벽돌에도 있습니다." 동곽자는 어째서 시시한 곳을 말씀하시는 게 더욱 심해지냐고 묻는다. 그러자 장자는 똥이나 오줌에도 있다고 답했고, 동곽자는 더는 아무 말도 하지 않았다.

칸트는 1794년 6월, 『베를린 월간잡지』에 실린 「만물의 귀착점」이라는 논문에서 스피노자의 범신론을 아예 중국의 고대 철학자 노자老子로부터 영향받은 것이라고 규정했다.

이 사색적인 사람으로 인해 드디어 신비주의로 진입하게 되었다. 이런 이유로 곧 '허무'를 지극한 선함으로 여기는 노자老子의 기괴한 교의가 발생했고, 신성神性과 융합되어 자신의 인성人性을 버리고 신성의 심연 속으로 빠져들었다. (……) 중국 철학자는 이 허무 경계를 실현하기 위해 암실暗室 안에서 정좌해 편안히 눈을 감고 정진했다. 이에 범신교(티벳 및 동방 기타 민족)와 그 형이상학이 승화되어 결국 스피노자의 학설이 탄생하기에 이른다.

8장.

비판 철학과 절대정신, 칸트와 헤겔

이성을 재판에 회부하다

∘ ∘ ∘

서양 근대 철학에서 가장 큰 개념이자

인간 존중을 위한 근거는 바로 '이성'이다.

칸트는 '이성'의 정체를 밝히고자 했다.

칸트는 '이성'을 낱낱이 해부한

첫 번째 철학자다. 이런 이유에서

서양 철학은 칸트 이전과 이후로

구분될 수 있다.

철학자의 이미지를 만든
칸트

근대 철학에는 합리론과 경험론이라는 두 개의 큰 흐름이 있다. 합리론은 우연을 배척하고, 이성과 논리를 중시하는 입장이다. 인간의 내면에는 선천적으로 '이성'이 존재하며, 이 '이성'에 의해 인식이 이루어진다고 생각했다. 경험론은 인식과 지식의 근원을 오직 경험에서만 찾는 철학적 입장이다. 경험론은 모든 인식이 후천적 경험을 통해서만 생겨난다고 주장한다. 앞서 다룬 데카르트와 스피노자의 경우 합리론에 해당하는 철학자들이다. 합리론과 경험론은 서로 대립하고 융합하면서 근대 철학의 한 페이지를 장식했다.

칸트 Immanuel Kant ; 1724~1804는 합리론과 경험론의 대립 구

도에서 양자를 융합하고자 노력을 기울였다. 칸트는 동프로이센의 항구 도시인 쾨니히스베르크(현재 러시아의 칼리닌그라드)에서 탄생했다. 그는 죽을 때까지 이 도시로부터 160km보다 더 멀리 떨어진 곳으로 여행한 적이 결코 없었다. 칸트는 46세가 되어서야 철학 교수가 된다. 칸트는 규칙적인 생활을 한 것으로 유명하다. 그는 매일 4시 45분에 기상해 15분 동안 담배를 피우고 오전 5시부터 7시까지 강의를 준비했다. 이후 7시부터 9시까지는 강의를 하고, 9시부터 12시 45분까지는 원고를 집필했다. 이후 오후 4시까지 점심 식사를 포함해 휴식을 취한 후, 4시부터 7시까지는 독서와 사색을 했다. 7시면 산책을 하러 나갔다가도 취침은 어김없이 10시였다. 사람들이 칸트의 움직임을 보고 시계를 맞출 정도로 그의 생활 패턴은 한 치의 오차도 없었다.

하루는 한 귀족이 시골길을 가로지르는 마차 산책에 칸트를 초대했다. 그런데 마차 산책이 길어지자 칸트는 안절부절 못했다고 한다. 그는 불만에 가득 차서 집에 돌아온 후 규칙을 하나 더 만드는데 바로 '누구의 마차 산책에도 절대 따라가지 말 것'이었다. 또 한 차례는 그가 프랑스의 계몽주의 철학자 장 자크 루소J. J. Rousseau ; 1712~1778의 『에밀』을 읽다가 발생했다. 독서에 너무 심취한 나머지 산책하러 나가는 시간을 잊은 것이다. 칸트는 『에밀』을 읽고 이런 말을 한다. "나는 무식한 천민들을 경멸했다. 루소가 이런 나를 바로잡아 주었다. (……) 나는 그에게서 인간을 존경하는 법을 배웠다." 또 프랑스 혁명이 일어났을 때도 큰 충격을 받고 산책하러 가지 못했다. 칸트가 살았던 프로이센은 완고한 절대주의 국가였다. 칸트는 프랑스 혁명을 보면서 크게 고무된다. 칸트는 평생 독신으로 살다가 80세에 세상을 떠난다.

비판 철학을
세상에 내놓다

칸트의 대표작은 『순수이성비판』, 『실천이성비판』, 『판단력비판』 3대 비판서다. 이 책들은 그를 '비판 철학'의 원조로 만들었다. 칸트는 인간의 정신을 '사유', '의욕', '느낌'으로 구분했다. 이에 따라서 자신의 철학을 인식의 철학, 욕구의 철학, 느낌의 철학으로 나눴다.

그는 인식의 철학을 『순수이성비판』에서 다루었다. 그는 이 책에서 '이성'을 과학적·논리적인 방법을 동원해 깊이 있게 추적해 들어갔다. 『실천이성비판』에서는 의욕(욕구)의 철학을 탐구했다. 이 책에서 그는 자유롭게 행위를 하는 실천이성을 상정한다. 인간은 무엇을 해도 되고, 무엇을 해서는 안 되는지를 알아야만 한다. 느낌의 철학은 『판단력비

칸트

판』에서 연구되었다. 인간은 자연 안에서 자유롭게 살면서도 자연의 원리에 어긋나지 않을 수 있다.

코페르니쿠스적
전환

칸트는 『순수이성비판』에서 이성이 우리를 어디로 인도하는가를 밝히고자 한다. 비유하자면, 칸트는 이성을 재판에 세워서 무엇이 옳고 그른지 따져보고자 했다. 여기서 말하는 이성이란 실천과 관련된 이성이 아니라, 관념 세계의 이성을 말한다. 칸트는 사고방식의 중심을 '대상 본위'에서 '주관 본위'로 전환했다. "인식이 대상을 향해 있는 것이 아니라, 대상이 인식을 향해 있다." 우리는 보통 대상에 따라 인식한다고 여긴다. 하지만 칸트에 의하면 그 반대다. 이미 선험적으로 내면에 갖추어진 감성적인 '인식의 조건(시간과 공간)'에 따라 외부 대상이 인식되는 것이다. 주관적인 조건이 먼저 있고, 그에 따라 외부 대상이 그렇게 인식된다. 이 생각에 대해 칸트는 스스로 '코페르니쿠스적 전환'이라고 이름 붙였다. 어떤 대상을 인식하려면 우선 '감성'이 필요하다. 칸트가 말하는 '감성'이란 우리가 상식적으로 생각하는 감성과는 개념이 조금 다르다.

예컨대 강아지를 쓰다듬을 때, 쓰다듬는 나의 촉각이 있고 개를 바라보는 나의 시각이 있다. 이 촉각과 시각이 일어나는 능력이 바로 '감성'이다. '감성'이란 외부 대상이 일으키는 인간의 어떤 능력이다. 우리가 강아지라는 대상을 받아들이기 위해서는 지금이라는 '시간'과 이곳이라는 '공간'이 필요하다. '공간'과 '시간', 이것을 칸트는 '감성의 선천적 형식'이라고 불렀다. 칸트 철학이 어렵게 느껴지는 첫 번째 이유는 바로 이러한 칸트 특유의 개념 설정 때문이다. 칸트가 '감성'을 무엇이라고 했는지, '감성의 선천적 형식'으로 어떤 것을 이야기했는지 등을 그때그때 머리에 담아 두어야 이해하기가 쉽다.

여기서 유의해야 할 부분은 칸트가 '감성의 선천적 형식'인 '시간'과 '공간'을 객관적인 사실이 아니라, '주관적'인 현상으로 바라보았다는 점이다. 우리는 흔히 공간이나 시간을 객관적인 어떤 조건이라고 생각한다. 그러나 칸트에 의하면 시간과 공간은 주관적이다. 대상의 파악은 인식하는 나의 주관에 달려 있다. 어떤 주체가 빨간색 안경을 썼다고 가정하자. 그러면 탁구공은 하얀색이라도 빨간색으로 보인다. 여기서 빨간색 안경이 바로 '감성'이다.

그런데 인식은 '감성'만으로는 이루어질 수 없다. '오성 Verstand'이 있어야만 한다. 앞에서 어떤 주체는 빨간색 안경이라는 '감성'을 통해서 탁구공이라는 대상을 받아들였

다. 이제 이 감각된 내용은 '오성'을 통해 개념을 형성해야
만 한다. 그래야 비로소 인식이 완성된다. '오성'의 역할은
감성적 직관으로 받아들인 대상을 자발적으로 질서 잡고
종합하는 것이다. '오성'이란 하나다, 다수다, 필연적이다,
우연적이다 등의 '범주'를 통해 대상의 성질을 구별해 주는
능력이다. '범주'는 경험에 선행한다. 즉, '범주'는 선험적
이다. 더 '칸트'답게 표현하면, '범주'는 '선험적인 오성 형
식'이다. 이것에는 12개가 있다.

단일성	
다수성	양
전체성	
실재성	
부정성	성질
제한성	
실체 / 속성	
원인 / 결과	관계
상호작용	
가능 / 불가능	
현존 / 부재	양상
필연성 / 우연성	

• 인간이 판단하는 데 필수적인 12개의 범주 •

　　12개의 범주는 변하지 않는 선험적인 형식이다. 이 범
주 때문에 인간은 인식을 할 수 있다. 인식은 외부 세계에서

받아들이는 인상(감성)과 인간이 자신의 인식 도구의 도움을 받아 이러한 인상에 부여하는 질서(오성)가 합쳐지는 과정이다. 참다운 인식은 '감성의 수용성'과 '오성의 자발성'이 결합해 이루어진다. 즉, 인식은 감성과 오성의 결합이다. 둘 중에 하나만 빠져도 인식이 불가능하다.

개념 없는 직관은 맹목적이며, 직관 없는 개념은 공허하다.

여기서 직관은 '감성'에 개념은 '오성'에 해당한다. '감성'만 있으면 느낄 수는 있어도 판단할 수는 없다. 그리고 '오성'만 있으면 판단할 자료가 없으므로 인식할 수 없다. 느끼게 해주는 것은 '감성'이고 '그것은 무엇인가?' 또는 '그것이 왜 일어나는가' 하고 생각하게 해주는 것은 '오성'이다. 자 그러면, '판단'에는 어떤 것들이 있을까?

별이 반짝이는 하늘과
내 마음속의 도덕률

○ ○ ○

칸트는 '계몽'을 '출구'의 의미로 해석했다.
'출구'는 우리를 '미성숙함'으로부터 벗어나게
하는 과정이다. 여기서 '미성숙함'이란 우리의
이성이 용납하지 않는데도 불구하고 다른 사람의
권위를 수용하려는 상태를 말한다.
복종에서 벗어난 인간이 계몽된 인간이다.

판단 능력
3가지

　　　　　　"남의 철학을 배우지 말고, 스스로 철학하는 법을 배워라!" 이 말은 칸트가 강의 시간에 학생들에게 자주 했던 말이다. 칸트는 『순수이성비판』에서 분석판단, 종합판단, 선천적인 종합판단, 세 가지의 판단을 제시한다. ①'분석판단'은 경험에 의존하지 않고 보편적이지만, 인식의 확장은 불러오지는 못한다. 예컨대 '처녀는 자식이 없다'라는 문장을 보자. 처녀가 자식이 없다는 것은 경험하지 않고도 알 수 있는 보편적인 사실이다. '처녀'라는 단어에 '자식이 없다'라는 의미가 이미 포함되어 있기 때문이다. 하지만 이 판단은 '처녀'라는 사실 이외의 인식을 새롭게 확장하지는 못한다.

②'종합판단'은 경험으로 얻은 것이지만, 보편성이 없다. 예컨대 '처녀는 총각을 좋아한다.'라는 문장을 보자. '처녀'라는 단어에는 '총각을 좋아한다.'라는 의미가 포함되어 있지 않다. 처녀가 총각을 좋아한다는 것은 필연적인 사실이 아니라, 경험을 통해서 알 수 있다. 처녀가 처녀를 좋아할 수도 있다.

③'선천적인 종합판단'은 분석판단이면서 종합판단이다. 이를테면 '9+9=18'이라는 명제를 우리는 당연하다고 생각하는데, 이것은 18이라는 사실을 알기 위해 일일이 수를 세어서 알 수 있게 된 것은 아니다. 일일이 수를 세는 경험을 하지 않고서도 우리는 18이라는 결론을 도출한다. 18이라는 결론은 보편적이므로, 분석판단이다. 하지만 주어인 9+9를 아무리 살펴보아도 이 속에 18이라는 술어는 들어있지 않다. 따라서 종합판단이기도 하다. 칸트에 의하면, '선천적인 종합판단'이 학문적으로 바람직한 판단이다.

이율배반에 빠진
이성

인식은 '감성'으로 촉발되어 '오성'을 통해 '이성'에 다다른다. 칸트가 말하는 '이성'은 하나의 원리로 통일시키는 능력이자 추리하는 능력을 뜻한다. 이런 의미의 '이성'은 칸트만의 고유한 개념이다. 인간은 세상에서 벌어지는 여러 현상을 통일하고자 추리에 추리를 거듭하다가 신이나 이념에 대해 고안한다.

그런데 인간은 계속 추리를 진행하다 세상을 초월하여 결국 이율배반^{Antinomy}에 빠져버린다. 칸트는 이율배반에 빠진 이성을 '순수이성'이라고 불렀다. '이율배반'이란 반대되는 두 입장을 모두 인정할 수밖에 없는 딜레마를 말한다. 예컨대 '시간은 시작과 끝이 있다.'와 '시간은 시작과 끝이 없다.' 이 두 입장을 모두 인정할 수밖에 없는 상황에 부닥쳤을 때, 이를 이율배반이라고 한다. 만약 시작한 시점이 없다면 시간을 설정할 수 없다. 하지만 시작하는 점이 있다면 시작하기 이전의 시점도 있어야 한다. 시작 이전의 시점을 말한다면, 지금 말한 '시작'은 더는 시작이 아니다. 따라서 시간은 시작이 없기도 하다. 시작이 없다는 것은 영원하다는 의미다. 시간의 '끝'도 비슷한 방식으로 말할 수 있다. 이렇듯 시간의 시작과 끝을 인정하는 것과 영원하다는 것 모두를 인정할 수밖에 없는 상황이 바로 이율배반이다. '우주는 시작과 끝이 있다.', '우주는 시작과 끝이 없다.' 이 두 문장도 이율배반이다.

이렇듯 원인은 또 다른 원인이 필요하다. 이것은 끝없이 진행된다. 따라서 어떤 것에도 의존하지 않는 '제1원인'이 있어야만 한다. 하지만 무엇이 다른 무엇에 의존하는 '인과론'을 벗어나면 '기적'을 상정할 수밖에 없게 된다. 즉, 과학적 사유를 벗어나게 된다. 따라서 과학적 사유에서 벗어나지 않기 위해서는 '제1원인'이란 없다고 말해야 한다. 이 둘 사이의 모순이 이율배반이다. 칸트는 이렇게 '이성'이 어떻게 작동되는지 세밀하게 분석했다.

이런 질문을 던져보자. 우리의 인식이 언제나 '감성'과 '오성'의 결합으로 성립된다면 감성적 직관이 주어지지 않는 대상에 대해서는 어떻게 인식할 수 있을까? 예를 들어 '신神'과 같은 경우는 우리가 감성적으로 직관할 수 없다. 칸트는 이렇게 표현했다. "물자체는 인식 불가능하다. 우리는 신의 존재 여부, 세상이 무한한지 유한한지 등은 인식할 수 없다."

칸트에 따르면 우리는 마치 영혼이 불멸하는 것처럼, 마치 신이 존재하는 것처럼 행동할 필요가 있다. 비록 우리는 신을 '인식'할 수는 없지만 '사유'할 수는 있다. 이 이념은 확고부동한 원리가 아니라, 우리를 어디론가 인도하는 원리다. 여기서 칸트는 실천이성의 영역에 발을 들여놓는다.

자신의 원칙을 끊임없이
자문하라

인간은 이성을 지닌 동물이다. 자연에는 도덕이 없고 인과 법칙만이 존재한다. 그런데 인간은 이성이 있으므로 자연의 법칙을 뛰어넘는 자유를 맛볼 수 있다. 위대한 예술 작품을 감상하는 것, 소설을 읽고 감동하는 것 등은 자연의 법칙과는 상관이 없다. 도덕도 그러하다. 동물로서의 인간은 자연의 법칙에 따를 수밖에 없지만, 한편으로는 자연의 법칙과는 다른 도덕의 원칙을 따른다.

칸트에 의하면 도덕적 규범은 보편적으로 적용되어야 한다. 인간은 목적 그 자체로 평가되어야지 수단이어서는 안 된다. '가언명령'은 인간을 수단으로 평가한다. '가언명령'은 "만약 ~하고 싶다면 ~해라"와 같이 어떤 조건을 단다. "만약 네가 나에게 거짓말을 하지 않는다면 나도 너에게 거짓말을 하지 않겠다."라는 식이다. 칸트는 이런 방식의 도덕명령은 잘못된 것이라 말한다. 도덕명령은 반드시 '정언명령'이 되어야만 한다. 정언명령은 "~해야 한다."라는 형식으로 제시된다. "그대가 가진 의지의 준칙이 동시에 보편적인 입법 원리로서 항상 타당할 수 있도록 행동하라."

실천이성이란 내가 지켜야 할 도덕 규칙을 자기 스스로 제정하는 것을 의미한다. 타자가 나에게 요구하는 도덕 규칙이 아니다. 칸트는 이를 좀 어렵게 표현해 "자기 입법으로 보편적 법칙과 일치된 격률"이라 했다. 그리고 이렇게 내가 만든 도덕 규칙을 자신이 지키는 자율적인 행위를 '의지의 자율'이라고 했다. 그에 따르면 자연의 법칙을 뛰어넘는 인간의 '자유'는 '자율적 이성'에 의해 마련된다. 나는 내가 주관적으로 정한 도덕 원칙이 과연 보편적이고 일반적인 상식에 부합하는지 늘 자문해야 한다. 다음은 『실천이성비판』에 나오는 글귀다.

> 두 가지가 점점 더 나를 경탄과 경외감에 빠지게 한다. (……) 별이 반짝이는 하늘과 내 마음속의 도덕률."

이 말은 내면에 우주를 품어 안음과 동시에 자율적인 도덕률을 간직해야 한다는 의미다. 혹은 각각 『순수이성비판』과 『실천이성비판』을 의미하기도 한다. 인간은 자연의 원칙을 잘 인식해야 함과 동시에 도덕을 실천하면서 자연의 원칙을 뛰어넘는 자유를 누리기도 해야 한다.

칸트는 이러한 자신의 철학을 하나의 정책으로 승화시키려 했다. 그는 『영구평화론』에서 세계 평화를 유지하기 위해 모든 나라가 정규군을 폐지해야만 한다고 주장했다. 또 "국제법은 자유로운 모든 국가의 연맹을 토대로 해야 한다."라면서, 일찌감치 국제연합과 같은 국제기구의 필요성을 제시했다.

다음은 칸트가 죽기 얼마 전의 일화다. 기력이 쇠약해진 칸트는 병상에 누워 있었다. 의사가 들어서자 그는 병상에서 힘겹게 일어나 의사를 맞이한다. 인사를 나누고도 칸트는 그대로 서 있었다. 의사는 칸트에게 앉도록 권유한다. 그러자 칸트는 당황하며 머뭇거린다. 의사는 왜 칸트가 힘겹게 서 있는지 의아해한다. 이때 옆에 있던 칸트의 친구 바지안스키가 의사에게 먼저 앉으라고 권유한다. 바지안스키는 내방객인 의사가 먼저 앉으면 칸트가 앉을 것이라고 말해준다. 의사가 이 말을 듣지 않고 계속 서 있자, 칸트는 온 힘을 모아 말했다고 한다. "나에게 인간에 대한 예의를 갖추게 해 주십시오." 그제야 의사는 칸트의 진심을 알고 눈물을 글썽인다. 이 일이 있고 나흘 후에 칸트는 세상을 하직한다. 다음은 칸트의 마지막 말이다. "좋구나!" 뭐가 좋다는 의미일까?

미네르바의 부엉이는
황혼녘에 날개를 편다

· ○ ○ ○ ·

헤겔에 의하면, 서양의 역사는
낮은 단계로부터 높은 단계로 계속 발전해 왔다.
이는 곧 '정신'이 발전되어 가는 과정이기도 하다.
하지만 헤겔은 동양 역사의 경우 '정신'이
계속 더 높은 단계로 상승하지 못하고
미성숙한 상태에 머물러 있다고 생각했다.

미네르바
부엉이

헤겔 Friedrich Hegel ; 1770~1831은 칸트
와 더불어 독일 관념론의 양대 산맥이다. 그는 스위스와 프
랑크푸르트에서 다년간 가정교사를 하다가 1805년에 예나
대학의 교수가 된다. 이때 헤겔은 하숙집 주인과 불륜 관계
를 맺어 사생아를 낳기도 한다. 나중에는 명문 집안의 딸과
결혼해 아들 둘을 낳았다. 1816년에는 하이델베르크 대학
에서 교수 생활을 했으며, 1818년에는 베를린 대학으로 자
리를 옮긴다. 생을 마감할 때까지 베를린 대학에서 교수로
재직한 그는, 1831년에 콜레라로 생을 마감한다. 그는 임종
직전에 다음과 같이 말했다고 한다. "학생들 가운데 나를
완전히 이해한 사람은 한 사람도 없다." 헤겔은 프로이센을

찬양했고, 많은 추종자를 거느렸다. 그는 프로이센의 국가 철학자로 불렸다. 헤겔의 『법철학』 서문에는 이런 문구가 나온다.

미네르바의 부엉이는 황혼녘에 날개를 편다.

로마 신화에 의하면 지혜의 여신 미네르바^{Minerva ; 그리스 신화에서는 아테네 여신}는 부엉이를 사랑해서 어디든 데리고 다녔다고 한다. 부엉이는 어둠 속에서도 사물을 잘 식별하는 동물이다. 미네르바의 부엉이는 어둠의 혼돈 속에서도 진리를 찾고 미래를 모색하는 지혜 혹은 철학을 상징한다. 헤겔은 이 문구로 철학이란 주어진 현실을 분석할 뿐이라는 사실을 강조하고자 했다. 지혜나 철학을 상징하는 미네르바의 부엉이가 낮이 지나고 황혼녘에 날개를 펴는 것처럼, 철학은 현실이 명백히 드러난 다음에야 그 현실에 대한 이념 작업을 한다. 철학은 미래를 내다보는 학문이 아니다. 현실이 먼저고 철학 이념은 그 현실을 합리화하고 뒷받침할 뿐이다. 또 이 문구는 완성된 세계의 본질을 명확히 짚어내는 헤겔 자신의 묵직한 통찰력을 미네르바 부엉이에 빗댄 것이기도 하다.

양_量에서
질_質로의 전환

　　헤겔 철학의 방법론은 변증법이다. 변증법의 근본 법칙에 의하면, 모든 개념은 자신의 반대 개념을 지닌다. 출발점은 '정립^{Thesis}'이고, 정립의 반대는 '반정립^{Antithesis}'이며, 이 둘은 장차 높은 위상에서 '종합^{Synthesis}'된다. 이 종합된 새로운 개념은 다시 갈라져서 정립과 반정립을 이루어 모순을 일으킨다.

　헤겔은 고대 철학 때부터 있었던 변증법을 체계화하는데, 엥겔스^{F. Engels ; 1820~1895}는 복잡하기 이를 데 없는 헤겔의 변증법을 다음과 같이 단순하게 정리한다.

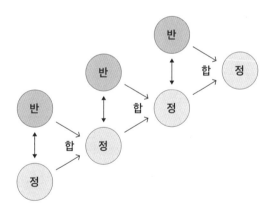

1. 만물은 낮은 데서 높은 곳으로 전환된다.
2. 만물은 양_量에서 질_質로 전환된다.
3. 만물은 단순한 것에서 복잡한 것으로 전환된다.

예를 들어 '씨앗'은 자기 내부에서 세포 분열이라는 양적 팽창을 이루는데, 이 양적 팽창의 극점에서 '싹'으로 질적 전환을 이룬다. 또 이 싹은 계속되는 양적 팽창을 거쳐 결국에는 꽃으로 질적 전환을 이룬다. 헤겔에 의하면 세계는 이런 식으로 계속 양에서 질로 전환되며, 낮고 단순한 것에서부터 높고 복잡한 것으로 진화해 간다.

헤겔의 변증법은 사회의 혁명적 전환을 설명하기에 매우 적절하다. 여기에 독재 국가가 있다. 이는 변증법 용어로 '정립Thesis'에 해당한다. 그 반대편에 독재 체제를 종식하려는 '반정립Antithesis'으로 민주 세력이 있다. 이 양자는 모순적 상황에서 갈등을 벌인다. 이 갈등은 점점 더 양적으로 팽창해 간다. 그러다가 어느 순간 질적인 전환인 혁명을 통해 새로운 정부가 들어선다.

정신 형이상학

헤겔에 의하면, 역사란 신적인 존재인 '절대정신'이 자기를 전개하는 과정이다. 헤겔은 이를 크게 3단계로 나누었다. 1단계는 세계 창조 이전의 순수한 자의식만 있는 단계다. 2단계는 순수한 자의식에 자연이 등장한다. 이 자연은 통제 불가능한 아노미 상태다. 3단계에서는 자연으로부터 '정신'이 탄생한다. '정신'의 3가지 양상이 있다. 우선 '주관 정신'은 개별 존재의 내면에서 활동한다. 또, '객관 정신'은 법과 도덕에 나타나는데, 결국, 가족·시민사회·국가를 창출한다. '주관 정신'과 '객관 정신'의 변증법적 통일체인 '절대정신'은 3가지 방식으로 자신을 드러낸다. 첫째, 자신을 직관할 때는 예술로 나타난다. 둘째, 자신을 경건하게 표상할 때는 종교로 나타난다. 마지막으로 예술과 종교를 변증법적으로 통일하면서 자신을 개념적으로 파악할 때는 철학으로 나타난다. 이 단계들은 '절대정신'이 발전되어 나가는 단계이기도 하다. '절대정신'은 철학에서 완성되는 것이다.

이러한 정신의 발달사는 곧 세계사의 전개 과정이다. 정신은 역사를 통하여 그리스의 가족국가→로마의 법치국가→기독교 세계→계몽주의→프랑스 혁명→낭만주의로 계속 진보해 왔다. 낮은 단계는 더 높은 단계로 '지양$^{aufhe-ben}$'되어 완전한 절대성을 향해 나아간다. 이렇듯 역사는 '절대정신'이 자신을 전개하는 과정이다. '절대정신'은 자신이 원인이자 결과다.

노예는 주인의 주인이며,
주인은 노예의 노예다

헤겔의 『정신현상학』에 나오는 '주인과 노예의 변증법'은 헤겔 변증법을 이해하는 데 좋은 지침을 제공해 준다. 헤겔의 설명을 따라가 보자. 애초에는 자유로운 존재였지만 예속 상태로 떨어진 노예가 있다. 이 노예는 자유로운 존재성을 망각한 채로 주인에 대한 봉사가 마치 자신의 본분인 것처럼 착각하면서 살아간다. 노예의 자각은 노예에게는 중요하지만, 주인의 처지에서는 피곤한 일이다. 그래서 주인은 어떻게든 노예가 자유를 자각하지 못하도록 방해하는 구조를 만든다. 이 구조 속에서 노예가 자유와 자기의식을 자각하려면, 무엇보다 먼저 자신이 '자립적인 존재'라는 확신이 필요하다. 문제는, 노예가 '자립성'을 어떻게 해서 확신하게 되는가이다.

주인의 욕구를 충족시키기 위해 노예가 만든 '생산물'은 주인에게는 향유의 대상이지만, 노예는 자신의 노동력을 사용해 만든 자신의 생산물을 소유할 권리도 처분할 권리도 없다. 생산물은 노예에게서 벗어나 '자립성'을 지닌다. 인간인 자신보다 물건이 더 '자립성'이 있어 보이는 것이다. 노예는 자신이 생산한 물건조차도 소유권과 처분권에서 벗어나 '자립성'을 지니는데, 심지어 '인간인 자신이 왜 자립성이 없을까'라고 의문을 품는다. 생산물을 산출하는 자는 생산물보다도 더 나은 가치를 지녀야 한다. 그런데 생산물을 존재하도록 하는 자가 생산물조차도 가진 자립성을 박탈당했다면, 이 상황을 어느 누가 받아들이겠는가? 노예는 생산물에 비추어서 자신의 자립성을 자각하고, 자신의 가치와 주체성을 상기하게 된다. 그러나 주인은 자립성을 순순히 인정하기보다는 노예를 강하게 억압한다.

이런 방식으로 주인과 노예는 서로 투쟁을 벌인다. 주인으로부터 가해지는 억압과 공포감 조성으로 인해 노예는 자립성을 포기하기도 한다. 한편, 주인은 자기의 현 상태를 유지하기 위해 노예의 노동에 계속 의존하면서 비자립적 의식이 심화하여, 결국 주인과 노예의 의식이 역전되기도 한다.

'주인과 노예의 변증법'은 사회의 '지배-복종' 관계를 이해하고, 그것을 탈피하는 해방적 의미를 함축한다. 이 논리는 앞으로 사회주의자들에게 큰 영향을 끼치게 된다.

근대 철학의 두 가지 흐름

근대 철학의 두 줄기는 '합리론'과 '경험론'이다. 합리론이란 비합리성과 우연성을 배제하고, 이성과 논리와 필연성을 중시하는 철학이다. 주로 유럽에서 발전한 근대 철학은 수학적 인식을 원형으로 하는 논증적 지식을 중시하여 논리학과 수학을 가장 확실한 지식으로 간주한다. 이성을 선천적인 인식능력이라고 믿고 학문 방법으로 연역법을 사용한다. 연역법이란 일반적 원리를 전제로 놓고 개별적 명제를 끌어내는 추론 방법이다. 연역법의 한 예를 들어보자.

1. 일반적 원리; 모든 사람은 죽는다.
2. 소전제; 홍길동은 사람이다.
3. 결론; 홍길동은 죽는다.

합리론의 대표적인 학자들로 데카르트, 스피노자, 라이프니츠 등이 있다. 경험론이란 인식·지식의 근원을 오직 경험에서만 찾는 철학적 입장이다. 경험론은 영국에서 주로 발전하는데, 영국 경험론의 원조는 중세 말기의 프란시스 베이컨이다. 경험론은 홉스를 거쳐 로크, 버클리, 흄에 의해 크게 발전한다. 이들에 의하면, 모든 인식은 후천적 경험을 통해서만 생겨난다. 학문 방법으로는 귀납법을 사용한다. 개별적 사물을 종합해 일반적 원리를 끌어내는 귀납법을 이용한다.

합리론 철학자인 데카르트에 의하면 본유관념으로써 '이성'의 보편적 지배는 의심할 수 없는 사실이다. 하지만 경험론 철학자인 로크에 의하면, 경험 이전의 어떤 보편적 존재는 있을 수 없다. 만물은 백지상태에서 출발한다. 이 백지상태에 여러 경험이 채워지면서 인식과 판단이 일어나는 것이다. 합리론과 경험론의 기원을 거슬러 올라가다 보면 고대 그리스의 플라톤과 아리스토텔레스에게 닿는다. 플라톤에게는 만물의 근원인 '이데아'가 먼저고 현실의 여러 현상은 이데아의 파생물에 불과하다. 이는 합리론의 전형이다. 한편, 아리스토텔레스는 구체적인 경험적 현실을 중시했으며, 동물학· 자연학 등 과학 영역에 관심이 많았다. 경험론의 원조라고 말해도 손색이 없다.

9장.

탈근대 철학의 지존,
니체

선과 악을 넘어서

° ° °

세상에는 진짜보다 우상이 더 많다.
이것이 세계에 대한 나의 '사악한 시선'이자,
나의 '사악한 귀'다. 여기서 한번 망치를 들고
의문을 제기해 본다. 니체에 의하면,
서양 역사에서 진정한 기독교인은 두 명이다.
그들은 바로 예수와 니체 자신이다.

니체와
토리노 광장의 말

니 체 [F. W. Nietzsche ; 1844~1900]는
1869년도부터 1879년까지 바젤 대학 고전문헌학과 교수를
역임한다. 니체가 교수가 된 것은 25살이었다. 이는 당시
독일 역사상 최연소 교수였다. 하지만 그는 건강 문제에 발
목이 잡혀 교단에서 내려온다. 이후 니체는 건강을 되찾기
위해 유럽 각지를 방랑한다. 그는 1879년부터 1889년까지
『차라투스트라는 이렇게 말했다』,『도덕의 계보』,『선악을
넘어서』 등 주옥같은 작품을 남긴다. 니체는 건강이 안 좋
아 문장을 짧게 쓸 수밖에 없었다. 니체는 이런 말을 했다.
"남들이 한 권에 쓸 수 있는 내용을 나는 한 문장으로 쓸 수
밖에 없다." 1889년에 이탈리아 토리노 광장에서 말을 채

니체

왼쪽부터 살로메, 파울레, 니체

찍질하는 마부를 바라보던 니체는 그 말의 목을 끌어안고 눈물을 흘리며 미쳐버린다. 이 강렬한 연민 의식이 우리에게 전하는 메시지는 과연 무엇일까?

니체의 스캔들로 가장 유명한 에피소드는 니체의 바젤 대학 동료 철학자 파울 레Paul Rée; 1849~1901와 루 살로메Lou Salomé; 1861~1937 그리고 니체 사이의 삼각관계다. 루 살로메는 이른바 '팜므파탈'의 전형으로 일컬어진다. 어디까지가 진실인지는 확실치 않으나, 세 사람은 함께 동거했다고 전해진다.

세 사람은 사진관에 가서 위와 같은 자세를 취하고 사진을 찍는다. 오늘날의 시각으로 보더라도 매우 파격적인 구도다. 살로메는 마부의 역할을, 니체와 파울레는 마차를 끄는 말의 역할을 하고 있다. 사진에서 어린 살로메는 자기보다 훨씬 나이가 많은 두 남자에게 채찍질을 하고 있다. 살로메는 젊어서는 니체, 릴케Rilke; 1875~1926 등과 사귀었으며, 나이가 좀 들어서는 프로이트S. Freud; 1856~1939와 깊은 우정을 나눈 것으로 유명하다. 1882년 당시 38세의 니체는 21세의 살로메에게 처음 만나는 순간 이렇게 말했다고 한다. "우리는 어느 별에서 내려와 여기서 만난 거죠?" 니체는 살로메에게 청혼을 하나 거절당한다. 니체는 깊은 슬픔에 빠지지만, 이 실연은 오히려 그에게 새로운 영감의 원천이 되면서, 『차라투스트라는 이렇게 말했다』를 완성하게 하는 원동력이 된다. 니체와 살로메는 사랑의 열매를 맺지는 못하지만, 1882년 한 해를 함께 지내며 많은 대화를 나누고, 이 대화를 기반으로 살로메는 최초의 니체 철학 입문서를 쓴다.

니체는 근대 철학을 뛰어넘은 탈근대 철학의 원조다. 1960년대부터 본격적으로 시작된 문예 운동인 포스트모더니즘은 주로 니체 철학을 이념적 배경으로 삼았다. 또, 그는 쟁쟁한 현대 철학자들인, 프로이트, 칼 융, 하이데거, 푸코, 들뢰즈, 데리다 등에 큰 영향을 끼쳤다.

망치를 든
철학자

니체는 철학의 역사에서 '반전反轉의 철학자'이자 '전복順覆의 철학자'로 불린다. 그는 사람들이 겉으로 표현하지 않으려 하는 말을 서슴없이 직설적으로 내뱉었다. 니체는 『유고』에서 "마키아벨리보다 훨씬 더 나쁜, 악한 책 한 권을 쓸 것"이라 말하기도 했다. 니체는 『우상의 황혼』 서문에서 이렇게 말한다.

세상에는 진짜보다 우상이 더 많다. 이것이 세계에 대한 나의 '사악한 시선'이자, 나의 '사악한 귀'다. 여기서 한번 망치를 들고 의문을 제기해 본다.

니체는 기존에 통용되던 모든 가치관을 깡그리 부숴버리고, 그 자리에 새로운 가치를 정립하려 했다. 니체 인식론의 출발점은 원근법주의다. 원근법주의란 사실 혹은 진리라고 강조되는 요소들에 대한 일련의 부정적 인식이다. 또 원근법주의란 모든 '진리의지'는 본질적으로 해석하는 기술일 뿐이라는 입장이다. 니체는 원근법주의를 모든 것은 "달리 해석될 수 있는 것이며, 그것은 자신의 배후에 아무런 의미도 지니고 있지 않으며, 도리어 무수한 의미를 지니고 있다."라고 정의한다. 인간의 지성은 자신의 원근법의 형식 아래에서, 오로지 그 안에서만 자기 자신을 바라볼 수밖에 없다. 모든 관찰은 그 관찰자가 위치한 좌표에 의해 결정된다. 결국 모든 인식은 인식하는 자의 '원근법'에 제약된 해석에 지나지 않는다. 그리고 이 제약에 의한 반성 자체도 원근법의 제약이 된다. 요컨대 모든 반성은 원근법적 해석으로 의미화되는 것에 불과하다. 단지 자신이 대상과 관계하는 물리적 거리나 심리적 거리에 따라 구분할 뿐이다. 선과 악이라고 하는 도덕적 가치판단도 '사실'이 아닌 하나의 '해석'에 불과한 원근법적 평가다. 이런 맥락에서 니체는 인식다원주의를 주장했다.

발생하는 것 어느 것도 그 자체로 비난받아 마땅할 수는 없는 일이다. (……) 모든 것은 전체와 결합했기에, 어떤 것 하나를 배제하고자 원한다는 것은 모든 것을 배제한다는 것을 의미하기 때문이다. 비난받아 마땅한 행위는 타락한 세계 일반이다.

『유고』(1888년 초~1889년 1월 초)

기존의
가치 체계를 뒤엎다

고대 그리스 철학으로부터 면면하게 계승되어 온 '로고스' 중심주의적 전통, '이데아' 중심적 사유는 니체로 인해 해체되고 전복된다. 서양 철학사는 니체 이전과 이후로 나뉜다. 니체는 서양 철학 전통에 나타나는 선과 악의 가치 평가를 근본적으로 해체하려 했다. 그는 모든 도덕 감정이 인간의 동물적·생리적 충동 속에 포함할 수 있다고 말한다. 니체는 이 생각을 바탕으로 기존의 '옳고 그름'이라는 가치 평가 구도를 '좋고 나쁨'으로 전환하려 했다.

니체에 의하면, 선과 악은 기쁨과 슬픔이라는 감정에 지나지 않는다. 어떤 것이 우리의 존재를 보존하거나 향상시킨다면 선함이고, 위축시킨다면 악함이다. 니체는 도덕을 '힘'이라는 차원에서 이해했다. 힘이 충만하여 향상되는 것을 느끼면, 그것이 곧 선함이고 좋음이다. 또 힘이 빠져나가 퇴보하는 것을 느끼면 그것이 곧 악함이고 나쁨이다.

악함·나쁨이란 일종의 소화불량 같은 것으로, 현재의 조건 속에서 나에게 맞지 않는 만남이다. 다른 상황이나 내가 훨씬 강한 소화력을 갖추고 있었다면 악함·나쁨이 되지 않을 수도 있었겠으나, 지금의 상태에서는 해로운 존재가 된 것이 바로 악함·나쁨이다.

니체는 '철학' 자체에 대해 반성하고자 했다. 그에 의하면 철학 자체가 '허위의식의 결정체'일 수 있다.

> 철학의 역사는 삶의 전제에 대한 삶의 가치에 대한, 삶을 편드는 것에 대한 은밀한 분노다.
>
> ——— 『유고』(1888년 초~1889년 1월초)

니체는 이데올로기를 위한 허위의식을 비판한다. 특히 철학이 현재의 삶의 가치를 깎아내리고 종교적인 '저편의 초월적 세계'를 중시하도록 부추기는 태도에 대해 일침을 가한다. 니체는 '가상' 자체를 문제삼지 않았다. 지금의 세계를 바꾸고자 하는 자는 일단 바람직한 세계를 '상상'해야만 하기 때문이다. 이러한 '거짓'은 삶을 풍성하게 하는 데 보탬이 될 수 있다. 문제는 종교적 피안의 세계를 포함한 상상의 세계가 생생한 삶을 부정하고 도피하는 데 활용될 때 발생한다. 철학이 생생한 삶을 함양하는 데 걸림돌이 되는 사태를 니체는 "철학의 역사란 삶을 편드는 것에 대한 은밀한 분노"라고 표현했다. 실제 삶의 세계보다 저편의 '피안의 세계'를 찬양하는 철학자를 니체는 『차라투스트라는 이렇게 말했다』에서 '죽음의 설교자들'이라고 부르기도 한다. 이들은 사람들을 쥐 떼로 만들어 강물 속으로 뛰어들게 하는 피리 부는 마법사와 같다.

니체는 서구의 전통 형이상학과 종교적 절대 가치에 대하여 쓴소리를 했다. 한마디로, "신은 죽었다." 여기서 '죽은 신'은 기독교에서 말하는 신만이 아니라, 모든 절대 이념을 가리킨다. 니체는 서구에서 주류 가치로 이어져 내려온 기독교와 기존의 형이상학적 전통으로부터 가치의 전환을 모색했다. 그가 말하는 세계에는 어떠한 절대적·초월적 진리도 존재하지 않는다.

신은 죽었다!
위버멘쉬를 말하자!

∘ ∘ ∘

포스트 휴먼이란 인간과 기계의 융합으로
나타나는 미래의 인간상을 일컫는 말이다.
니체의 위버멘쉬 Übermensch ; 초인(超人) 개념은
이 '포스트 휴먼' 개념 형성에
이론적 바탕이 되었다.

미래의 인간을
위하여

　　　　　니체가 살았던 19세기는 기존의
패러다임이 본격적으로 무너지기 시작한 전환기였다. 마
르크스, 프로이트, 니체 등은 이런 전환점에서 기존의 철학
체계를 새롭게 탈바꿈시킨 대표적인 철학자들이다. 새로운
시대를 예견하는 니체의 예리한 감수성은 인간을 '탈각'한
새로운 종을 상정한다. 니체는 새로운 인간의 탄생을 이렇
게 표현했다.

나 너희들에게 위버멘쉬를 가르치노라. 사람은 극복되어야 할
그 무엇이다.

───　　　　　　　　　　　　『차라투스트라는 이렇게 말했다』

니체는 미래의 이상적인 인간을 위버멘쉬Übermensch; 초인라고 불렀다. '위버멘쉬Übermensch'에서 '위버Über'는 '위' 또는 '넘어서'를, '멘쉬mensch'는 '사람'을 뜻한다. 직역하면 '인간을 넘어선 인간'이란 의미다. 이는 생존에나 집착하는 지금의 인간과는 전혀 다른 새로운 인간이 출현해 그릇된 과거를 청산하고 건강한 미래를 열어야 한다는 뜻이다. 하지만 위버멘쉬는 어디까지나 이 땅에서 구현되고 달성되어야 할 현세적 이상이자 목표다. 결코 초월적 신격이 아니다.

니체의 저서 가운데 인간의 무한한 가능성을 가장 극적으로 시사하는 작품은 바로 『차라투스트라는 이렇게 말했다』이다. 이 웅장한 철학시詩는 차라투스트라가 30세에 산에 들어가 10년간 은거 생활을 지낸 뒤, 신의 죽음을 선언하고, 사람들에게 자기가 깨달은 진리를 설파하고자 하산하는 것으로부터 시작한다. 차라투스트라는 시장에서 행한 첫 설교에서 사람들을 향해 '대지의 의미'인 '위버멘쉬'와 그 반대 개념인 '인간말종'에 대해 언급한다.

보라! 나 너희들에게 비천하기 짝이 없는 인간을 보여주겠다. '사랑이란 무엇인가? 창조는? 동경은? 별은?' 비천하기 짝이 없는 인간은 이렇게 묻고는 눈을 깜박인다. 대지는 작아졌으며 그 위에서 모든 것을 작게 만드는 저 비천하기 짝이 없는 인간이 날뛰고 있다. (……) '우리는 행복을 찾아냈다.' 비천하기 짝이 없는 인간은 이렇게 말하고 눈을 깜박인다.

———

『차라투스트라는 이렇게 말했다』

위버멘쉬는 '힘에의 의지'를 바탕으로 기존의 모든 관습과 굴레에서 벗어나 자유로운 정신을 갖춘 존재다. 또 편견에서 벗어나 세상을 넓은 시야로 바라볼 수 있는 존재다. 한편 니체에 의하면 '인간말종'이란 대지에 기생하는 벼룩으로, 자신을 극복하려는 의지가 없는 시시한 존재다. 이들은 과거를 돌아보지 않을뿐더러 미래를 향해 자신을 발전시키려는 의지도 없다.『차라투스트라는 이렇게 말했다』에서 차라투스트라는 인간말종을 '자기 자신을 경멸할 수 없는 존재'로 이해한다. 자기 자신을 경멸할 수 없다는 것은 자신에 대해 회의를 하지 못한다는 것을 의미한다. 회의가 없으면 극복을 통한 발전도 결코 있을 수 없다. 니체는 이런 '인간말종'을 천민, 다수, 짐승 떼 등으로 불렀다.

인간을 넘어서

사람은 짐승과 위버멘쉬 사이를 잇는 밧줄, 심연 위에 걸쳐 있는 하나의 밧줄이다. (……) 사람에게 위대한 것이 있다면 그것은 그가 목적이 아니라 하나의 교량이라는 것이다. 사람에게 사랑받아 마땅한 것이 있다면, 그것은 그가 하나의 과정이요 몰락이라는 것이다.

『차라투스트라는 이렇게 말했다』

위버멘쉬는 종래의 인간성에 대한 근본적인 해체를 상징한다. 니체에 따르면 우리 인간은 그저 동물이다. 다만, 자연을 파괴하면서 문명을 일구어내는 특별한 동물이다. 지금의 현실에 만족하지 않고 끊임없이 새로운 세계를 만들어나가는 '미완의 존재'로서의 인간, 이것이 니체 인간학의 핵심이다. '미완의 존재'인 인간은 앞으로 나아가 위버멘쉬가 될 수도 있고, 뒤로 물러나 짐승 같은 존재가 될 수도 있다. 인간은 이 짐승과 위버멘쉬 사이에 존재한다. 니체는 인간을 이렇게 규정했다.

"사람에게 있어 원숭이는 무엇이지? 일종의 웃음거리 아니면 일종의 견디기 힘든 부끄러움이 아닌가. 위버멘쉬에게는 사람이 그렇다. 일종의 웃음거리 아니면 일종의 견디기 힘든 부끄러움이다. 너희들은 벌레에서 사람에 이르는 길을 걸어왔다. 그러나 너희들은 아직도 많은 점에서 벌레다. 너희들은 한때 원숭이였다. 그리고 사람은 여전히 그 어떤 원숭이보다도 더 철저한 원숭이이다.

『차라투스트라는 이렇게 말했다』

이 이야기는 다윈의 진화론을 떠올리게 한다. 여전히 원숭이인 인간은 손질이 필요하다.

> (……) 차라투스트라는 인간에 대한 엄청난 구토도 극복해 버렸다. 그에게 인간은 조각가를 필요로 하는 기형이고, 소재이며, 보기 흉한 돌이다.
>
> ——— 『이 사람을 보라』
>
> 실로, 사람은 더러운 강물과도 같다. 몸을 더럽히지 않고 더러운 강물을 모두 받아들이려면 사람은 먼저 바다가 되어야 하리라.
>
> ——— 『차라투스트라는 이렇게 말했다』

니체에 의하면 최악의 적은 극복되어야만 하는 기존의 자기 자신이다. 니체는 우리의 삶 자체가 하나의 예술 작품이라 말한다. '자신의 삶'이라는 예술 작품을 조각하는 이러한 행위를 '스스로 생산하는 예술 작품'이라고 말하기도 했다. 고정된 가치 체계에 머물러 있는 현상적 인간은 경멸의 대상일 뿐만 아니라 "(……) 극복되어야 할 그 무엇이다." 인간은 단순한 개체가 아닌 미래를 과제로 삼는 사슬의 전체이다.

자기 극복의 갈망,
거리를 두는 파토스

> 거리를 두는 파토스가 없이는 (……) 한 영혼의 내부에서 항
> 상 새롭게 거리를 확대하려는 갈망, 점점 더 높고 (……) 좀 더
> 포괄적인 상태를 형성하려는 갈망은 생겨나지 않을 것이다.
> (……) '인간의 지속적인 자기 극복'에 대한 갈망이 말이다.
>
> ──   『선악을 넘어서』

파토스^{Pathos}란 고대 그리스 철학의 개념으로 열정·정
념·충동 등의 의미를 지닌다. 특정 지역이나 집단의 관습,
사람에게 도덕적 감정이 들게 하는 보편적인 도덕적·이념
적 규범인 에토스^{Ethos}와 대립하는 개념이다. 니체는 자신만
의 '힘에의 의지'에 충실하면서 결코 특정 이념이나 타자의
일방적인 억압에 끌려 들어가지 말 것을 요구했다. 니체는
개성이 결여된 집단주의에 대항하면서 '거리를 두는 파토
스^{Pathos der Distanz}'라는 개념 장치를 제시한다. 이는 쉽게 이야
기해서 시시한 유행이나 좇는 집단과 대중에게서 멀리 떨
어져 자기만의 개성을 추구하라는 의미다.

니체에 의하면, '좋음'이란 누군가로부터 부여된 것이
아니라, 그 자신으로부터 비롯되어야만 한다. 이런 사람을
니체는 '고귀한 인간'이라고 불렀다. 이 고귀한 인간에게

좋음은 인위적으로 꾸며진 게 아니라 자기 본성에서 나온다. 니체에게 고귀한 인간이란 귀족의 침착함을 지닌 강력한 인물, 곧 자기 자신의 욕구에 따라 가치를 결정하는 능력을 소유한 사람이다. 이는 모든 고귀한 본성과 주인의 본성을 갖춘 인간의 공통된 특성이다. 이들은 돈이나 재산에 구애받지 않고 자신에 대해 긍지를 품을 수 있는 인간이다. 또한 스스로 충만하고 넘치는 힘을 지니고 있으며, 헌신하며 베풀고자 하는 풍요로운 의식을 가진 인간이다. 그러나 우리 대부분은 길들어져 있는 '노예 의식'을 조금씩은 지니고 있다. 학교, 회사와 같은 조직 사회에서 관리자에게 억압되고 시간에 얽매여 살아가는 것이 우리 현대인들의 일상적인 모습이다.

모든 것은 가며,
모든 것은 되돌아온다

° ° °

니체는 말한다. "네가 다시 태어나기를
영원히 바랄 수 있도록 그렇게 살아라."
'영원회귀'에 의하면, 삶은 똑같은 방식으로
영원히 반복된다. 우리는 그것을 견뎌내야만 한다.
지금 이 순간은 미래로 이어지는 통로이자
과거로 이어지는 통로다. 따라서 우리는
'지금, 이 순간'을 소중하게 여겨야 한다.

정신의
세 가지 변화

나 이제 너희들에게 정신의 세 단계 변화에 관해 이야기하런
다. 정신이 어떻게 낙타가 되고, 낙타가 어떻게 사자가 되며,
사자가 마침내 어린아이가 되는가를. (······) '짐 지는' 정신은
(······) 짐을 가득 지고 사막을 향해 서둘러 달리는 낙타처럼, 그
자신의 사막으로 서둘러 달려간다. (······) 저 사막에서 두 번째
변화가 일어난다. 여기에서 낙타는 사자로 변하는 것이다. 사
자가 된 낙타는 (······) 그 자신이 사막의 주인이 되고자 한다.
(······) 새로운 가치의 창조, 사자라도 아직은 그것을 해내지 못
한다. (······) 사자조차도 할 수 없는 일을 어떻게 어린아이는 해
낼 수 있는가? (······) 어린아이는 순진무구요 망각이며, 새로운

시작, 놀이, 자신의 힘으로 돌아가는 바퀴이며 최초의 운동이
자 거룩한 긍정이다.

———

『차라투스트라는 이렇게 말했다』

너무나도 유명한 니체의 아포리즘이다. 이 세상에서
변하지 않는 단 하나의 진실이 있다면, 모든 것은 끊임없이
변한다는 사실이다. 니체는 '변화된 자'가 되기까지의 과정
을 '낙타-사자-어린아이'라는 비유로 설명한다. 여기서 낙
타란 일정한 가치 기준에 매몰되어 그 무게에 짓눌려 있는
정신의 소유자다. 낙타는 "아니요"라고 말하지 못하는 정신
이다. 노예의 도덕을 내면화한 존재다. 비록 자유를 원하지
만 자유를 위해 싸우지 못하는 존재이기도 하다. 낙타는 주
인이 계속 짐을 실어도 불만을 피력하지 않는다. 그런대로
참을 만하기 때문이다. 낙타와 같은 인간형도 그저 지금의
현상을 유지할 수 있는 것에 만족한다. 이는 매일 지옥철을
타고 회사로 무거운 발걸음을 옮기는 우리네 모습이다. 니
체의 표현을 빌리자면 '창조적인 번개의 웃음'을 잃어버린
채 살아가는 가련한 인간형이다.

하지만 사자는 기존의 가치 기준에 의문을 제기한다.
사자는 힘차게 자유를 부르짖는다. "더는 시키는 대로 남
의 짐을 지지 않겠다."라고 말이다. 그러나 이 사자가 단순
한 비판을 넘어 새로운 가치를 창조하는 존재로 변화하는

것은 어린아이가 되어서야 비로소 가능하다. 물론 여기서 말하는 어린아이란 근원적 힘을 끌어올 수 있는 근원을 상징한다. 어린아이는 정해진 규칙대로 움직이지 않는다. 자신의 삶을 하나의 유희로 받아들이고, 아무런 목적이 없는 '영원회귀'의 삶을 긍정한다. 이 존재는 부정과 긍정, 선과 악, 미와 추를 넘어서 있는 그대로의 세계를 누린다. 자기 스스로 세계를 창조해 나가는 것이다.

영원회귀

(……) 영원회귀 사유라는 그 도달될 수 있는 최고의 긍정 형식은 (……) '인간과 시간의 6천 피트(약 2,000미터) 저편'이라고 서명된 채 종이 한 장에 휘갈겨졌다. 그날 나는 실바프라나 호수의 숲을 걷고 있었다. (……) 피라미드 모습으로 우뚝 솟아오른 거대한 바위 옆에 나는 멈추어 섰다. 그때 이 '영원회귀'가 떠올랐다.

―――― 『이 사람을 보라』

'영원회귀' 개념은 니체 철학의 핵심 가운데 하나다. '영원회귀'의 철학사적 원형은 헤라클레이토스의 '만물유전' 사상이다. 헤라클레이토스에 의하면 모든 사물의 원질은 불火이며, 이 불로부터 나온 질료들은 부단하게 분출하고 동시에 불로 끊임없이 되돌아간다. 만물은 어떤 순간에도 영속적으로 존재하지 않으며, 끊임없이 변화한다. 니체에 의하면 모든 현상은 반복과 순환을 거듭한다. 생장은 소멸로 이어지며, 소멸은 다시 생장으로 이어진다. 시작과 끝 혹은 삶과 죽음은 영원히 순환한다. '영원회귀'를 드러내는 니체의 가장 유명한 문장을 소개해보자.

> 모든 것은 가며 모든 것은 되돌아온다. 존재의 수레바퀴는 영원히 돌고 돈다. 모든 것은 죽고 모든 것은 다시 피어난다. 존재의 세월은 영원히 흘러간다. 모든 것은 꺾이며 모든 것은 다시 이어간다. 똑같은 존재의 집이 영원히 세워진다. 모든 것은 이별하며 모든 것은 다시 만나 인사를 나눈다. 존재의 수레바퀴는 이렇듯 영원히 자신에게 진실하다. 모든 순간에 존재는 시작된다. 모든 여기를 중심으로 저기라는 공이 회전한다. 중심은 어디에나 있다. 영원이라는 오솔길은 굽어 있다.
>
> ────── 『차라투스트라는 이렇게 말했다』

니체에 의하면 존재의 수레바퀴는 영원히 지어지고, 또한 영원히 철거된다. 처음과 끝은 마치 둥근 고리와도 같이 순환하고, 만물의 변화는 영원히 진행된다. 예를 들어 겨울이 긴 북유럽이나 북미 지역에는 아이스 호텔이라는 관광 사업이 있다. 이 사업은 한겨울에만 한시적으로 이루어지는데, 아이스 호텔은 주로 수량이 풍부한 강 근처에 위치한다. 이 강에서 자연스럽게 언 얼음을 이용하여 많은 얼음 조각가들이 공들여 호텔을 짓는다. 사람들은 완성된 아이스 호텔에서 겨울을 만끽하지만, 봄이 되면 이 호텔은 물이 되어 본래 자신이 있던 강으로 되돌아간다. 하지만 이듬해가 되면 다시금 많은 얼음 조각가들이 모여 작년과는 다른 모양의 아이스 호텔을 지어 손님을 맞이한다. 이러한 과정은 계속 반복·순환한다. 매년 참여하는 예술가들의 다른 '힘에의 의지'에 의해 매번 다른 모양의 아이스 호텔이 만들어지며, 얼음으로 지어진 호텔은 봄이 되면 예외 없이 다시 자신의 근원지인 강으로 돌아간다. 만물은 이러한 방식의 이치로부터 한 치도 벗어나지 못한다. 니체는 이렇게 말했다.

> 이제 죽자. 사라지자. 한순간에, 나, 무無로 돌아가리니. (……)
> 그러나 나를 얽매는 원인의 매듭은 다시 돌아온다. 그 매듭이
> 다시 나를 창조하리라! 나 자신이 영원한 회귀의 여러 원인에
> 속해 있으니. 나 다시 돌아오리라.
> ——— 『차라투스트라는 이렇게 말했다』

사실 서양 철학사에서 '만물의 영원한 순환'은 보편적

으로 나타나는 철학적 발상은 아니다. 서양은 대체로 직선적인 사고를 지닌다. 대표적으로 기독교적인 세계관을 떠올려보면 된다. 기독교에는 창조주 '절대신'에 의해 세상이 창조되었다는 시간의 '시작'과 결국 세상은 종말을 맞이한다는 '종결'이 있다. 한편, 만물이 영원히 순환한다는 '순환 사유'가 동양 철학에서는 보편적으로 나타난다.

동양의 시간관은 곡선적인 순환 구조로 되어 있어서 발전적이거나 목적론적·종말론적인 시간 이해를 보여주진 않는다. 대표적으로 불교의 윤회 사상이나 '기氣가 모이면 삶이고, 기가 흩어지면 죽음'이라는 도가道家 사상의 순환적 시간관을 예로 들 수 있다. 그 외에도 "극한에 이르면 반전한다(극즉반極則反)", "태어난 존재는 반드시 죽는다(생자필멸生者必滅)", "만나면 반드시 헤어지기 마련이다(회자정리會者定離)." 등 많은 표현을 찾아볼 수 있다.

니체는 동양 철학, 특히 인도 철학에서 일정 부분 영향을 받았다. 니체의 동양 철학을 향한 관심은 고등학교 때부터 싹튼 것이었다. 인도의 '업業; Karma'이나 윤회 사상은 그의 '영원회귀' 개념에 지대한 영향을 주었다고 추측할 수 있다. 니체는 불교에 대해 이런 언급을 했다.

불교: 아름다운 밤을 표현. 완결된 감미로움과 온화함을. 그것은 배후에 놓여 있는 것 전부에 대한 감사. 노여움과 실망과

원한이 없다는 것도 포함해서. 궁극적으로는 고도의 정신적 사랑이고 그 때문에 시달리는 일이 없다.

——

『유고(1888년 초~1889년 1월 초)』

이런 연장선상에서 니체는 불교도들을 '현명한 피로 감'을 지닌 자로 부르기도 했다.

우주의 순환을
이해하자

우리는 거대한 우주에서 지극히 작은 존재다. 45억 년 지구의 역사를 24시간으로 환산하면 만년의 세월이라고 해도 단 몇 초에 불과하다. 인간이 지구에서 활약하던 시간은 기껏해야 30초 정도다. 좀 더 큰 범위로 생성과 소멸의 '순환'을 이야기해보자. 니체에 따르면 죽음이란 우리가 본래 있었던 자연으로 돌아가는 일일 뿐이다. 그리고 우리는 언젠가는 다시 돌아온다. 이러한 믿음은 우주의 작동 원리에 대한 심오한 진리를 우리에게 전달한다. 우리 몸의 모든 원자는 우주에서 발생하는 별들의 장대한 재생 활동의 결과물이다. 별들이 죽어 폭발하면 생기는 '우주먼지'는 인간을 비롯한 모든 생물의 기원이다. 또모든 생명체는 빛이 없으면 생존할 수 없다. 빛은 삶의 에너지인 동시에 죽음의 에너지이기도 하다. 태양은 수소가 헬륨으로 바뀌는 과정에서 1초에 450만 톤씩 무게가 줄면서 죽어가고 있다. 바로 이 과정에서 빛이 생겨난다. 앞으로 약 50억 년 후면 태양은 사라질 것이다. 그에 따라 지구의 생명체도 종말을 고하게 될 것이다. 하지만 태양이 죽더라도 그로부터 발생한 물질은 다른 곳을 향한 여정을 계속할 것이다. 우주에서 만물은 사라지는 게 아니라, 다른 형태로 바뀔 뿐이다. 만물은 이런 방식으로 '영원히 회귀'한다. 우주에서 가능한 것은 에너지의 끝없는 운동으로 촉발되는 만물의 영원한 이합집산뿐이다.

염세주의를 넘어서
능동적 니힐리스트가 되자!

○ ○ ○

무조건 의지할 수 있는 단 하나의 참가치를
찾고자 노력하지 않으면서도, 불안감에
빠지지 않는 방법은 없을까? 니힐리즘 사유는
단 하나의 참가치란 있을 수 없다고 주장한다.
니체의 니힐리즘 사유는 가치의 다면성을 도리어
놀잇감의 풍부함으로 여긴다. 니힐리즘의
현대적 의의는 바로 이러한 점에서 찾을 수 있다.

니힐리즘의
시대에서

　　　　　니체의 능동적 니힐리즘은 다양한 가치의 종합을 도모한다. 니체에 의하면, 우리는 항상 이쪽과 저쪽의 경계에 머물러야 한다. 이것은 이쪽과 저쪽의 중간에서 모호한 태도를 보인다는 의미가 아니라, 이쪽과 저쪽을 모두 간직해야만 한다는 '혼종성'을 강조한 것이다.

　'니힐리즘'이라는 말은 라틴어로 '무無'라는 뜻의 '니힐 Nihil'로부터 나왔다. 서구에서 '니힐리즘'이라는 용어가 학문적인 논쟁의 주제가 되기 시작한 것은 19세기 초중반의 러시아였다. 이 용어는 투르게네프의 소설 『아버지와 아들』(1862)에서 언급되면서부터 폭넓게 사용되기 시작한다.

소설에 의하면 니힐리즘은 "권위에 굴복하지 않고, 원리가 사람들로부터 아무리 좋게 평가될지라도, 결코 어떤 원리도 신조로 삼지 않는다." 이 견해에서는 전통과 권위 그리고 규범에 기초한 모든 것이 부정된다.

니힐리즘은 모든 '독단적' 사고를 해체하려 한다. 이런 맥락에서 모든 가치가 나름대로 자기 역할이 있다고 바라본다. 이 논리는 사람들이 인위적으로 만들어낸 제한적 가치가 아닌 자연 그대로의 원리를 중시한다. 자연에는 옳고 그름이 없다. 니힐리즘은 인습화된 도덕에 매몰된 인간형이 아니라 '자연화된 인간'을 희구한다. 궁극적으로, 자연과 인간이라는 상반된 영역을 소통시키고자 한다.

서구의 지성사에서 하나의 철학 개념으로 '니힐리즘'을 가장 깊게 사유했던 사상가는 바로 니체였다. 니체는 서구에서 주류 가치로 이어진 기독교와 기존의 형이상학적 전통으로부터 가치의 전환을 모색한다. 니체에 의하면 세계에는 어떠한 절대적·초월적 진리도 존재하지 않는다. 니힐리즘의 가장 중요한 내용은 하나의 권위 있는 체계로 자리 잡은 절대적 도덕 가치에 대한 전면 부정이다.

능동적 니힐리즘
vs 수동적 니힐리즘

니체에 의하면 니힐리즘은 두 가지 국면이 있다. 하나는 절대 진리는 존재하지 않는다는 '수동적 니힐리즘'이고 다른 하나는 모든 것을 그때그때 재규정하고 매번 새롭게 규정하려는 '능동적 니힐리즘'이다.

> "허무주의nihilism는 무엇을 의미하는가? 최고 가치들이 '탈가치'화하는 것. 이것에는 두 가지 뜻이 있다. (……) A. 상승한 정신력의 징후로서의 허무주의: '능동적 허무주의'. (……) B. 정신력의 하강과 퇴행으로서의 허무주의: '수동적 허무주의'.
>
> ──── 『유고』(1887년 가을~1888 3월)

수동적 니힐리즘은 비록 기존의 가치 체계를 부정하지만, 그로 인해 발생한 심리적 불안감을 견뎌내지 못한다. 단지 기존의 지배적인 확신에 대해 실망하고 절대적 무의미함의 느낌 속에 머물 뿐이다. 수동적 니힐리즘은 잘못된 현실이 오히려 새로운 가치를 창조하는 기회라는 생각을 하지 못한다. 그저 잘못된 현실로 인해 절망에 빠져 있을 뿐이다. 수동적 니힐리스트들은 우리 주변 곳곳에 의지해 볼 만한 가치가 많아 보이기는 하는데, 이들 가운데 그 무엇도 완벽하지 못하다고 툴툴댄다. 이들은 자신들이 비판했던 절대적 가치를 다시 믿기도 하는데, 그건 불안감을 견딜수 없기 때문이다. 이러한 현상을 이해하는 데 에리히 프롬의 『자유로부터의 도피』가 도움이 된다. 에리히 프롬에 의하면, 중세의 억압에 대한 투쟁을 통해 인간은 '~로부터의 자유'를 쟁취했다. 그런데 인간은 이러한 탈출이 빚어낸 혼돈과 고립을 견디지 못해, 결국 파시즘 지도자나 민족·국가에 복종함으로써 새로운 안전을 추구한다. 이 심리 구조와 수동적 니힐리스트들의 심리 구조는 비슷하다.

하지만 능동적 니힐리즘은 이러한 혼돈을 못 견뎌 다른 절대적 가치에 복종하거나 하지 않는다. 어떤 상황이 발생하면 그 상황에 걸맞은 가치를 끌어들여 문제를 해결한다. 또 다른 상황이 발생하면 역시 그 다른 상황에 걸맞은 가치를 끌어들여 문제를 해결한다. 종교에 대한 믿음을 예로 들어보면, 능동적 니힐리스트는 기독교, 불교, 유교, 힌두교 등 모든 종교적 가치를 수용한다. 종교가 특정 영역에서 저마다 장점이 있다고 보기 때문이다. 능동적 니힐리스트는 과연 절대 진리가 있는지 알 수 없으니, 일단 이를 '판단중지Epoche'하자고 제안한다. 그리고 각각의 구체적 상황에 힘 있게 대응할 방안을 찾자고 말한다. 능동적 니힐리즘은 모든 상황에서 새로운 가치를 정립하려 한다. 능동적 니힐리즘은 '자연 그대로'의 힘의 원리다. 니체는 말한다.

이것은 강함의 징후일 수 있다. 정신력은 기존 목표들('확신
들'과 신조들)이 그에게 더는 적합하지 않을 정도로 증대할 수
있다.

──────

『유고(1887년 가을~1888 3월)』

니체는 기존의 가치를 제거하면서 진리의 절대성을 부
정하지만, 그렇다고 해서 진리가 전혀 존재하지 않는다고
생각한 것은 아니었다. 진리란 그때그때 새롭게 규정되어
야만 하는 것이지, 아무런 의문도 용납하지 않는 절대적인
의미의 진리는 없다고 생각했을 뿐이다.

허무감 위에서
춤추기

니체는 니힐리즘을 역사의 문제
로 바라보았다. 니체는 절대적 진리를 끝까지 추구하다 보
면 니힐리즘에 빠질 수밖에 없다고 말한다. 역사의 흐름 속
에서 진행되었던, 절대적 진리를 찾고자 하는 노력이 부질
없는 것이라고 판명되는 그 순간 니힐리즘은 시작된다. 과
거 전통 사회에서 최고의 가치가 '신'이었다면, 현대 사회
에서는 '자본'이다. 하지만 그 무엇도 모든 것을 해결하지
는 못한다. 자기가 의지할 만한 영원한 진리는 없다는 통찰!

이것이 니힐리즘에 관한 근본적 느낌이다.

니체의 니힐리즘은 일부분의 이익만을 뒷받침하는 그저 '하나의 가치'에 불과한 것이 모든 존재를 아우르는 '절대적 진리'로 선전되는 것을 해체했다. 이제 남는 것은 개개인이 저마다 추구하는 나름의 가치들이다. 절대적 진리를 없앤 자리에 각자의 다양한 가치들을 메우기, 이것이 니체가 말한 니힐리즘 사유의 핵심이다. 각자 나름의 진리란 자기에게 즐거움을 주고, 웃을 수 있게 만드는, 그리고 자기를 더욱 확장하고 고양할 수 있는 자기만의 생성의 세계다.

나의 형제들이여! 가슴을 활짝 펴라. (……) 그대들의 발도 높이 올려라! (……) 제발 슬픈 곡조와 모든 천민의 비애를 잊어버려라! (……) 산의 동굴로부터 불어 내리는 바람에게 배워라. 저 바람은 자기의 피리에 맞춰 춤추려 하고 있다. (……) 당나귀에게도 날개를 주고, 암사자의 젖까지도 짤 수 있는 이 훌륭하고 자유분방한 정신은 가상하다. (……) 모든 자유로운 정신들의 영혼을 찬미하라! (……) 그대들 자신을 초월해서 웃는 것을 배워라!

──────   『차라투스트라는 이렇게 말했다』

니체는 이런 삶을 살아가는 인간형에 대해 고대 그리

스 신화에 등장하는 술의 신 디오니소스^{Dionysos}를 끌어들여 설명한다. 니체에게 디오니소스란 생성과 생명의 기호이며 다른 한편으로는 예술의 원리이기도 하다. 이는 또한 주체와 객체가, 인간과 자연이, 외면과 내면이 융합하는 도취의 경험이다. 도취란 우리의 내적 에너지가 우리의 어떤 '느낌'을 변형시키는 상태다. 예를 들어 사랑에 빠지게 되면, 우리의 내적 에너지는 사랑하게 된 상대를 그전과는 다르게 더욱 생생하고 강렬하게 '느끼도록' 한다.

니체는 한 걸음 더 나아가 의식 중심의 '작은 이성'이 아니라, '큰 이성'이라는 개념을 말한다. 이를 통해 인간의 삶 자체를 예술 작품화할 가능성을 타진했다. 니힐리즘 시대에서 나의 삶을 규정짓던 절대적 진리는 더는 아무런 힘을 발휘하지 못한다. 이제 나는 자기에게 적합한 방식으로 진리를 새롭게 규정하고 그에 따라 자기 주도적인 삶을 조각해 나간다. 이런 방식은 예술가가 작품을 만들어나가는 과정과 아주 흡사하다. 미술이라는 예술 장르를 끌어들여 비유하자면, 나라는 존재는 작품이 나오길 기다리는 도화지이자 화가이다. 예술가이자 예술 작품인 나는 거칠 것 없이, 자기가 원하는 방식대로, 삶을 그려나간다.

차라투스트라는 이렇게 말했다

니체의 『차라투스트라는 이렇게 말했다』는 전체가 일종의 서사시 혹은 희곡과 같은 방식으로 쓰인 상당히 난해한 철학서다. 조금은 이상하지만, 『이 사람을 보라』는 니체의 면모가 잘 드러난 재밌는 책이다. 니체는 이 책에서 『차라투스트라는 이렇게 말했다』를 다음과 같이 자평한다. "이 책은 수천 년 이래 최초의 책이자 미래의 성서이며 인류의 운명을 내재하고 있는 인간적 창조성의 최대 폭발이다." 이토록 니체는 이 책에 대해 극한의 자부심을 품었다. 그런데 왜 니체는 서구인들에게는 낯선 존재일 수 있는 고대 페르시아의 철학자이자 예언자인 '차라투스트라Zarathustra'를 등장시켰을까? '차라투스트라'는 '조로아스터Zoroaster'라고도 한다. 인류 최초의 고등종교라고 일컬어지는 조로아스터교의 창시자다. '차라투스트라'는 조로아스터교의 경전인 『아베스타』에 나오는 그의 이름을 현대식으로 표기한 것이다. 페르시아어로 표기해도 '차라투스트라'와 비슷하게 발음된다. '조로아스터'는 '차라투스트라'의 그리스어식·영어식 표기이다. 차라투스트라의 활동 시기에 대해서는 BC 660여 년부터 BC 6000여년까지로 학자마다 견해가 다르다. 그가 창시한 조로아스터교는 천사와 악마, 천국과 지옥 개념, 최후의 만찬, 유일신 개념 등 기독교의 원형을 제공했다. 니체에게는 기독교의 원형을 제공한 그의 이름으로 기독교를 포함한 자기들 서구의 전통 이데올로기를 깊이 들여다보자는 다분히 역설적인 의도가 있었다. 니체는 이 책을 통해 신에 의지하지 말고 강인하게 살아갈 것을 주문한다. 또 차라투스트라를 '위버멘쉬'의 원형으로 제시함으로써 지금까지 진행된 서양의 전통적 사유를 붕괴하려는 의도도 있었을 것이다. 1885년에 4부로 완성된 이 책에는 니체 사상의 핵심이 담겨 있다. 만약 니체의 책 가운데 한 권만 읽어야 한다면, 필자는 주저함 없이 이 책을 추천한다. 이 책은 현대인이 겪는 모든 문제에 대해 숙고할 수 있는 통찰력을 제공하기 때문이다.

10장.

철학이 심리학으로
갈무리되다

정신분석학의 창시자, 프로이트

○ ○ ○

프로이트가 내놓은 '무의식' 개념은
아인슈타인의 상대성 이론만큼이나
획기적이라는 평가를 받는다. 아인슈타인이
거시적인 세계인 우주를 이해하는 데
혁명적인 발상의 전환을 가져왔다면,
프로이트는 미시적인 세계인 인간 정신을
이해하는 데 완전히 새로운 시각을 제공했다.

인간 정신을
새롭게 해부하다

프로이트 S. Freud ; 1856~1938는 체코슬로바키아(옛 오스트리아 영토)의 프라이베르크에서 태어났다. 유대계 가정에서 태어난 그는 3살 되던 해에 오스트리아 수도 빈으로 이주했으며, 빈 대학교에서 의학을 전공했다. 프로이트가 유명해진 것은 1900년에『꿈의 해석』을 출간하면서부터였다. 그는 오스트리아가 나치 독일과 합병된 이후에는 유대인이라는 이유로 추방당해 영국으로 망명한다.

프로이트는 근대적 사유 방식을 뛰어넘는 새로운 심리학인 '정신분석학Psychoanalysis'을 창시했다. 정신분석학이란 주체의 말·행동·상상적 산물(꿈·환상·망상)의 무의식적인 의미 작용을 밝히는 학문이다. 프로이트는 마르크스, 니체,

프로이트

아인슈타인 등과 함께 현대 학문에서 가장 중요한 인물로 손꼽힌다.

프로이트가 보기에 그동안 서구 지성사는 '신神'과 '이성'에 의해서만 인간의 본질을 규명하려 했다. 프로이트는 이 흐름에 반기를 든다. 프로이트는 '이성'이 인간의 자연적 본능을 억압해 신경증을 불러올 수 있다고 말하면서, 플라톤 이래로 서양 철학사에서 가장 큰 비중을 차지했던 이성 중심의 인간관에 일격을 가했다.

정신분석학을 점차 정립해 나가던 시기에 프로이트가 환자 분석을 위해 즐겨 사용했던 방식은 최면술이었다. 당시 프로이트가 가장 큰 영향을 받았던 인물은 오스트리아의 정신과 의사이자 생리학자 브로이어J. Breuer ; 1842~1925였다. 프로이트는 브로이어가 경험한 환자의 사례들을 참고해 히스테리에 관한 연구를 세상에 내놓는다. 브로이어는 최면술을 통해 자신의 환자가 물 마시는 걸 거부하게 된 사연을 털어놓게 한다. 이 환자는 최면 상태에서 가정교사가 마시던 컵에 든 물을 자기의 개가 마시는 것을 본 적이 있다고 고백한다. 환자는 자기 자신도 잊고 있었던 내면의 억압된 기억을 최면술의 도움으로 표출하면서 차츰 물을 마실 수 있게 되었다.

이 사례를 보고 프로이트가 내린 결론은 이런 것이었다. 신경증은 잊어버린 어떤 과거와 긴밀하게 엮여 있으며,

그 일들을 다시 떠올리도록 해주어야만 치유할 수 있다. 억압된 기억이나 충동은 밖으로 발산되어야만 한다. 이를 프로이트는 카타르시스^{Katharsis} 요법이라고 불렀다. 그리고 프로이트는 억압된 기억이나 충동이 '성 본능^{리비도 ; Libido}'과 관련이 있다고 보았다.

하지만 프로이트는 환자 분석 도구로 최면술을 점차로 배제하고 '자유 연상법'을 채택하였다. '자유 연상법'이란 환자의 머릿속에 자연스럽게 연상된 생각의 조각들을 분석해 신경증 증상의 원인을 밝혀내는 방법이다. 이때 환자는 긴 소파에 누워 가장 편안한 자세로 자유연상을 한다.

무의식의
발견

프로이트와 동시대를 살았던 다윈^{C. R. Darwin ; 1809~1882}은 인간과 동물의 진화를 같은 맥락에서 바라본 『종의 기원』을 발간한다. 이 책은 기존에 있었던 성서의 세계관을 뒤집는 혁명적 이론서였으며, 프로이트에게 지대한 영향을 주었다. 역시 같은 시대를 살았던 니체는 근대 유럽의 특성을 그리스도교적 신神의 죽음에서 찾으면서, 이로부터 발생하는 사상적 공백을 '능동적 니힐리즘'을 통해 보충하려고 했다. 프로이트 역시 이러한 사조와 무관하지 않다.

프로이트 사상의 핵심은 바로 '무의식 Unconsciousness'이다. 무의식은 분명히 의식에 영향을 끼치고 있으나 꿈 분석이나 자유 연상법 등과 같은 정신분석에 의하지 않고서는 알 수 없는 '어떤 것'이다. 프로이트는 『새로운 정신분석 강의』에서 이렇게 말했다.

니체의 언어 용법에 따라, (……) 우리는 앞으로 그것을 이드 Id 라고 부르고자 한다.

프로이트는 인간 정신의 내부가 이드 Id, 자아 Ego, 초자아 Superego 로 나뉘어 있다고 생각했다.

우선 ①'이드'는 무의식 체계이고 리비도의 저장소다. 프로이트가 볼 때, 신경증을 유발하는 모든 억압은 '성적'인 것과 관련이 있다. 성욕은 이미 유아의 구강기부터 존재한다. 그는 아동의 발달을 구강기, 항문기, 성기기, 잠복기로 구분하고, 구강기에는 입으로 빠는 것에서 성적 쾌감을 느끼고, 항문기에는 배설에서 성적 쾌감을 느끼며, 성기기에는 아동이 직접 자신의 성기를 접촉함으로써 성적 쾌감을 느낀다고 말했다. 프로이트는 모든 심리적인 현상을 이드에 잠재된 '성 본능'으로 설명했다.

②'자아'는 '초자아'의 명령에 따라 '이드'의 성 본능을

억압한다. '자아'는 개인의 사회적 활동과 관련된 정신 영역이다. 사회가 금기시하는 것과 성 본능과 같은 원시적 에너지는 늘 충돌한다. 자아는 의식적인 활동으로 이 양자 사이의 충돌을 조정해 주체가 주변 환경에 잘 적응하도록 도와주는 역할을 담당한다.

③'초자아'는 마치 아버지와 같이 자아를 지배한다. 인간의 윤리적 태도와 관련해 작동되는 정신 영역이 바로 '초자아'다. 종교도 초자아의 강화에 큰 역할을 한다. 초자아는 도덕적 억압을 자아에 가해 이드에 있는 '성 본능'이 자아로 올라오지 못하게 막는다. 초자아는 일종의 '양심'과 같은 것이다.

이드에 있는 성 본능은 계속해서 의식의 차원으로 올라오려 한다. 자아는 초자아의 명령에 따라 이를 다시 이드 영역으로 쫓아낸다. 이드로 쫓겨난 성 본능은 집요하게 다시 의식으로 잠입을 시도한다. 또다시 자아는 초자아의 개입에 힘입어 성 본능을 이드로 쫓아낸다. 여기서 이드에 있는 성 본능은 꿈이라는 우회로를 선택하기도 한다. 꿈속에서 성 본능은 또 쫓겨나지 않기 위해 다른 모습으로 위장해 나타난다. 프로이트의 심리 치료는 이러한 성격의 꿈 내용을 분석해 억압된 무의식적 본능을 풀어주는 데 집중되었다.

프로이트에 의하면 세 가지 정신 영역은 조화를 이뤄

야만 한다. 이드에 도사리고 있는 성적인 본능과 자아의 현실 감각, 그리고 초자아의 도덕의식이 잘 배합되어 있는 인간형이야말로 정신적으로 건강하다.

두 가지
원칙 사이에서

프로이트는 '에로스Eros'와 '타나토스Thanatos', 그리고 '현실원칙'과 '쾌락원칙(열반원칙)'이라는 도식을 제시했다. 에로스는 일반적으로 '사랑'을 의미하며, 다른 한편으로 고대 그리스 신화에서 말하는 '사랑의 신'을 지칭하기도 한다. 프로이트에게 에로스는 '성욕'과 가까우며 '삶의 충동'과 동의어다. 에로스란 분자로 낱낱이 분열될 수 있는 생명을 흩어지지 않도록 결집하는 어떤 힘이다. 에로스가 강할수록 생명의 물질적 요소들은 더 복잡한 양상으로 결집한다. 한편, 타나토스는 '죽음의 충동'으로 긴장을 없애 결국에는 유기체가 되기 이전의 상태로 되돌아가고자 하는 충동이다.

이어 '현실원칙'의 경우는 '자아', '이드', '초자아' 가운데 '자아'의 역할, 즉 사회적 현실과의 관계에서 작동되는 원칙이다. 그런데 프로이트가 특히 강조점을 둔 것은 '쾌락원칙'이었다. '쾌락원칙'은 불쾌감을 피하고 쾌감을 얻으려는 충동이며, 불쾌감은 흥분 양의 증가와 관련이 있고, 쾌감은 흥분 양의 축소와 관련이 있다. 또, '쾌락원칙'은 에너지의 수준을 일정한 양으로 계속 유지하려 하는 '항상성의 원칙'이기도 하다. 특히, 프로이트는 '쾌락원칙'이 죽음의 충동인 '타나토스'와 관련이 있다고 말한다. '쾌락원칙'은 삶의 불안정성을 생명 이전의 상태, 즉 무생물·무기물 상태의 안정성으로 유도한다. '쾌락원칙'이 작동되는 정신 영역은 무의식 에너지의 집합체인 '이드'다. 또한 '쾌락원칙'은 모든 흥분 양을 '제로^{Zero}'로 만든다는 맥락에서 '열반^{涅槃; Nirvana}원칙'이기도 하다. 프로이트가 '열반'이라는 용어를 사용한 이유는 스님들이 깊은 명상에 빠졌을 때 느끼는 고요한 쾌락을 '쾌락원칙'의 전형이라고 봤기 때문이다. 프로이트는 '쾌락원칙'의 쾌락 상태를 성관계가 갓 끝났을 때의 느낌에 비유하기도 했다.

> (……) 쾌락원칙은, 무생물계의 정지상태로 돌아가고자 하는 노력 (……) 이다. 우리가 얻을 수 있는 가장 큰 즐거움인 성행위가 고도로 강화된 흥분의 순간적 소멸과 연관되어 있다는 것을 우리는 모두 경험한 적이 있다.

프로이트는 지나치게 성적 요소를 강조했기 때문에 가장 아끼던 제자와 결별하는 아픔을 겪기도 했다. 다음 절의 주인공 칼 융이 프로이트의 수제자였다가 결국은 갈라서게 된 원인 가운데 하나가 바로 이 '성적인 본능'의 역할에 대한 양자의 견해차였다. 칼 융은 스승과 갈라선 이후 '분석 심리학'이라는 새로운 심리학을 탄생시킨다. 칼 융이 비록 프로이트와 갈라섰다고 하지만, 그의 분석심리학이 디디고 있는 원천은 다름 아닌 프로이트의 정신분석학이었다. 또한 프로이트는 향후 프랑크푸르트 학파를 비롯해 폴 리쾨르, 자크 라캉, 질 들뢰즈 등 많은 현대 철학자에게 막대한 영향을 끼쳤으며, 문학·예술 분야의 거장들에게도 커다란 영감을 주었다.

분석심리학의 탄생, 칼 융

◦ ◦ ◦

밖을 바라보는 자는 꿈을 꾸고,

내면을 바라보는 자는 깨어난다.

'집단 무의식'과 '개인 무의식'

그리고 자아를 통합하는 태고 유형은

바로 '자기 The Self'다. 인간은

'자기'를 잘 인식해야만 한다.

분석심리학의
탄생

　　　　　　　칼 융 C. G. Jung ; 1875~1961은 프로이
트와 함께 정신분석학을 대표하는 정신분석학자이다. 융은
초창기에는 프로이트를 추종하면서 그의 대를 이을 수제자
로 일컬어졌으나, 리비도를 바라보는 시각의 차이로 결별
하게 된다. 융은 프로이트와는 다르게 리비도를 성적인 의
미로만 한정하지 않고, 종교적 열정 등도 포괄하는 어떤 중
립적 에너지로 여겼다. 융은 프로이트와 결별한 이후 프로
이트의 정신분석학과 동양의 도가 사상 및 불교 사상 등을
혼합해 '분석심리학 Analytical Psychology'을 창시한다. 칼 융의 분
석심리학은 동양의 전통 사유를 매우 중시하면서 동양의
신화적 사유나 샤머니즘 등도 적극적으로 수용했다.

융은 자기의 사상을 완성된 이론이라고 생각하지 않았다. 그는 늘 이론의 보편타당성 여부보다는 개인마다 다르게 나타나는 구체적인 체험을 중시했다. 따라서 철학이나 심리학 이념도 이에 따라 제각각 다르게 나타날 수밖에 없다고 생각했다.

인간 마음의 본질이란 '바로 이것이다.'라고 콕 짚어서 말할 수 있는 성격이 아니다. 정신을 구성하는 근본적 실체는 알아낼 수 없으며, 우리는 단지 그것에 접근하기 위해 이런저런 방법을 시도할 수 있을 뿐이다.

융의 방법론은 크게 보아 두 가지다. 첫째는 '동시 발생론'이다. 융은 신비주의적인 현상에 관심이 많았다. 이런 그의 관점은 나중에 '뉴에이지' 운동에도 큰 영향을 끼친다. 융에 의하면 사건은 서로 인과 관계 없이 동시에 발생할 수 있다. 예를 들어 어떤 사람에 대해 생각하면 그 장본인이 나타나거나, 혹은 친구나 친척이 병드는 꿈을 꾸면 그 시간에 일이 일어나는 경우가 있다는 것이다. 융은 동시 발생론의 증거로 정신감응(텔레파시), 투시 등을 내세우기도 한다. 융에 의하면 우주에는 인과론으로는 설명할 수 없는 또 다른 질서가 존재한다. 둘째는 '확충법'이다. 융에 따르면 분석자는 철학·인류학·고고학·문학·예술·신화·종교 등 모든 지

칼 융

식을 동원할 수 있는 역량이 있어야 한다. 인간의 정신구조는 한두 가지 분석 도구로 분석할 수 없다.

인간의 두뇌는
귀신 들린 집

융은 '무의식'을 두 가지 범주로 나눴다. 첫째, '개인 무의식'이 있다. 이는 프로이트가 설명하는 무의식 개념과 통한다. 성 본능과 같이 원시적 본능은 '자아'에 의해 억압되어 '개인 무의식'에 쌓인다. 둘째, '집단 무의식'이 있다. '집단 무의식'은 사회적 경험과는 무관하며, 모든 인류가 공통으로 공유하는 보편적 무의식이다. '집단 무의식'은 프로이트에게는 없는 개념이다. '집단 무의식'은 태곳적부터 유전되어 전해져 내려오는 '원시적 이미지'이다. 사람의 뇌는 겹겹으로 되어 있다. 동물의 뇌 위에 혈거인의 뇌, 그 위에 호모 사피엔스의 뇌가 있는데, 동물의 뇌 제일 안쪽에는 도마뱀의 뇌가 자리한다. 따라서 융이 볼 때, 인간의 두뇌 안은 이 세상에서 제일 크고 무서운 '귀신 들린 집'이다. 시인 칼릴 지브란K. Gibran; 1883~1931의 시에도 이런 구절이 있다. "아직도 동굴 속에서 살아가는 혈거부족이 있으며, 우리들의 마음이 곧 동굴이라는 사실을 우리는 잊으면 안 된다." 무의식에는 무한한 가능성으로 향하는 에너지가 저장되어 있다. 그것은 떼어 버리는 게 아니라 생명의 원천이며 창조적 가능성을 지닌 것이다. 융은 세계 각지를 다니며 원시 부족이나 각 민족의 설화나 민담을 수집했다. 융에 따르면 원시인들은 쉽게 멍해지며, 몇 시간이고 그렇게 앉아 있는 수가 있다. 이들이 보이는 멍한 상태란 집단 무의식에 대한 부분적 체험이라는 것이 융의 해석이다. 융이 볼 때, 집단 무의식을 상징하는 가장 좋은 예 가운데 하나는 바로 물水이다. 그리고 융은 이를 동양의 '도道; Tao' 개념에 배정했다.

> 물은 가장 잘 알려진 무의식의 상징이다. 계곡에 있는 호수는 무의식이다. (……) 물은 '계곡의 신神; 谷神'이며, 그 성질이 물과 같은 '도道; Tao'의 수룡水龍이며 음陰에 흡수된 양陽이다."
>
> ——   『원형과 집단 무의식』

융에 의하면 생명에 대한 원천적 표상은 물이며 각자 개인의 마음속에 있는 생명의 근원에 대한 상像이다. 융은 또한 대모大母·조모祖母 등 '어머니'와 관련한 여러 상징도 무의식에 배정했다.

아니마
vs 아니무스

집단 무의식의 여러 내용은 '태고유형archetype'이라 불린다. 융이 말한 태고유형의 실례로는 재생·죽음·마법·영웅·어린이·신神·악마·노현인老賢人·어머니·거인·자연계의 대상(나무/태양/달/바람 따위)·수레바퀴·아니마/아니무스 등을 들 수 있다.

융은 태고유형이 존재한다는 근거로 자신이 진료한 환자의 사례를 들었다. 그 환자는 "눈을 반쯤 감으면 태양의 남근이 보이고, 머리를 좌우로 흔들면 남근도 흔들리는 것을 볼 수 있는데, 그 흔들림에서 바람이 생성된다."라고 말한다. 몇 년이 지난 후에 융은 고대 페르시아의 미트라교에서 그와 같은 이야기가 전해온다는 걸 알게 된다. 환자의 교육 수준으로 보았을 때 그 이야기를 알았을 가능성은 불가능에 가깝기 때문에, 융은 이 사례를 근거로 몇천 년의 시대와 문화를 뛰어넘은 인간의 보편적인 무의식을 확신했다.

아니마와 아니무스도 대표적인 태고유형이다. 융은 정신의 '내면'에 대하여 남자의 경우는 '아니마the anima', 여자의 경우에는 '아니무스the animus'라고 불렀다. 아니마란 남성 정신의 여성적 측면이고, 아니무스란 여성 정신의 남성적 측면이다. 모든 남성의 무의식에는 '여성적인 그 무엇'이 있고, 모든 여성의 무의식에는 '남성적인 그 무엇'이 도사리고 있다.

　남자가 지나치게 남성적 측면만을 나타내면 그의 여성적 특성은 무의식에만 머무르게 된다. 언뜻 보기에 상당히 용맹한 사나이가 내면은 연약하고 고분고분한 경우가 많은 것은 그 때문이다. 외면 생활에서는 지나치게 조심스러운 여자가 완강한 성질을 갖는 경우도 많다. 남자는 여성상을 유전적으로 가지고 있으며, 여기에 영향을 받아 특정한 여자를 받아들이거나 거부한다. 남자가 어떤 여성에 대해 매력을 느꼈을 경우, 그 여자는 그의 아니마의 여성상과 같은 특성이 있음이 분명하다. 반대로 남자가 혐오를 느꼈을 경우, 그 여자는 그의 무의식적인 아니마상과 모순되는 성질을 갖고 있을 것이다.

무의식과
가까워져라

　　　　　　융에 의하면 양면적 존재인 인간에게는 '그림자'가 존재한다. 그림자란 무의식 영역에 있는 어두운 분신이다. 그림자는 가장 동물적인 태고유형이다. 스티븐슨R. Stevenson; 1850~1894의 소설 『지킬박사와 하이드』에서 지킬박사의 어두운 분신은 괴물 '하이드'다. 흥부와 놀부, 콩쥐와 팥쥐, 파우스트와 메피스토펠레스 등 각국의 소설이나 설화에서 우리는 이러한 인격의 이중성을 많이 발견할 수 있다. 융은 인간이 자신의 동물적인 본능인 '그림자'와 잘 어울려야 한다고 말한다. 자아와 그림자가 잘 어울리면 개인은 활기와 강인성으로 충만할 것이다. 그러나 그림자가 지나치게 억압당하면 비참한 결과를 초래하기도 한다. 그림자는 생존을 위해 필요한 현실적인 통찰과 적절한 반응의 원천이 될 수 있다. 특히 그림자는 비상시에 필요하다. 우리가 즉각적으로 판단을 내려야 할 때 자아는 그 상황의 긴박성 때문에 어리둥절해 한다. 이때 무의식에 있는 동물적인 본능인 '그림자'가 긴급한 상황에 도움이 될 수 있다.

칼 융은 이렇게 말했다. "밖을 바라보는 자는 꿈을 꾸고, 내면을 바라보는 자는 깨어난다." 우리는 자기 내면을 깊숙이 탐험해야만 한다. 집단 무의식에는 개인적인 차원과 인류 차원의 모든 지식과 지혜가 고스란히 내장되어 있다. 융은 조화와 통합을 달성하는 수단으로 세상의 소란에서 벗어나 조용히 '명상'에 잠길 것을 강력히 권고한다. 그에 따르면 대부분의 창조적인 사람들은 무의식의 방대한 자원을 활용함으로써 생기를 되찾고자 자기 내면을 깊숙이 탐험한다.

대중들은 늘 파시즘을 욕망했다,
빌헬름 라이히

o o o

대중은 독재자에게 속지 않았다.

대중은 파시즘을 욕망하고 있었다.

우리는 이 군중 심리를 알아내야만 한다.

빌헬름 라이히의 『파시즘의 대중심리』는

우리에게 파시즘이 얼마나 매력적일 수 있는지를

보여주었다. 파시즘이 대중의 억압된 충동을

풀어주는 역할을 했기 때문이다.

프로이트로부터
버림받은 제자

빌헬름 라이히 [W. Reich ; 1897~1957]는
오스트리아의 유대인 가정에서 태어났다. 라이히는 어렸을
때 어머니와 가정교사 사이의 사랑을 아버지에게 얘기하는
바람에 어머니가 자살하는 불행을 겪었다. 그는 처음에는
빈 대학교에서 법학을 전공했으나 의학으로 전공을 바꾼
다. 그리고 프로이트로부터 직접 가르침을 받고 정신분석
학자가 된다. 그는 『파시즘의 대중심리』, 『성격 분석』, 『성
혁명』 등의 저술로 정신분석학의 새로운 지평을 열었다. 특
히 『파시즘의 대중심리』는 파시즘의 출현을 독재자의 강압
이 아닌 독재자를 '성 도착'으로 열망하는 일반 대중의 심
리에서 비롯된 것이라고 분석하면서, 학계에 신선한 충격

을 던져주었다. 이 책은 프로이트 사상과 마르크스 사상의 접목이라고 볼 수 있다.

라이히는 프로이트가 주장한 리비도 이론을 더욱 확장해 사회적 해방으로 승화시키고자 했다. 그는 자기만의 독특한 '오르곤 에너지' 이론을 내놓는데 프로이트로부터 크게 비난을 받는다. 개인에게는 스스로만의 능력으로 오르가슴에 이를 능력이 있으며, 이에 도달한 사람만이 건강하고, 그렇지 못하면 신경증에 이른다. 그의 이러한 관점은 끝까지 프로이트로부터 인정받지 못한다. 라이히는 자기의 이념을 실천하기 위해 공산당에 입당해 성 혁명을 부르짖지만, 이마저도 여의치 못해 결국 공산당에서 제명당한다. 이후에 그는 여러 나라를 전전하다가 미국으로 망명한다.

오르곤
에너지 축적기

미국에서 그는 자기의 생각을 더 구체화한다. 리비도를 생산할 수 있는 '오르곤Orgone 에너지 축적기'를 제작해 질병 치료에 응용하고자 한 것이다. 라이히는 '오르곤 에너지'가 구체적으로 측정 가능하다고 생각했다. 그에 의하면 오르곤 에너지는 푸른색을 띠고 있으며 성적으로 흥분한 개구리가 보라색으로 변하는 것이나, 적혈구의 푸르스름한 빛과 같은 자연 현상에서 관찰할 수 있다. 재밌는 점은 이를 객관적으로 검증하기 위해 아인 슈타인에게 조언을 구했는데, 뜻밖에도 그가 흥미를 보였다는 사실이다. 하지만 축적기를 직접 본 아인슈타인은 실험 방법에 객관성이 부족하다며 자리를 뜬다.

라이히가 볼 때 엄격한 기계적 법칙에 따라 우주를 설명하는 자연과학은 '우주의 생기'를 제대로 포착하지 못한다. 그는 우주적 생기가 암을 비롯한 각종 병을 고칠 수 있다고 생각했다. 라이히는 대기 중의 오르곤 에너지를 모으고 분리하는 연구를 계속 진행하면서, '클라우드 버스터 Cloud Buster'라는 새로운 실험 장치를 만들어내기도 했다. 라이히는 가뭄에 시달리는 농가를 구하기 위해 이것을 차에 싣고 다니며 실험을 했다. 이 기계에 비를 내리게 하는 기능이 있다고 믿었기 때문이다. 미국 메인주에서 한 실험에서 클라우드 버스터를 하늘로 향하게 하자 구름이 나타나 비가 내렸다는 기록도 있다.

라이히는 오르곤 에너지의 움직임을 연구해 '오르고노미 Orgonomie'라는 새로운 학문 영역을 구축했다. 오르고노미는 생물학, 의학, 물리학, 기상학 등을 아우르는 융복합 학문이었다. 그는 오르고노미를 통해 과학과 종교의 경계를 넘어서고자 했다. 그에게 신은 우주의 오르곤에 대한 인간의 인식이 구체적으로 투사된 것이며, 그리스도 자신도 우

빌헬름 라이히

주의 오르곤 힘과 직접 소통하는 능력을 지닌 존재였다고 보았다. 말년의 라이히는 오르곤 에너지에 의한 일원론의 입장을 견지한다.

라이히는 1956년 무허가 의료 치료기를 배포했다는 이유로 FDA(미국식품의약국)로부터 고발당해 펜실베이니아주 루이스버그에 있는 연방 교도소에 수감된다. 암 치료기로 오르곤 에너지 축적기를 판매한 것이 미국 의료법에 저촉되었기 때문이다. 이후 라이히는 교도소에서 심장 발작으로 사망했다.

대중들은
파시즘을 욕망한다

비록 라이히의 오르고노미 이론은 학계에서 인정받지 못했지만, 그의 파시즘 분석은 오늘날까지 탁월한 분석 체계 가운데 하나로 인정받고 있다. 『파시즘의 대중심리』는 독일의 나치당이 급성장해 집권에 성공한 직후인 1933년에 출간되었다. 이 책에서 라이히는 대중심리를 성 경제학 이론sex-economic theory으로 분석했다. 파시즘의 출현이 수천 년 동안 대중들의 원초적·생물학적인 충동이 억압되어 온 것과 관련이 있다는 것이다. 이 억압은 대중들이 비합리적 성격 구조를 지니게 만들었다. 라이히가 보기에 히틀러 체제는 게르만 제일주의라는 민족의 잘못된 이념 때문이라기보다는, 당시 대중들이 억압받은 욕구 속에서 발현시킨 것이다. 무솔리니와 히틀러는 억압받은 대중들의 리비도의 배출구를 살짝 열어 자신들을 위한 에너지로 활용하는 데 성공했다. 비록 대중들은 스스로 알아채지 못했지만, 독재자들을 성적으로 사랑하고 갈구했다.

라이히에 의하면 리비도는 두 가지 방향으로 흐른다. 첫째는 자신을 벗어나 세계로 향하는 방향이다. 이러한 중심으로부터 주변으로의 확장은 성욕의 발산으로 나타난다. 둘째는 자아로 후퇴하여 세계에서 멀어지는 방향이다. 이는 주변으로부터 중심으로의 반대 방향으로 리비도의 억압이다. 리비도가 쌓이면 밖으로 나가야 하는데, 억압하는 이성이 이를 틀어막고 있는 것이다. 이렇게 억눌린 리비도를 '오르가슴'으로 충분히 방출하지 못하면 인간은 '마조히즘' 상태에 이르게 된다. 만약 어떤 독재자가 대중들의 억압된 리비도를 발산시킬 적절한 방법을 안다면 그의 통치는 더욱 견고해질 것이다. 히틀러는 이런 대중들의 억압된 리비도를 발산하는 출구로 집회나 스포츠를 활용했다.

절대 통치자를 향한 대중들의 광신도적 지지는 곧 억압된 리비도의 발산이었다. 같은 혈연 공동체라는 의식, 같은 신을 믿는다는 의식, 가장 위대한 민족이라는 선민의식,

우리는 서로 화학적으로 끈끈하게 연결되어 있다는 동류의식 등은 독재자들이 대중들의 억압된 리비도를 자기에게 쏟아붓도록 하는 촉매제다. 이는 독재자가 원하는 정신적 전염을 집단에 퍼뜨려서 대중으로부터 열광적인 지지를 끌어냈다. 라이히의 분석이 신선한 이유는 파시즘 체제의 발생을 열악한 사회 환경이나 독재자의 폭력에서 찾은 게 아닌, 일반 대중의 심리구조와 병리적 현상에서 찾았기 때문이다. 라이히는 이렇게 말한다.

> 아니다, 대중은 속지 않았으며, 그때 그리고 그런 상황에서 그들은 파시즘을 욕망하고 있었으며, 설명해야 할 점은 군중의 심리적 욕망이다.

뛰어난 파시스트 지도자라면 인간의 '권력'에 대한 사랑을 '권력자'에 대한 사랑으로 돌리게 할 능력을 갖춰야 한다. 인간이라면 정도의 차이는 있겠으나 '권력'을 사랑한다. 하지만 라이히의 관점에서 이보다 더 근원적인 인간의 본능 충족 욕구는 누군가를 향한 '리비도'의 발산이다. 인간이 '권력'을 얻을 수 없을 때 할 수 있는 대리만족이 바로 '권력자'를 사랑하는 것이다. 대중이 어떤 지도자를 특별한 논리적 이유 없이 무턱대고 지지하고 사랑한다면, 이것이야말로 파시즘의 전조가 아닐까?

오이디푸스 콤플렉스

고대 그리스 극작가 소포클레스 Sophocless ; BC 497~406가 지은 『오이디푸스 왕』의 줄거리는 다음과 같다. 테베의 왕 라이오스에게 점쟁이는 장차 태어나는 아들이 아버지를 살해하고 어머니를 취하는 패륜아가 될 것이라 예언한다. 라이오스는 왕비인 이오카스테가 아들을 낳자 인적이 드문 깊은 산 속에 버린다. 그런데 응당 죽었어야 할 아기를 한 목동이 발견한다. 목동은 이 아이를 자식이 없던 코린트 왕 폴리버스에게 바친다. 이후 건장한 젊은이로 자란 오이디푸스는 어느 날 길을 가다가 어떤 귀인의 행차에 부딪히고 시비가 붙는다. 오이디푸스는 그만 귀인을 죽이는데 그가 바로 오이디푸스의 아버지인 테베의 왕 라이오스였다. 오이디푸스는 그가 자기 아버지라는 사실을 전혀 모른 채 테베의 통치자가 되고 홀로 남은 왕비와 결혼한다. 나라에는 불행한 일들이 끊임없이 닥친다. 이상히 여긴 오이디푸스는 점쟁이를 찾아가 그 원인을 묻는다. 점쟁이는 이 나라에 아버지를 죽이고 어머니와 같이 사

는 패륜아가 있어 재난이 그치지 않는다고 말한다. 오이
디푸스는 그가 누구냐고 물어도 점쟁이는 대답하지 않는
다. 오이디푸스가 점쟁이에게 누군지 알려주지 않으면 죽
이겠노라고 위협하자, 점쟁이는 할 수 없이 그 패륜아가
바로 당신이며 지금의 부인이 당신의 어머니라고 말한다.
이 사실에 충격을 받은 이오카스테는 목을 매 자살하고,
오이디푸스는 죽은 어머니의 옷에 붙어 있던 황금 브로치
로 자기의 두 눈을 파낸다. 프로이트의 유명한 '오이디푸
스 콤플렉스Oedipus Complex'개념은 바로 이 비극의 주인공
이름을 딴 것이다. 오이디푸스 콤플렉스란 남근기(3~5세)
에 접어든 남자아이가 아버지를 경쟁 상대로 생각하고 어
머니를 성적으로 사랑하는 심리를 말한다. 아이는 어머니
와 결합하려는 자신을 아버지가 방해한다고 생각해 아버
지를 적대적인 존재로 생각한다. 하지만, 아버지가 자기
보다 모든 면에서 우월하고 자기의 남근을 거세할지도 모
른다는 공포감에 어머니에 대한 성적 감정을 거둬들인다.
이제 아이는 아버지를 선망의 대상으로 바라보기 시작한
다. 그는 아버지와 자기를 동일시하면서 오이디푸스 콤플
렉스를 극복한다. 프로이트는 이 오이디푸스 콤플렉스를
정신 발달의 중요한 전환점으로 제시했다.

11장.

현상의 본질을
탐구하다

현상학의 창시자, 후설

° ° °

후설이 남긴 4만 5천 장의 방대한 원고가
나치에 의해 불태워질 위기에 처하자
벨기에의 신부 판 브레다는 그의 원고를
벨기에 루뱅 대학으로 옮긴다.
곧바로 후설 아카이브가 창설되고,
1950년부터 후설의 전집이 발간되기 시작해
지금까지도 계속 읽히고 있다.

사태

그 자체로

에드문트 후설 E. Husserl ; 1859~1938 은
'현상학'의 창시자다. 그는 오스트리아 메렌주 프로스니츠
에서 유대인 상인의 아들로 태어났다. 1901년에 괴팅겐 대
학의 교수가 되었으며, 1916년에 프라이부르크 대학으로
옮겨 1928년에 정년 퇴임했다. 이후 1930년, 그는 유대인
이라는 이유로 나치로부터 혹독한 핍박을 받는다.

후설은 어떻게 해야 현실의 본질을 있는 그대로 바라
볼 수 있을지 고민했다. 그에 의하면 현실은 어떤 특정한 선
입견이나 형이상학적 기준에 의해 파악되어서는 안 된다.
약간 난해한 표현이 되겠으나 현상학을 가장 간단하게 규
정해 보면, 현상학이란 '스스로 나타나는 것 Phenomenon'에 관

에드문트 후설

한 학문이다. 후설이 말하는 '현상'이란 곧 '의식 현상'을 의미한다. 후설은 종래의 주관과 객관의 대립을 극복하고, 나아가 경험론과 합리론의 대립도 이겨내고자 했다. 현실을 선입견 없이 '있는 그대로' 파악하기 위해서는 일단 의식이 투명해야 한다. 여기서 말하는 투명한 의식이란 판단을 그르칠 수 있는 여러 기억이나 편견이 최대한 배제된 정신 상태를 의미한다. 안경알에 얼룩이 없어야 사물을 왜곡 없이 바라볼 수 있듯이, 잔잔한 물결이 하늘에 떠 있는 달을 잘 비출 수 있듯이, 대상을 명증하게 바라볼 수 있도록 의식을 비워두어야 한다.

현상학에서 내세우는 핵심 슬로건은 '사태 그 자체로'다. 현실은 아무런 전제나 가설 없이 단적으로 '직관'되어야 한다. 여기서 '직관'이란 판단이나 추론을 거치지 않고 대상을 직접 인식하는 것을 가리킨다. 현상학적으로 바라본다는 말은 세계를 '있는 그대로' 파악하는 것을 말한다.

판단중지와
지향성

후설의 생각을 구체적으로 탐색해 보자. 현상학이 다루는 주메뉴는 '대상'과 '의식' 사이에 벌이지는 관계다. 소 한 마리가 묶여 있다고 하자. 정육점을 운영하는 어떤 사람이 지나가다 소를 보고 이리저리 모양과 특색을 살핀다. 또 동물 보호 운동가는 소를 보고 억울한 누명을 쓰고 감옥에 갇힌 사람을 떠올린다. 이처럼 우리는 똑같은 대상을 보더라도 자기의 지식이나 세계관, 혹은 직업에 따라 다양하게 반응한다. 이는 분명 주관적임에도 객관적인 진리라고 생각한다. 이런 판단과 생각이 만나 서로 대화를 나눌 때 접점을 찾기란 쉽지 않다. 누구나 자기의 생각을 가장 '객관적'이라고 여기기 때문이다. 후설의 처방은 일단 이렇다. 모든 것을 담아내는 절대 기준을 찾기란 어렵기에 우리는 하나의 대상이 각자 다르게 인식되고 의미화된다는 사실을 인정하는 태도부터 지녀야 한다는 것이다.

대상에 대한 '의미화'는 사람마다 제각각이기에 우선 이 사실들을 괄호 안에 넣고 '판단중지 Epoche'해야만 한다. 여기서 말하는 '괄호 안에 넣기'란 결론을 내지 말고 비워두자는 의미다. '판단중지'는 후설의 가장 중요한 방법론 가운데 하나로, 현상학자가 취해야 할 학문 방법의 기본이다. 우리는 종래의 형이상학이 자명한 것으로 주장하던 신·이성·논리 법칙 등에 대해 '판단중지'를 해야 한다. 이렇게 일단 '판단중지'를 해 놓고 차근차근 다시 따져봐야 한다. 이렇게 차근차근 다시 따져보는 태도가 바로 현상학의 핵심 슬로건인 '사태 그 자체로'다.

'판단중지'는 '대상'과 '의식'이 갓 만나기 시작한 지점으로 돌아가기 위한 수단이다. 바로 그 지점으로 돌아가 '대상'과 '의식'이 만나는 상황을 정밀하게 관찰해 보는 것이다. 이렇게 '대상'과 '의식'이 만나는 상황으로 돌아가는 것을 후설은 '현상학적 환원'이라 불렀다. 후설답게 다시 표현하면, 참다운 인식을 위해서는 사태에 관한 근원적인 인식, 즉 '지향성'이라는 사태 자체로 귀환해야만 한다. 의식이란 언제나 '어떤 대상에 대한 의식'이기에 의식의 본질은 '지향성'이다.

모든 '의식'은 어떤 '대상'을 전제로 한다. '대상'과 그것을 향한 '의식'의 '지향성Intentionality'은 같이 맞물려 돌아간다. 누군가에게 욕을 하고 싶다면 욕할 대상이 있어야 한다. 욕할 대상이 어디에 있든지 현상학에서는 똑같이 '대상'이라 부른다. 예를 들어 "캠핑 가고 싶다."라는 나의 욕망은 '캠핑'이라는 대상과 '가고 싶다'라는 의식이 만나 이루어진다. 또 하나의 예시를 들어보자. 마스크를 착용한 사람이 두 명 있다. 한 사람은 가끔 보는 사람이고, 또 한 사람은 내 동생이다. 나는 길거리에서 이 사람들을 만났다. 그런데 가끔 보는 사람의 경우 마스크를 썼기 때문에 못 알아볼 확률이 높다. 하지만 동생의 경우 가끔 보는 사람과 똑같은 조건이어도 잘 알아본다. 가끔 만나는 사람보다 내 동생에 대한 나의 '지향성'이 훨씬 크기 때문이다.

노에시스와
노에마

'의식'이 짬뽕이라는 '대상'을 보았을 때 '먹고 싶다.'라는 의미가 형성된다. 이때 우리의 '의식'을 '노에시스 Noesis'라고 한다. '의식'이 짬뽕이라는 '대상'을 만나 형성된 '먹고 싶다.'라는 의미는 '노에마 Noema'라고 부른다. '노에시스'는 '사유'라는 의미의 희랍어이고, '노에마'는 '사유가 된 것'이라는 의미이다. 다시 사전적으로 이 개념을 정의하면, '노에시스'란 무엇에 관한 의식의 지향성 혹은 의식 작용이다. '노에마'란 의식이 향하는 무엇이자 의미로 충만한 의식 내용이다.

모든 대상에는 각기 다른 노에시스가 있다. 우리의 '의식'이 '대상'을 만나 의미를 형성하는 정신 과정은 매 순간 일어나 엄청난 '노에마'를 양산한다. '노에마-노에시스' 작용은 끊임없이 반복되어 내면에 계속 쌓인다. 쌓인 노에마는 다른 의식 작용에도 연쇄적으로 영향을 끼친다. 주체는 점점 더 자기만의 '주변 세계'와 '지평'을 구축한다. 후설은 수많은 사람의 '지평'이 융합된 것을 '생활세계'라고 불렀다. '생활세계'는 한국인의 생활세계, 미국인의 생활세계 등 무수히 존재한다.

후설은 과학만능주의로 인해 우리의 생활세계가 망가졌다고 생각했다. 과학만능주의라는 저급한 실용주의는 과학의 위기임과 동시에 학문 자체의 위기이기도 하다. 그는 망가진 생활세계를 복원하는 것을 자신의 과업으로 삼았다. 근대의 과학만능주의는 생생하게 살아 숨 쉬는 '생활세계'를 하나의 물건처럼 만들어버렸다. 여기에 인간도 함께 물건처럼 된다. 특히 근대 물리학은 우리가 살아가는 생활세계를 수학적 수치로 환원하고 계량화하여 이념적인 것으로 포장해버렸다. 후설에 의하면 모든 학문은 생활세계를 복원하는 방향으로 다시 구축되어야만 한다. 생활세계는 물리학적 개념으로 추상화될 수 없는 '직관'되어야만 하는 세계이다. 사람들은 '고향 상실'의 시대를 살아가고 있다. 후설은 이 위기를 치유하고자 했다. 이러한 후설의 문제의식은 특히 오늘날과 같이 생태 환경이 처참하게 훼손되고 있는 현실에서 좋은 지침이 될 수 있다.

존재를 제대로 인식하자,
하이데거

∘ ∘ ∘

'세계'는 단순히 모든 '존재자'의 종합이 아니다.
인간이든 동물이든 물건이든 각 존재자가
드러나기 위해서 미리 존재해야만 하는
어떤 지평이다. 다른 한편, '세계'는
현존재의 구체적인 '실존' 수행을 통해
존재하게 된 것이기도 하다. '현존재'는 '세계'가
필요하고, 또 '세계'도 '현존재'가 필요하다.

나치에 협력한
천재 철학자

마르틴 하이데거 ^{M. Heidegger ;}
1889~1976는 독일 서남부의 슈바르츠발트에 있는 메스키르히의 가난한 집안에서 태어났다. 원래는 대학에서 신학을 공부해 사제가 되려 했으나, 생각을 바꿔 철학을 전공으로 선택한다. 그는 1919년에 에드문트 후설의 조교로 발탁되었으며, 1923년에는 마부르크 대학의 교수가 된다. 1928년에는 후설의 후계자로 프라이부르크 대학으로 자리를 옮겼다.

하이데거의 삶에서 치명적인 약점은 그가 나치 지지자였다는 사실이다. 그는 후설이 교수 자리를 물려주었음에도, 유대인이라는 이유로 핍박받던 스승을 돕지 않았다.

1933년부터 1934년까지 프라이부르크 총장직을 수행한 하이데거는 히틀러의 행적에 회의를 느끼고 1년 만에 총장직에서 물러난 것으로 알려져 있으나, 그가 나치에 협력했다는 사실 자체는 변함이 없다. 하이데거는 프라이부르크 대학의 총장으로 재직하던 당시 「독일 학생들에게」라는 글을 발표하기도 한다.

> 매일, 매시간 진실한 복종의 의지가 확고해집니다. (……) 총통만이 오늘과 내일의 독일 현실이며, 또 이 현실의 법입니다. (……) 하일 히틀러!

하이데거는 히틀러가 "나치 혁명은 완성됐다."라고 하자, "진정한 나치 혁명은 아직 시작되지도 않았다."라는 견해를 밝혔다고도 전해진다. 이는 그가 나치에 수동적으로 어쩔 수 없이 참여한 것이 아니라, 나름대로 신념을 가지고 나치 정권에 협력했을 수도 있다는 혐의를 갖게 만든다.

현존재의 본질은
실존에 있다

하이데거가 가장 집요하게 파고들어간 문제는 '존재란 무엇인가?'였다. 하이데거에게 명성

마르틴 하이데거

을 가져다준 그의 주저 『존재와 시간』이 바로 이 '존재' 문제를 심도 있게 다룬다. 우리는 '마우스가 있다.', '개가 있다.'와 같이 뭔가가 '있다'라고 말한다. 그런데 여기서 '있다'가 과연 무엇일까? 우리는 무엇인가가 '있는 것'을 너무도 당연하게 받아들이지만, 사실 '있는 것'이라는 현상, 다시 말해 '존재'에 대해 우리는 잘 알지 못한다. 하이데거는 그동안의 철학이 '존재' 문제를 잘못 다루어왔다고 말한다. 하이데거는 그동안의 형이상학을 '존재 망각의 역사'라고 말했다. 하이데거는 '존재자'와 '존재'를 구분했다. '존재자'란 현실에 존재하는 사물 자체를 말한다. 나무, 책상, 양승권 등은 '존재자'다. 한편, '존재'는 '존재자'가 그렇게 존재하도록 만드는 어떤 근거를 가리킨다. 그동안의 서양 형이상학은 '있음(존재)'을 '있는 것(존재자)'과 구별하지 않았다.

　하이데거에 의하면 인간은 자신의 '존재'를 문제 삼는다는 점에서 동물과는 근본적으로 다르다. 동물은 본능만 충족되면 큰 불만을 품지 않는다. 하지만 인간은 본능이 충분히 충족되어 있어도, 권태에 빠지거나 삶에 회의를 느낀다. 인간은 현재 자신이 살아가는 삶에 만족하지 못하고 어떻게 존재해야 하는지에 대해서 사색하고 고뇌한다. 이렇게 자신의 존재를 문제 삼을 수 있는 인간만의 특성을 하이데거는 '실존Existenz'이라고 했다. 하이데거는 인간을 '현존재Dasein'라고 불렀다. '나'는 세계와 섞이는 방식에 따라 매

번 다르게 존재한다. 그때그때 세계와의 섞임에 의해 발현
되는 '나'가 바로 '현존재'다.

다시 정리해 보자. '실존'이란 인간이 삶에 대해 무의
미함을 느꼈을 때 진정한 삶의 존재 방식이 무엇인지 고민
하는 태도를 말한다. '현존재'란 세계와 만나는 각각의 국
면에 따라 매번 다르게 나타나는 '나 자신'을 의미한다. '현
존재'는 각각 '나 자신'이 존재하는 독립체다. 하이데거가
말하는 '현존재'를 그냥 '인간'이라 생각해도 무방하다. 하
이데거는 인간이라는 용어 사용을 꺼렸다.

하이데거에 따르면, 인간을 제대로 파악하기 위해서
는 추상적으로 접근하면 안 된다. "인간은 이성을 가진 존
재다." "인간은 정치적 존재다." 등과 같이 말이다. 인간은
항상 그가 처한 특수한 상황 속에서 바라봐야만 한다. 우리
는 바로 그 시간에 그 상황에서 그렇게 존재한다. 다른 시
간이나 다른 상황에서는 다른 방식으로 존재할 것이다. 하
이데거는 인간이라는 말이 너무 추상적이어서 인간의 본질
을 잘 드러내지 못한다고 생각해 '현존재'란 말을 고집했다.
인간, 즉 '현존재'는 항상 다른 '존재자'들과의 관계 속에서
만 '존재'한다. '현존재'는 세계와 떨어질 수 없을 정도로
친숙하게 얽어져 있다. 인간이든 동물이든 이유는 모르지
만, 이 지구라는 별에 던져졌다. 동물의 경우 이유를 묻지
않지만, 인간은 반드시 이유를 묻는다. 즉 인간이란 동물과

다르게 '현존재'이자 '실존'으로서의 존재자다. 이를 두고 하이데거는 "현존재의 본질은 실존에 있다."라고 말한다.

우리는 어떻게
'존재' 해야 할까?

인간은 '우선은' 얄팍하고 산만한 삶을 살아가는 존재다. 우리는 '대체로' 깊은 사색을 요구하는 경험보다는 말초적인 본능을 충족시키는 경험을 선호한다. 그런데 이 경우 말초적인 본능이 충족되면 그것으로 끝이 아니라 말초적인 호기심을 자극하는 또 다른 대상을 찾기 마련이다. 어떤 상황이나 사태와도 진득한 관계를 맺지 못하고 더 자극적인 상황이나 사태를 계속 원한다. 이런 삶은 자기가 어떻게 '존재'해야만 하는지 고뇌하지 않는 부평초와 같은 삶이다. 인간 사이에서 벌어지는 대화도 진지함이 모자란 그저 잡담만 난무할 뿐이다. 지금 겪는 권태감이나 허무감이 신선한 자극이 없기 때문이라고 생각해 미친 듯이 계속 주위를 둘러본다. '현존재'는 '실존'하는 인간, 즉 자신이 어떻게 존재해야 하는지 진지하게 고민하는 존재가 되어야 하는데, 권태감과 허무감에서 벗어나기 위해서 더 큰 자극만을 찾는다.

인간으로서 '현존재'는 자신의 본질이 무엇인지 끊임

없이 문제 삼고 질문해야만 한다. 모든 시대는 특유의 '존재' 이해를 보인다. 예컨대 중세 시대에서 존재자가 '존재한다.'라는 것은 '신의 피조물로서 존재한다.'라는 의미이다. 중세 시대는 철저하게 기독교 이데올로기에 의해 작동되던 시대였기 때문이다. 현대 과학 기술에서 존재자가 '존재한다.'라는 것은 '물리적인 에너지들의 집합체로 존재한다.'라는 것을 의미한다. 하이데거에 따르면 '존재자'가 어떤 방식으로 '존재'하는지에 대해 연구해야만 그 시대를 정확히 이해할 수 있다.

하이데거는 현대 과학 기술 분야의 인간 이해에 대해 강하게 문제를 제기했다. 그가 볼 때 현시대는 '존재'에 대해 잘못 이해하고 있다. 인간은 자신을 만물의 영장이라고 생각하면서 외부 자연을 마음대로 개발할 수 있다고 생각하지만, 정작 과학 기술 만능주의 시대에서 인간 본인도 일종의 에너지로 취급당하면서 상품화되고 있다. 하이데거의 관점에 의하면, 현대 과학 기술은 인간을 상품 가치로 환원 가능한 에너지로 바라볼 뿐 아니라, 우리가 사는 세계도 하나의 에너지 집합체로 간주한다. 과학 기술이 인간을 위한 도구였던 것이 거꾸로 전도되어 인간이 과학 기술의 발전을 위한 도구가 된다. 하이데거는 현대문명에서 이렇게 잘못 '존재'하는 인간의 실상을 폭로하고자 했다.

죽음을 삶의 촉진제로 삼자

○ ○ ○

'죽음'이란 피해갈 수 없는 극한의 사태이기에,
현존재가 '실존'할 수 있는 적극적인 계기로
작용한다. 우리가 죽음을 향해 가고 있다는
사실을 인식하는 것은 새로운 존재로
도약할 수 있는 계기다.

염려하는
인간

　　　　　세계에는 수많은 '도구'가 존재
한다. 이 '도구'는 의미 없이 존재하는 게 아닌, 서로를 위
해 존재한다. 예컨대 망치는 못을 박기 위해 존재하고, 못
은 물체를 고정하기 위해 존재한다. 이런 도구 사이의 관계
를 하이데거는 '도구연관'이라고 불렀다. 이 '도구연관'은
'염려 Sorge'에 의해 성립한다. '염려'는 '현존재'의 존재 양식
이다. 이를테면, 겨울 등산을 갈 때 핫팩을 넉넉하게 챙기
는 이유는, 사고가 났을 경우 구급대원이 올 때까지 무사히
'존재'해야 하기 때문이다. 자기 존재를 '염려'하기에 '핫
팩'이라는 도구를 챙기는 것이다. 하이데거에 의하면 세계
란 이러한 '염려'가 촘촘하게 상호 연계된 관계의 총체다.

하이데거는 전통적인 방식의 인간에 관한 규정에 의문을 제기했다. 이제까지의 철학은 인간의 존재 양상을 사유·정신·이성·인격·지성 등으로 표현해 왔지만, 이것은 인간의 존재 양상을 정확히 드러내지 못한다. 독특하게도 하이데거는 인간의 존재 양상을 '염려'하는 존재인 '현존재'로 표현했다.

하이데거는 『존재와 시간』에서 '쿠라 Cura' 여신 신화로 '염려'의 개념을 풀어낸다. '쿠라 Cura'는 영어로는 'care 돌봄'이다. 하루는 쿠라 여신이 강을 건너다 점토를 발견했다. 그녀는 점토 한 덩어리를 떼어내 빚기 시작했다. 자신이 빚은 점토를 바라보며 곰곰이 생각하는데, 로마 최고의 신 유피테르 Jupiter; 주피터가 다가온다. 쿠라는 자기가 빚어놓은 점토 덩어리에 영혼을 불어넣어 달라고 유피테르에게 부탁하고, 유피테르는 흔쾌히 승낙한다. 쿠라가 이것에 자기 이름을 붙이려 하자 유피테르가 이의를 제기하며 '유피테르'라고 불러야 한다고 요구한다. 이 둘이 이름 붙이는 문제로 다투는데, 대지의 여신 텔루스 Tellus가 나타나 쿠라가 빚은 점토 형상에는 대지인 자기 몸 일부가 사용되었으니 자신의 이름이 붙어야 한다고 주장한다.

신들은 다툼 끝에 문제 해결을 위해 시간의 신이자 농경의 신인 사투르누스 Saturnus를 재판관으로 데려온다. 사투르누스는 이렇게 판결을 내린다. "유피테르여! 그대는 영혼을 주었으니 그가 죽을 때 영혼을 받으시오. 텔루스, 그대는 육체를 선물했으니 그가 죽을 때 육체를 받아 가시오. 하지만 쿠라는 이 존재를 최초로 만들었으니, 이것이 살아 있는 동안 소유하시오. 그리고 이름 붙이는 문제로 분쟁이 발생한 것인바, 그것이 후무스Humus; 흙로 만들어졌으니 앞으로는 '호모Homo; 인간'라고 부르시오."

신화에서는 인간을 흙으로 빚어낸 신이 쿠라였기 때문에, 인간은 평생 '염려'를 자기 안에 간직하게 되었다고 말한다. 인간은 늘 자기 자신을 염려하고 또 가까운 주변 존재자들을 염려하며 살아가는 존재인 것이다.

이유나 대상 없이
찾아오는 불안

현존재의 실존 범주로서 '염려'는 단순한 걱정이나 근심 같은 차원이 아니다. 하이데거는 현존재가 가진 '염려'의 탁월한 방식을 '근본기분'으로서의 '불안'이라 말한다. 우리는 아무런 걱정이 없는데도 어떤 불안에 사로잡힐 때가 있다. 이러한 성격의 불안은 나라는 존재를 심층적으로 바라볼 때 생겨난다. 현존재는 불안을 통해 '나는 누구인지', '왜 없지 않고 나는 존재하는지' 등을 묻는다. 불안은 현존재가 실존하도록 한다. 그런데 이 불안을 공포와 혼동해서는 안 된다. 우리가 공포에 젖기 위해서는 공포를 불러일으키는 대상이 필요하다. 산길을 걸어가는데 앞에서 갑자기 멧돼지가 나타나면 당연히 공포에 사로잡힐 것이다. 하지만 창가를 때리는 빗줄기를 바라보며 멍하니 앉아 있는데도 아무런 이유 없이 어떤 불안이 찾아올 수 있다. 이유나 대상 없이 찾아오는 불안, 이를 하이데거는 이렇게 표현했다.

불안은 무無를 드러내게 한다.

우리는 '우선' 자기 존재가 과연 무엇인지 질문하려 들지 않는다. 시선을 안으로 돌리기보다는 바깥으로 돌려 새로운 자극을 찾는다. 특별한 이유도 없는데 틈만 나면 휴대폰으로 무언가를 검색한다. 별 의미도 없는 가십에 눈이 팔리거나, 자기 정체성을 잃고 대중의 생각에 영합한다. 또지인과 만나도 주변 사람에 대해 험담을 늘어놓으면서 수다를 떤다. 사람들은 침묵을 두려워한다. 침묵에 빠지거나 내면을 관조하게 되면, '죽음'을 떠올리게 되기 때문이다.

죽음으로의
선구

현존재의 '죽음'은 그가 겪을 수 있는 가장 큰 사건이다. 그에 저항할 수 있는 수단이 없기에 속수무책의 사태다. 누구도 나 대신 죽어줄 수 없고, 언제 죽는지도 알 수 없다. 그 어떤 상황과도 대체 불가능한 극한의 고독이 밀려온다. 아무리 가까운 사람의 죽음이라 해도 우리는 그 사람이 내면에서 무엇을 체험하는지 알 길이 없다. 하지만 '죽음'이란 피할 수 없는 극한의 사태이기에, 현존재가 실존할 수 있는 적극적인 계기로 작용하기도 한다. 우리가 사는 세계는 수많은 도구가 촘촘한 관계로 묶여 있다. 현존재가 자기의 본질을 묻는 '실존'은 이러한 성격의 '목적 연관의 전체'에서는 나타날 수 없다. 그것은 현존재의 '죽음으로의 선구先驅: 앞서 달려 나가기'에 의해서만 발견될 수 있다.

그러나 대부분의 사람들은 죽음에 적극적으로 선구하지 못한다. 현존재는 인간은 언젠가 죽지만 나는 아직 죽지 않았다고 자기 스스로를 안심시킨다. 이 경우 현존재에게 죽음이란 자기 일이 아니라 남의 일로 여겨진다. 하이데거는 '죽음의 경험'이라는 표현을 쓴다. 이 말은 인간이 이미 죽음에 내던져져 있다는 사실을 깨닫는 것을 의미한다. 죽음이란 언제든 닥칠 수 있다는 것을 이해해야 현존재가 도약할 수 있다. 죽음이란 현존재의 '가장 고유하고 극단적인 대체될 수 없는 가능성'이다.

현존재가 내일 당장 죽는다고 가정해 보자. 이제 현존재는 자신의 가장 고유한 존재 가능성에 직면하게 되었다. 현존재에게 어떤 일이 벌어질까? 일단 죽음이 상정되면 나머지 이슈들은 모조리 하위 체계로 밀린다. 일상 속의 산만한 욕망은 하찮은 것으로 치부된다. 죽음은 현존재에게 최고의 심급이기 때문이다.

하이데거는 죽음을 불편한 것으로 생각하지 말고 단호하게 직면해야만, '진정한 자기'가 개시될 수 있다고 말했다. 이때 '죽음으로의 선구'란 곧 어떤 삶이 나의 고유한 본질을 드러내는지 치열하게 고뇌하는 것을 의미한다. 존재의 고유한 본질을 드러내는 죽음이라는 극단적 심정을 통해 기존의 삶 속에서 지녀왔던 산만한 가치를 걷어내고, 진실로 중요한 것만을 남겨야 한다. 현존재가 이런 노력을 꾸준히 하면 나를 둘러싼 '세계'가 이전과는 다르게 다가올 것이다. 세계는 내가 고유한 본질을 드러내기 위한 최적의 장소로 탈바꿈된다. 우리가 세계로부터 받는 영향보다, 세계에 대한 우리의 '의견'이 나에게 더 큰 영향을 끼치는 법이다. 죽음은 세계에 대한 '의견'을 변화시키고, 나와 같은 세계에 속한 주위 사람들에 대한 소중함을 일깨워준다.

하이데거는 자발적으로
나치에 협력했을까?

하이데거는 나치에 협력했다. 그렇다면 혹시 하이데거 철학과 나치즘에 어떤 유사성이 있는 것은 아닐까? 표면적으로 보았을 때 세 가지 정도를 꼽아볼 수 있다. ① 먼저 하이데거 철학과 나치즘은 근대 기술 문명에 비판적인 견해를 가졌다. 하이데거는 미국 자본주의와 소련 공산주의가 근대적 기술 문명을 극단적으로 발전시키면서 인간을 기계 부품과 같은 존재로 전락시켰다고 비판했다. 나치는 미국과 소련 모두와 전쟁을 벌였기 때문에, 하이데거에게 나치는 근대 기술 문명의 문제점을 해소할 대안으로 비쳤을 가능성이 있다. ② 하이데거와 나치 모두 민주주의를 부정하고 엘리트주의를 표방했다. ③ 둘 다 독일 민족의 우수성을 강조했다. 하이데거는 독일 민족이야말로 고대 그리스 문화를 이어받을 적장자라고 생각했다. 하이데거는 나치 정권 내내 히틀러와 나치에 대해 지지 발언을 하고 다녔다. 그리고 1945년까지 나치 당적을 유지했다. 특히 하이데거의 비밀일기인 『검은 노트』가 나중에 발견되는데, 이 기록을 보면 하이데거의 친나치 행적이 적나라하게 기술되어 있다. 『검은 노트』는 2014년에 출간되어 학계에 큰 충격을 준다. 『검은 노트』는 누군가의 강요로 쓰인 게 아니라 하이데거 스스로 자기 생각을 솔직하게 피력한 개인의 일기다. 이 노트에는 나치즘에 대한 찬양과 유대인에 대한 증오가 기재되어 있다. 결과적으로 하이데거는 전쟁이 끝난 후에도 큰 처벌을 받지 않았다. 독일 패전 후 개최된 나치 협력자를 가려내는 청문회에서, 그의 제자이자 애인이었던 유대인 철학자 한나 아렌트Hannah Arendt ; 1906~1975의 증언에 힘입어 처벌을 피했다. 2차대전 때 나치에 대항해 직접 레지스탕스 활동을 하기도 했던 사르트르J. P. Sartre ; 1905~1980도 하이데거 구명을 위해 발 벗고 나섰다. 이후 하이데거는 얼마간의 공백기를 거친 다음, 학계에 복귀하는 데 성공한다. 하이데거가 나치에 협력한 이유는 그가 순진해서였을까? 아니면 자기가 볼 때 미숙해 보였던 나치 이데올로기를 세련되게 다듬어주기 위해서였을까?

12장.

현대 사회 철학,
그리고 니체의 계승자들

세상을 해석하지 말고 변혁하자,
마르크스

. . .

마르크스의 묘비에는

다음과 같은 문장이 쓰여 있다.

"만국의 노동자여 단결하라."

"세상의 철학자들은 세계를 다양한 방식으로

해석하기만 했다. 하지만 중요한 것은

세상을 바꾸는 것이다."

철학을 사회 혁명으로
승화시키다

마르크스 K. Marx ; 1818~1883 는 1818년 라인강 근처에 있는 트리어Trier의 부유한 유대인 법률가 집안에서 태어났다. 마르크스는 17세가 된 1835년에 본 대학의 법학부에 입학한다. 대학 시절에는 엄청난 독서광으로 유명했고, 수많은 시를 지어 문학도의 면모를 보이기도 했다. 하지만 대학 시절의 마르크스는 사고뭉치이기도 했다. 다른 학생과 결투를 벌이다 다치기도 하고, 술 마시고 난동을 부리다 철장 신세를 지기도 했다. 아버지는 이런 마르크스를 보다 못해 당시 최고의 명문이었던 베를린 대학으로 전학시킨다. 마르크스는 이 시기부터 헤겔 사상에 깊은 관심을 보인다. 철학자의 삶이 시작된 것이다.

마르크스

당시 헤겔 철학의 추종자들은 헤겔 우파와 헤겔 좌파로 나뉘었다. 헤겔 우파는 그 자체로 궁극적인 완성이라고 바라보면서 주로 헤겔 철학에 관한 해석에 집중했다. 한편, 헤겔 좌파는 헤겔 이론에서 사회 변혁의 가능성을 찾으면서 실질적인 사회 개혁운동으로 나아가려 했다. 마르크스는 헤겔 좌파의 입장을 받아들이되, 이를 자기만의 독특한 사회 철학으로 발전시킨다. 마르크스는 1841년에 다시 예나 대학으로 옮겨, 여기서 철학 박사 학위를 취득한다. 졸업 후 마르크스는 언론인으로 성공하지만, 자신의 급진적인 주장을 펼치기 위해 사회주의자들이 많았던 프랑스 파리로 활동 무대를 옮긴다. 여기서 그는 평생의 동지 엥겔스 F. Engels ; 1820~1895를 만난다. 학자이면서 상당한 자산가였던 엥겔스는 마르크스가 학문에만 몰두할 수 있도록 지원을 아끼지 않았다. 후에 엥겔스는 마르크스가 죽은 뒤에 그의 사상을 체계적으로 정리해서 세상에 내놓기도 했다.

1848년 2월, 프랑스 파리에서 일어난 노동자 혁명은 마르크스에게 큰 희망을 안겨준다. 그는 이 혁명을 독일에 퍼트리고자 귀국한다. 그러나 프랑스에서의 혁명은 실패하고 독일에서 추방된 마르크스는 영국 런던으로 활동 무대를 옮긴다. 그는 영국에서 얼마나 가난했는지 막내딸이 죽었을 때는 관을 살 돈조차 없었다. 그런 와중에도 마르크스는 도서관에 파묻혀 그 유명한 『자본론』을 저술한다. 말년에는 부모 유산으로 비교적 여유 있게 삶을 영위하다가, 1883년 폐암으로 사망한다. 『자본론』 1권은 그가 직접 완성한 것이며, 『자본론』 2권과 3권은 엥겔스가 미완의 원고를 정리해 출판한 것이다.

추상에서 구체로의
상향 방법

마르크스는 지금까지의 철학이 세계를 해석하기만 했음에 비해, 자신의 철학적 과제는 세계를 변화시키는 데 있다고 생각했다. 마르크스 철학 구조의 기본 골조는 헤겔의 변증법·영국의 고전 경제학·프랑스의 사회주의, 이 세 가지 요소였다. 마르크스의 방법론은 '추상에서 구체로의 상향 방법'이었다. 현실을 살아가는 인간 사이의 관계와 여러 물질적 조건을 제대로 이해하기 위해서는 단지 샅샅이 살펴보는 것만으로는 부족하다. 쏟아지는 데이터는 관찰자의 판단력을 교란할 수도 있다. 벌어지는 현상은 너무도 복잡하기에 겉만 관찰해서는 문제의 본질에 닿을 수 없다. 이 현상을 관통하는 어떤 큰 줄기를 포착해야만 한다. 다시 말해, 나무들 각각만 봐서는 안 되고 조금 떨어진 자리에서 숲 전체를 조망할 필요가 있다. 전체를 조망하는 능력, 마르크스는 이를 '추상력'이라고 불렀

다. 그에 따르면, 이 '추상력'으로 각각의 현상을 해석해야
만 한다. 이렇게 전체를 아우르는 능력인 '추상력'으로 구
체적인 현실을 분석하는 것을 마르크스는 '추상에서 구체
로의 상향 방법'이라고 표현했다.

다시 정리해 보자. ① 처음에는 현재 벌어지고 있는 현
실의 여러 문제를 낱낱이 살펴본다. ② 이렇게 모인 데이터
를 중심으로 여러 현상을 관통하는 일관적 흐름을 추출한
다. 즉, 여러 복잡한 현상의 공통분모를 발견해 '가장 단순
한 규정'을 만든다. 이것이 바로 마르크스가 말하는 '추상
력'이다. ③ 이제는 '추상'에서 '구체'로 다시 내려올 순서
다. ②에서 만든 '가장 단순한 규정'으로 벌어지는 사태를
다시 분석한다. 이렇게 해서 전체를 재구성한다.

인간의 소외

마르크스 철학은 인간 '소외'의
양상을 분석하는 데서 출발한다. 마르크스의 소외론은 헤
겔 철학에서 유래한다. 헤겔에 의하면 '절대정신'이 소외되
면 '자연'이 된다. 즉, 정신이 먼저고 물질적인 자연은 그다
음이다. 마르크스는 이러한 헤겔의 소외 개념을 거꾸로 뒤
집어버린다. 즉, 세계의 본질은 물질로서의 자연이지 정신
이 아니다. 자연으로서의 물질이 먼저고 정신은 나중에 오

는 것이다. 이렇게 헤겔 철학의 관념성·추상성은 마르크스에 의해 구체성·실천성으로 바뀐다.

마르크스에 의하면 인간에게는 크게 4가지 소외가 있다. 첫째, 경제적 차원의 소외다. 인간은 자기가 만든 생산품으로부터 소외되어 있다. 예를 들어, 나는 도자기를 만드는 장인이다. 그런데 사람들은 도자기를 만든 나의 노동보다 물건인 '도자기'에 더 큰 가치를 부여한다. 자본주의 사회에서는 '인간'도 하나의 상품에 불과하다. 둘째, 정치적 차원의 소외다. 국가는 부르주아를 위한 위원회에 불과하다. 철저히 지배 계급의 이익만을 대변하기 때문이다. 이런 국가는 계급 대립을 심화시키므로 소멸해야만 한다. 셋째, 종교적 차원의 소외가 있다. 종교는 현실에서 억압받는 사람들에게 어떤 환상을 주입시키고 잘못된 사회구조를 인식하지 못하게 만든다. 종교는 인간의 소외를 지속시키는 이데올로기로, 인민의 아편이다. 마지막으로 철학에 의한 소외도 빠뜨릴 수 없다. 사변적이고 관념론적인 철학은 종교가 그런 것처럼 사람들이 현실을 제대로 보지 못하게 한다. 이런 철학은 세속화된 신학이나 다름없다.

생산력과
생산 관계

인간의 경제적 생산 활동이 '하부구조'이고, 이 생산 활동을 해석하고 조직하는 이념 체계인 정치·철학·종교·예술 등은 '상부구조'다. '상부구조'는 '하부구조'의 부산물이다. 역사 발전의 결정 요인은 '생산 관계'이며, 이는 사회의 경제적 구조를 형성한다. 이 경제적 구조 위에 법적·정치적 상부구조가 구축되며, 이에 상응해 사회 의식이 생겨나는 것이다. 마르크스는 말한다.

인간의 의식이 인간을 결정하는 것이 아니라, 사회적 존재가 인간의 의식을 결정한다.

경제가 이념 등의 정신적 가치를 결정한다. 왕과 영주, 그리고 교회 세력이 중심을 이뤄 형성된 봉건주의 경제 체제는 그에 걸맞은 이념을 양산한다. 봉건주의 시대의 주된 이념은 기독교였다. 부르주아가 중심을 이뤄 형성된 자본주의 경제 체제에서는 개인의 재산권이나 개체성을 중시하는 이념을 양산한다.

인간의 생산에는 두 가지 측면이 있다. '생산력'과 '생산 관계'가 그것이다. 첫째, 물질적 측면에서 생산은 사람들이 자연을 개발해 자신들의 욕구를 충족시키려는 활동이다. 여기에는 어떤 생산 조직, 도구들의 소유 등이 포함된다. 이것은 '생산력'의 차원이다. 둘째, 사람들은 자신이 필요로 하는 것을 생산하기 위해 협동해야만 한다. 여기에는 생산 과정의 통제 및 생산물의 분배와 관련된 사회적 관계가 포함된다. 이것은 '생산 관계'의 차원이다. 특히 우리는 '생산이 조직되는 방식'에 주의를 기울여야 한다. 마르크스는 사회적 '생산 관계'들, 영주와 농노 혹은 자본가와 노동자 사이의 착취 관계에 관심을 집중시켰다. 그에 의하면 경제적 토대인 '생산력'과 '생산 관계'의 사이에서 모순이 발생했을 때 사회는 변화한다. 한 사회에서 '생산력'이 발전해 나아가는데 기존의 '생산 관계'가 걸림돌이 될 때 사회적 혁명의 분위기는 무르익는다. 봉건주의 시대에서 자본주의 시대로 바뀌는 역사적 전환기를 떠올려 보자. 철저하게 토지를 통해 이루어지는 봉건주의 '생산력'은 그에 걸맞은 영주-농노라는 '생산 관계'를 형성했다. 하지만 봉건주의 시대 말기에 있었던 도시의 발달·상업의 발달 등의 자본주의적 '생산력'으로의 변화는 영주-농노 중심의 봉건주의적 '생산 관계'에 균열을 가져왔다. '생산력'과 '생산 관계' 사이에 모순이 생긴 것이다. 이때 자본주의 시대가 본격적으로 도래하면 봉건주의적 생산 관계는 붕괴해 부르주아-프롤레타리아라는 새로운 생산 관계가 형성된다.

　　인간 사회는 그동안 원시 공산주의 사회→노예제 사

회→봉건주의 사회→자본주의 사회'로 발전되어 왔다. 이
모든 발전은 생산력과 생산 관계의 모순에 의해 촉발된 것
이었다. 자본주의 시대 이후는 어떤 시대가 올 것인가? 마
르크스가 보기에, 자본주의 시대에서도 생산력과 생산 관
계 사이에 모순이 발생하는 것은 필연적이다. 마르크스의
유물론적 역사관의 종점은 공산주의 사회이다. 그에 의하
면 프롤레타리아 혁명으로 공산주의 사회가 되면, 소수인
부르주아 계급이 다수인 프롤레타리아 계급을 착취하는 계
급 구도가 철폐될 것이며, 만인의 실제적인 경제적 평등이
성취될 것이다. 그리고 이러한 혁명적 결과는 어느 한 나라
에서만 이루어져서는 안 되며, 국제적으로 성취되어야 한
다. 모든 나라가 해방되어야 하기에 '영구혁명'이자 '세계
혁명'이 되어야 한다.

　　마르크스는 『공산당 선언』에서 자신의 이상향을 상당
히 목가적으로 표현했다.

> 공산주의 사회에서는 그 누구도 한 가지 배타적인 활동 영역
> 을 지니지 않고 각자가 원하는 어떤 분야에서나 목적을 이룰
> 수 있다. (……) 사냥꾼이나 어부나 목동이나 비평가가 되지 않
> 고도 마음 내키는 대로, 아침에 사냥하고 오후에 물고기를 잡
> 고 저녁에 목동 일을 하고 저녁 식사 후에 비평하는 것을 가능
> 하게 만든다.

계몽은 야만이다,
아도르노

° ° °

아도르노에 의하면, 대중문화의 가장 큰 특징은
상업성과 동일성이다. 대중문화의 조종자들은
대중매체를 이용해 자신들의 상업적 이익을
극대화하고 끊임없는 거짓 욕구들을 창안해 낸다.
문화는 산업화하고 획일화된 욕구를 만들어냄으로써
언제든지 대중을 지배할 수 있는 수단이 된다.

아도르노와
호르크하이머

아도르노 ^{Th. Adorno ; 1903~1969}는 부유한 유대인 집안에서 태어났다. 아도르노가 교수로 자리 잡은 곳은 프랑크푸르트 대학이었다. 하지만 교수가 된 해에 나치가 권력을 장악하자 유대인인 아도르노는 영국으로 망명한다. 그는 영국에 잠시 머물다가 1938년에 호르크하이머 ^{M. Horkheimer ; 1895~1973}의 초청으로 미국으로 건너간다. 호르크하이머는 아도르노와 같이 프랑크푸르트 대학의 교수였는데, 그 또한 유대인이었기에 탄압을 피해 미국에 와 있던 상태였다. 호르크하이머는 프랑크푸르트 학파의 산실인 '사회 연구소' 창설에 주도적인 역할을 했으며, 그가 미국으로 망명하면서 프랑크푸르트 대학에 있던 '사회 연구소'

를 콜롬비아 대학으로 옮긴다. 미국에서 아도르노는 호르크하이머와 함께 파시즘과 자본주의의 연관성에 관해 본격적으로 연구를 진행한다. 아도르노와 호르크하이머는 나치가 패망한 후 1949년에 독일의 프랑크푸르트 대학으로 돌아와 '사회 연구소'를 재건했다.

　1960년 후반의 서유럽은 신좌파 학생 운동이 격화된 시기였다. 그런데 아도르노는 학생 운동의 목적에 대해서는 대체로 찬성했으나, 학생들의 과격한 행동에 대해서는 비판적이었다. 이 와중에 1968년 5월 말에는 아도르노의 제자 위르겐 크랄의 주도로 프랑크푸르트 대학 총장실이 점거되는 사태가 발생한다. 또 1969년 1월 31일에는 '사회 연구소'가 학생들에 의해 점거당한다. 아도르노는 거듭된 퇴거 요청에도 학생들이 불응하자 경찰을 불러 강제로 해산시킨다. 이로부터 몇 달 후인 4월 22일에 아도르노는 프랑크푸르트 대학 제4강의실에서 강의를 하고 있었다. 가죽 재킷을 입은 여학생 세 명이 갑자기 강단에 뛰어올라 강의 중이던 노교수를 둘러싼다. 이들은 아도르노에게 키스를 퍼붓고 젖가슴을 그에게 들이밀었다. 이것이 유명한 '아도르노 봉변 사건'이다. 아도르노와 학생 운동 세력과의 갈등은 아도르노가 더는 강의 현장에 서 있을 수 없게 만들었다. 그는 봉변 사건 몇 개월 후인 8월 6일에 심장마비로 사망한다.

『계몽의 변증법』
계몽의 허구성을 폭로하다

프랑크푸르트 학파는 아도르노와 호르크하이머의 주도로 창설된 20세기의 가장 대표적인 철학 학파다. 프랑크푸르트 학파의 이념은 '비판이론'이라고 부른다. 프랑크푸르트 학파는 1923년에 프랑크푸르트 대학에 창설된 '사회 연구소'에서 시작되었다. 이들은 산업 자본주의 아래에서 민주주의의 허울을 쓰고 교묘하게 숨어 있는 전체주의적 요소를 벗겨내고자 했다. 또, 현대(근대)적 이성의 기획에 바탕을 둔 현대 사회가 왜 폭력과 억압이 만연한 사회로 전락했는지 그 이유를 밝히려 했다. 그 결과 나타난 연구 성과가 바로 아도르노와 호르크하이머의 공저인 『계몽의 변증법』이다.

이들이 보기에 인간의 이성을 최고의 가치로 내세웠던 서양의 근대성은 야만으로 귀결되었다. 과학이 발전하고 문명화가 진행될수록 '야만성'의 질과 폭은 더 확대되었다. 나치가 아우슈비츠 수용소에서 수백만의 유대인을 그렇게 빨리 학살할 수 있었던 이유는 '치클론B'라는 독가스가 있었기 때문이다. 치클론B는 프리츠 하버 Fritz Haber ; 1868~1934가 발명했다. 프리츠 하버는 공기 중의 질소를 농축해 암모니아로 합성하여 인공 비료를 만드는 방법을 발견함으로써 인류의 식량 문제 해결에 큰 공헌을 한 인물이다. 그는 이

아도르노

공로로 노벨화학상을 수상한다. 하지만 그가 발명한 치클론B 독가스는 이전에는 불가능했던 대량 살상을 가능하게 했다. 히로시마와 나가사키에 떨어진 원폭이나, 2011년에 있었던 후쿠시마 원전 사고도 같은 맥락이다. 인간의 이성이 가장 고도로 농축된 분야는 과학이다. 아도르노의 문제의식에 의하면, 과학적 이성의 극한은 인류의 종말을 불러올 수 있다.

『계몽의 변증법』은 파시즘을 어떤 한 정치적 성향으로 바라보는 것이 아닌, 인류 역사 변화상의 보편적인 현상으로 간주했다. 인류에게는 파시즘을 원하는 어떤 심리 구조가 있다. 『계몽의 변증법』이 검토했던 문제는 다음과 같은 것들이었다. ① 현대 사회는 자본주의이든 사회주의이든 과거 그 어느 때보다도 인간을 통제하고 관리하는 병리적 현상이 만연해 있다. ② 현대 사회는 자연과 인간 모두를 유용성을 위한 도구로만 여긴다. 인간의 이성이 인간 자신과 자연을 도구화했을 때, 이것을 '도구적 이성'이라 한다. ③ 도구적 이성은 정의·평등·자유·관용 같은 이념들도 쓸모가 없으면 아무런 의미가 없다고 여긴다. 오직 돈과 권력만이 가장 강력한 원칙이다.

자연에 대한 지배는
인간에 대한 지배로
되돌아온다

아도르노에 의하면 인간의 역사는 곧 인간이 자기 자신을 자연과 분리하는 역사다. 인간은 위협적인 자연과 끊임없이 투쟁하면서 자연 지배의 길을 걸어왔다. 그런데 이 자연에 대한 지배는 고립된 개인의 개별적 행위가 아니라 사회적·집단적 구조 아래에서 진행된 것이다. 다시 말해, 자연을 지배하기 위해서 인류는 되도록 많은 집단을 이루어야 했는데, 이 많은 인원이 질서 있게 움직이기 위해서는 소수의 지배자가 다수의 피지배자를 이끌고 가는 계층화된 사회적 시스템이 필요하다. 역사의 흐름 속에서 외적 자연에 대한 지배가 점점 강화되어 가면 갈수록 지배-피지배 구도의 사회적 지배도 같이 강화된다. 처음에는 위협적인 자연으로부터 해방되기 위해 인간이 뭉친 것인데, 이제는 소수의 인간이 다수의 인간을 지배하는 폭력적인 상황이 점점 만연한다.

외적 자연에 대한 지배는 결과적으로 인간을 억압의 도구로 전락시켰다. 인간은 외적 자연을 지배하기 위해 자신의 내적 자연^{육체·환상·욕구·감정}도 억압하게 된다. 예컨대, 산업 자본주의란 매우 합리적인 자연 통제 시스템이다. 이 통제 시스템 안에서 많은 노동자는 자기의 본능적 욕구를 억압하면서 시스템 유지를 위해 봉사해야만 한다. 시스템이 안정되면 지배자의 피지배자를 향한 명령은 더는 직접적일 필요가 없다. 지배자의 명령은 피지배자의 내면에 '내투사' 되어 자기 스스로를 '자발적 복종'의 단계로 이행하기 때문 이다. 외적 자연에 대한 지배는 점차 주체의 내면으로 이행 되어, 그 주체의 내면에서 자신을 감시한다. 지배는 이제 나의 '내적 자연'에 대한 자기 통제로서 내면화된다. 원래 외적 자연에 가한 폭력은 이제 인간 자신에게 되돌아온다. 『계몽의 변증법』은 이렇게 현실과 미래에 관한 비관주의가 매우 짙은 책이다. 인간이 해방되는 데 필요했던 자연에 대 한 지배는 결국, 자기 자신에 의한, 자기 자신을 향한 통제 로 귀결되어버리고 말았다.

동일성의 원리와
문화산업

아도르노는 자본주의 상품 경제 와 기술에 의해 개인의 삶이 철저하게 통제되고 지배되는 '관리된 사회'가 현대 세계의 보편적인 특징이라고 주장했 다. 아도르노는 예술과 대중문화가 '관리된 사회'를 유지하 기 위한 수단으로 기능하는 현상을 '문화산업'이라고 하였 다. 예술은 문화산업에 의해 하나의 물건처럼 취급된다. 이

문화산업은 자본주의의 상품 생산 경제에서 대중의 의식을 지배한다. 이러한 성격의 '문화산업'에는 '3S' 정책을 떠올려볼 수 있다. '3S'란 스포츠^{Sports}, 섹스^{Sex}, 스크린^{Screen}의 머리글자를 딴 것이다. '3S' 정책은 민주화 세력을 무력으로 진압하고 집권한 제5공화국 정부가 국민의 관심을 다른 데로 돌려 반정부적인 의식을 가지지 못하게 하려고 시행한 우민화 정책이었다. 80년대 에로영화의 붐과 프로야구의 창설, 그리고 갑자기 번창했던 매춘 산업을 떠올려 보자.

아도르노에 의하면 예술과 대중문화는 컨베이어 벨트에 실려 나오는 공산품과 같다. 예술과 대중문화는 문화의 역사적·예술적·문화적 가치 등이 배제된 채, 철저하게 이윤 추구와 수지 타산이라는 자본주의적 시장 논리의 지배를 받는다. 아도르노는 문화산업이 대중의 욕구를 지연시키고 허구적인 욕망 충족에 빠지게 한다고 비판한다. 이를 아도르노는 진정한 욕구 충족은 불가능하게 하면서 헛된 새로운 성적 욕구만을 양산하는 포르노와 같다고 조롱한다. 아도르노가 볼 때, 문화산업의 목적은 합리적 지배이다. 지배자는 대중의 의식을 문화산업의 필터를 통해 관리하고자 한다. 이 필터에 길든 대중은 마치 공장에서 생산 설비를 통해 동일한 규격의 상품이 찍혀 나오듯이, 동일한 생각을 하고 동일한 욕망을 추구한다. 이것이 바로 아도르노가 말하는 '동일성의 원리'다.

자발적 복종에서 벗어나기 위하여, 마르쿠제

◦ ◦ ◦

고도 산업 자본주의 사회에서는

물질의 풍요와 함께 정신의 표준화와 사물화가

자연스럽게 이루어진다. 인간은

산업 자본주의 사회에서 무의미함과

무력감에 빠져 거대한 경제적 기계의

톱니바퀴가 되어버렸다.

신좌파학생 운동의
정신적 지주

마르쿠제^{H. Marcuse ; 1892~1979}는 부
유한 유대인 집안에서 태어났다. 마르쿠제는 사회 민주당
에 입당해 정치에 뜻을 두기도 하지만, 1919년 초에 있었던
사회주의 철학자이자 혁명가 로가 룩셈부르크^{Rosa Luxemburg ;}
^{1871~1919}가 암살된 후 사회 민주당을 떠난다. 마르쿠제는 훔
볼트 대학과 프라이부르크 대학에서 공부했다. 프라이부르
크 대학에서는 하이데거의 지도를 받으며 마르크스와 프로
이트를 연구한다. 1932년에는 후설의 소개로 프랑크푸르트
학파의 호르크하이머와 아도르노를 만나 비판이론의 계열
로 들어서게 된다. 나치가 정권을 잡자 미국으로 영구 이주
한다. 그는 프랑크푸르트 학파의 비판이론을 미국에 널리

퍼트렸다.

마르쿠제는 1960년대 미국 학생 운동의 이론적 지주로서 큰 인기를 끌었다. 이것은 끝까지 독일 학생 운동세력과 타협을 하지 않았던 아도르노와는 사뭇 다른 행보였다. 실제로 마르쿠제는 미국 학생 운동을 적극적으로 지지하다가 백인우월주의 단체인 KKK로부터 살해 위협을 받기도 하고 미국 정부로부터 감시를 당하기도 했다. 당시 마르쿠제Marcuse는 마르크스Marx, 모택동Mao Zedong과 함께 3M으로 불렸다.

인간의 사물화를
넘어서

마르쿠제의 주요 저작은 『이성과 혁명』, 『에로스와 문명』, 『1차원적 인간』이다. 『이성과 혁명』은 헤겔의 변증법에 들어 있는 혁명적 요소를 강조한 책이다. 1955년에 출간한 『에로스와 문명』에는 일련의 정치·사회 문제를 프로이트의 정신분석학적 관점에서 풀어냈다. 프로이트에 의하면, 문명의 발전과 자연 본능의 발현은 반비례 관계다. 그가 볼 때 문명은 인간의 자연 본능을 억압한다. 프로이트는 '현실원칙'과 '쾌락원칙'이라는 도식을 제시했다. 마르쿠제는 이 도식을 따라, 인간의 자연적 본능

마르쿠제

인 쾌락원칙이 사회적 규범인 현실원칙에 의해 억압당하는 구조를 밝히고자 했다. 노동은 자연스러운 성 본능의 발산을 합리적으로 억압하는 장치다. 자본주의 사회에서 노동이란 '현실원칙'에 의한 '쾌락원칙'의 포기다. 산업 자본주의에서 '현실원칙'은 보다 많은 성과를 올려야 한다는 '업적원칙'으로 전환된다. 산업 자본주의는 성적 욕망을 억제해 생산성 향상을 이룬다. 마르쿠제가 보기에, 산업 자본주의에서 진정한 해방은 성적 충동의 해방에 달려 있다.

마르쿠제는 1964년에 쓴 『1차원적 인간』에서도 산업 자본주의 문제점을 진단한다. 산업 자본주의 사회에서 노동은 상품만 생산하는 것이 아니라, 노동자를 상품화하기도 한다. 분업이 증가하고 기술이 발전해 가면서 노동자는 '자기실현'으로부터 점점 더 멀어지고 '인간 됨'은 더욱더 약화한다. 인간이 '사물화'되어가는 것이다. 산업 자본주의의 물질적 풍요는 현존질서에 순응하는 인간형을 양산한다. 사람들은 기존질서에 대해 어떠한 반항적 태도도 보이지 않은 채 '1차원적 사유'에 머무르게 된다. 마르쿠제에 의하면, 바로 이 '1차원적 인간'이 산업 자본주의를 유지하도록 하는 원동력이다. '1차원적 인간'이란 "비판 정신을 잃어버리고 평면적인 사고에 빠진 사람"이다.

고도 산업 자본주의 사회에서는 물질의 풍요와 함께 정신의 표준화와 사물화가 자연스럽게 이루어진다. 마르쿠제가 보기에 자본주의 사회의 복지 정책이란 이러한 정신의 표준화와 사물화에 대항하는 운동을 차단하는 장치에 불과하다. 노동자 대다수는 이러한 상황에 길들어 있으므로, 노동자는 더는 혁명의 주체가 아니다. 따라서 혁명 주체는 학생과 양식 있는 지식인들이 되어야만 한다. 이들이 중심이 된 상태에서 노동자와 제휴해야만 한다.

자기 검열의 메커니즘, 미셸 푸코

° ° °

모든 사회에서 담론의 형성·유통·분배·소멸은
'권력'의 작용과 서로 뗄 수 없이 연결되어 있다.
권력은 어떤 대상을 배제하고 억압하는 데
그치지 않고, 권력의 입맛에 맞는 인간형을
적극적으로 만들어낸다.

푸코와
포스트모더니즘

미셸 푸코[M. Foucault ; 1926~1984]는 프랑스의 소도시 푸아티에에서 외과 의사의 아들로 태어났다. 1961년 파리 소르본 대학에서 「광기의 정신착란: 고전시대 광기의 역사」라는 논문으로 박사 학위를 받았다. 1968년에 푸코는 뱅센느 대학의 철학과 학과장으로 부임했다. 이후 프랑스 최고의 권위를 자랑하는 콜레주 드 프랑스의 교수가 되었다. 1984년에 AIDS 합병증으로 사망했다.

푸코, 들뢰즈, 데리다, 리오타르[J. F. Lyotard ; 1924~1998] 등의 철학자들은 근현대의 이성 중심적 합리주의 문화를 해체해야 한다고 주장한다. 이런 철학적 경향을 우리는 '포스트모더니즘[Postmodernism]'이라고 부른다. '포스트모더니즘'이라는 용어는 리오타르가 1979년에 출간한 저서 『포스트모던의 조건』에서 사용한 이래, 철학 사조의 명칭 가운데 하나로 자리 잡았다. 포스트모더니즘은 탈이성·탈권위·다양성을 추구한다. 철학에서 포스트모더니즘의 시작은 니체부터로 잡는다. 이 계보는 하이데거를 거쳐 푸코·들뢰즈·데리다·리오타르 등으로 이어진다.

푸코는 데카르트 이후 절대적인 것으로 생각되었던 '근대성'이 사실은 역사에 나타난 우연성에 불과하다고 주장했다. 다시 말해, 근대 혹은 근대성은 진화론적 역사 발전의 정점이 아니라, 그저 어떤 계기에 의해 갑자기 튀어나온 하나의 사건에 불과하다. 이를 증명하기 위한 푸코의 역사철학적 작업을 학자들은 '계보학', '고고학'으로 부른다.

푸코는 『광기의 역사』에서 정신병자를 사회에서 배제·관리하는 양상을 추적해 근대적 이성의 독단성을 폭로했다. 또, 『감시와 처벌』에서는 근대적 권력이 신체와 정신을 어떻게 조정하는지 면밀하게 분석했다.

대감금의
시대

푸코는 근대의 '규율=훈련' 사회의 다이아그램을 '페스트 모델'이라고 규정했고, 그에 대

미셸 푸코

비한 고대의 왕권 사회의 다이아그램을 '나병 모델'로 불렀다. '페스트 모델'은 마치 페스트가 유행한 시기의 유럽 도시와 같이 도시를 각각의 지역으로 격리 분할시켜 권력이 미시적으로 세세히 스며들게 만드는 구조를 의미한다. 이에 반해 '나병 모델'은 고대 나병이 유행하던 시절에 나병 환자들에게 했던 것과 같이 분할이나 조합이 아닌 추방을 단행하는 권력 모델을 말한다. 푸코가 개념화한 '페스트 모델'은 근대 권력의 지배 구조를 잘 드러낸다.

『광기의 역사』에서는 근대 권력이 정신병자에 대해 자행하는 다양한 격리와 배제의 전략이 나온다. 그런데 격리와 배제의 대상이 된 것은 정신병자만이 아니었다. 서구 근대의 수용소에는 과거 우리나라의 복지원과 같이 방랑자·부랑자·실업자 등이 모두 감금되었다. 나아가 감금의 대상은 평범한 사람들에게까지 확대되었다. 여기서 감금된 사람들은 주로 지배와 억압에 항거하는 이들이었다. 이렇게 푸코는 근대의 이성이 광기를 억압하는 양태를 분석함으로써, 근대 이후 산업사회의 억압적 지배 구조를 드러내고자 했다.

근대의
권력 담론

　　　　　　　　　　푸코에 의하면 지식은 중립적이
거나 보편적이지 않으며 '권력'과 밀접하게 연계되어 있다.
이런 의미에서 '권력'이란 사회 구성원을 조종하고 지배하
는 정보 체계이다. 푸코에게 '권력'은 단순히 군주나 국가
가 행사하는 물리적 힘을 의미하진 않는다. 권력은 지식 담
론을 생산하면서 사회 구성원 가운데 누구를 배제하고 수
용할지를 결정한다. '권력'이 행사되는 양상은 지식 담론과
밀접히 엮여 있기에 잘 포착되지 않는다. 푸코에게 '권력'
은 통치권이나 중앙집권적인 국가 권력, 이데올로기나 '헤
게모니'라기보다는 공장·학교·관청·병원·감옥·법정 등에
서 일상적으로 작용하는 어떤 힘의 관계다.

　근대 이전 시기에는 주로 신체에 고통을 가함으로써
형벌이 집행되었다. 또, 신체형은 공개처형이라는 방법을
통해 지배자의 힘을 과시하는 용도로도 이용되었다. 지배
자들은 광장과 같은 공공장소에서 수형자가 처형되는 모습
을 공개함으로써 권력에 대한 대중들의 두려움을 증폭시키
고 자신의 지배력을 강화했다.

　하지만, 근대 자본주의가 본격적으로 출현한 이후 잔
인한 신체형은 신체가 아닌 정신을 처벌하는 감옥형으로
바뀌어 나간다. 이제부터는 규율을 강조하고 감시 효과를

극대화하는 방법이 모색된다. 사람을 진짜 잘 다루기 위해서는 강압적인 물리력을 사용하는 것이 아니라 지적이고 관념적이어야 한다. 권력자들은 자신들이 원하는 방향으로 인간의 정신을 개조하고자 한다. 교화된 정신은 자연스럽게 권력에 복종한다. 규율과 훈련이라는 테제는 『감시와 처벌』에서 자세하게 언급되고 있다. 푸코에 의하면 근대적 규율사회의 전형은 군인에서 시작되었다. 이들의 신체는 길러졌고, 만들어졌다. 그리고 이렇게 만들어진 신체에서 반항할 수 없는 인간형이 탄생했다. 푸코는 말한다.

> 18세기 후반이 되자, 군인은 만들어지는 그 어떤 것이 되었다. 사람들은 (……) 부적격한 신체를 필요한 기계로 만들면서 조금씩 자세를 교정시켜 나갔다. 계획에 따른 구속이 서서히 신체의 각 부분에 두루 퍼져나가 각 부분을 마음대로 지배하여, (……) 신체를 언제든지 마음대로 사용할 수 있게 한 것이다.

이런 시스템을 만들어 가는 것을 푸코는 하나의 정치 기술로 보았다. 이 정치 기술은 단지 신체만을 강하게 만드는 것이 아니다. 신체의 지배를 통해서 '정신'을 지배하는 것이야말로 이 정치 기술의 최종 목적이었다. 군국주의 시대 일본이나 과거 독재 체제 시절 우리나라에서 국가 권력에 의해 반강제적으로 시행된 '국민 체조'도 신체의 지배를 통해 정신을 지배하고자 하는 목적에서 도입된 것이었다. 우리나라는 1970년대에 국민 체조가 크게 성행했다. 학교에서는 아침마다 학생들에게 국민 체조를 시켰고, TV를 틀어도 국민 체조 방송이 나왔다. 이것이야말로 푸코가 말하는 신체 조종을 통한 정신 지배 정치 기술의 표본이라고 볼 수 있다. 당시 대한민국 국민은 국민 체조를 통해 특정의 권력체제 속으로 들어갔다. 여기에 하나의 봉독 행사가 첨가되었으니, 군국주의 시절 일본 국민은 '교육 칙어'를 읽었고, 1970년대 우리 국민은 '국민교육헌장'을 읽었다. 이런 행위들은 우리의 신체 및 마음을 지배해 사회 구성원을 권력에 순종적인 방향으로 길들이고자 하는 목적을 지닌 것이었다.

그리고 이 정치 기술이 작동되는 방식에 강제성만 있는 것은 아니었다. 통제되고 있는 사람은 자기가 통제되고 있다는 것을 느끼지 못하고 자신의 의지에 따라 통제된다. 자기 스스로 순종적인 신민이 되어 권력의 그물코 속에 자기를 걸어 둔다. 푸코에 의하면 근대 국가는 이런 방식으로 작동된다. 근대 국가 시스템이 필요로 하는 사람, 또 규격화한 사람만이 쓸모 있는 사람으로 취급된다. 이러한 사람으로 키워지는 것을 거부하면 배제되고 도태된다.

패놉티콘

푸코의 『감시와 처벌』 3부 3장에는 유명한 '패놉티콘^Panopticon ; 일망감시방법' 이야기가 나온다. 이 감시 방법은 원래 영국의 철학자 제러미 벤담^J. Bentham ; 1748~1832이 제시한 원형 감옥의 설계에 기반한 감시 방식으로, 소수의 감시자가 다수의 피감시자를 감시할 수 있는 시스템이었다. 이 감시 방법을 푸코는 '비가시적 가시성'으로 개념화한다. 감시자는 모든 수형수를 볼 수 있지만, 수형수들은 감시자를 볼 수 없다. 이렇게 권력은 늘 주체를 바라보고 있고, 주체는 권력을 항상 자각하게 된다.

고대는 구경거리의 문명이었다. 다수의 인간이 소수의 대상을 관찰하는 '구경거리의 문명'은 사원·극장·원형 경기장 등의 건축을 만들었다. 그런데 근대 시기가 되면 소수가 다수를 감시해야 하는 것이 주요한 과제가 된다. 푸코는 감옥이 공장·학교·병영·병원 같은 근대 이후의 많은 시설과 유사하다는 점이 매우 놀랍다고 말한다. 이 시설 안에서 감시는 중층적으로 이루어진다. 감시하고 관리하는 교사나 의사, 공장장 등도 결과적으로 누군가에게 감시당하고 관리되는 그런 구조다. 우리는 이러한 '권력'을 내면화하면서 일상에 적응해나간다.

유목민처럼 살자, 질 들뢰즈

° ° °

푸코는 들뢰즈에 대해

이렇게 평가했다.

"아마도 언젠가 20세기는

들뢰즈의 세기로 기록될 것이다."

진정한

니체주의자

　　　　　　　　　질 들뢰즈 ^{G. Deleuze ; 1925~1995}는 파
리의 평범한 중산층 가정에서 태어났다. 들뢰즈는 1944년
에 소르본 대학에 진학해 철학을 공부했다. 1948년에는 철
학 교사 자격 시험을 통과하고 아미앵에서 교사 생활을 시
작한다. 들뢰즈가 주목받기 시작한 것은 1960년대 들어서
였다. 이때 들뢰즈는 독창적인 니체 해석으로 주목을 받았
고, 미셸 푸코와 교류하며 함께 학생 운동에 가담하기도 했
다. 니체의『유고』를 프랑스어로 번역하는 일의 총책임자
일을 맡기도 한다.

　　　국가 박사 학위 논문인『차이와 반복』을 제출하는데,
이 저서는 20세기 프랑스 철학의 대표작 중 하나로 자리매

김한다. 1969년에 들뢰즈는 푸코의 뒤를 이어 파리 제8대 학교의 주임 교수가 된다. 정신과 의사이자 정신분석학자였던 펠릭스 가타리 ^{Félix Guattari ; 1930~1992}와 교류하게 되는데, 그와는 『앙티 오이디푸스』, 『천 개의 고원』을 집필한다. 들뢰즈는 젊은 시절 폐 수술을 받은 적이 있었음에도 지독한 골초였다. 이 때문에 말년에는 폐암에 걸린다. 1995년 11월 4일 자신의 아파트에서 스스로 산소 호흡기를 뗀 후 투신자살한다.

영토, 코드화

우리의 삶에는 수많은 '영토'가 존재한다. 대학 교수로 재직하는 A라는 사람의 일과를 가정해 보자. A는 아침에 일어나 간단히 요가를 한 다음 아침을 먹는다. 그리고 운전해서 학교 연구실에 도착해 수업 일정을 비롯해 여러 해야 할 일들을 점검한다. 그리고 이 일정표에 따라 업무를 한 다음 오후 7시쯤에 역시 운전해서 귀가한다. 여기서 집, 도로, 승용차, 연구실, 강의실 등은 모두 '영토'다. 그리고 각각의 영토에는 지켜야만 하는 어떤 '규정'이 있다. 집에서는 일어나자마자 요가를 할 것, 치약을 짤 때 반드시 뒤에서부터 뚜껑 쪽으로 힘을 주어 짤 것, 출근하기 전에 강아지 산책을 시킬 것 등이 있다. 자가용을

질 들뢰즈

몰고 학교까지 운전할 때는 반드시 지켜야만 할 교통 규칙이 있다. 퇴근할 때 연구실 문을 잠근 다음에 제대로 잠겼는지 세 차례에 걸쳐 문손잡이를 돌린다. 왜 세 차례인가 하면 그저 A가 3이라는 숫자를 좋아하기 때문이다.

이 모든 규정과 규칙을 지키기 위해 애쓰는 것을 들뢰즈는 '코드화'라고 불렀다. 집, 승용차, 강의실 등 영토에 집착하게 되면 이는 '영토화'로 지칭된다. 코드화와 영토화는 삶의 필수적인 요소이지만, 어느 한 가지에 지나치게 집착하면 문제가 생길 수 있다. 들뢰즈의 용어대로 하면 '동일성'의 사고에 빠진다. 들뢰즈가 말하는 '동일성'이란 한 가지 사고에 빠져 타자를 배제하는 태도를 뜻한다. 자신의 취향은 고급이라고 치부하면서 타자의 취향을 별 볼 일 없다고 깎아내리는 등 다양성을 인정하지 않는 태도다. 우리 사회의 사회 초년생들은 대체로 진정 자기가 원하는 직업이 아니라, 남들로부터 좋은 평가를 받을 수 있는 직업을 선호한다. 이 또한 동일성의 사고다.

배치

삶의 터전인 '영토' 안에는 다양한 '배치'가 존재한다. 이 '배치'도 들뢰즈 철학의 주요 용어 가운데 하나다. 강의실이라는 '영토'를 생각해 보자. 강의실1은 매우 넓고 앞에 교탁이 있으며, 책상과 의자가 줄지어 배치되어 있다. 일반적인 강의실로서, 토론 없이 교수의 일방적인 강의를 하기에 적합한 '배치'다. 한편 강의실2는 크기는 작지만, 책상과 의자가 원형으로 배치되어 있다. 교탁도 따로 없다. 교수는 둥글게 배치한 어떤 한 의자에 앉으면 된다. 어떤 강의실의 '배치'가 더 민주적일까?

'배치'는 욕망과 권력을 내포한다. 강의실1은 교수에게 욕망과 권력이 집중된 '배치'다. 하지만 강의실2의 '배치'에서는 교수와 학생이 비교적 공평하게 욕망과 권력을 나누어 갖는다. 만약 강의실1의 문제점을 인식하고 이것을 강의실2와 같은 모양으로 '리모델링'한다면, 이것은 '탈脫영토화'를 통한 '재再영토화'다. 기존의 강의실1의 영토를 '탈脫; 벗어남'해서 강의실2로 '재영토화'한 것이다.

들뢰즈는 이런 방식의 변화를 중시했다. 이것은 무조건 기존의 방식은 나쁘고 새로운 방식은 좋다는 의미가 아니다. 우리는 늘 새로운 환경에 적응할 수 있는 감수성을 키워야 한다는 뜻이다. 토론식 수업을 하기에 적합한 강의실을 많이 만드는 것은, 그것이 도덕적으로 옳기 때문이 아니라, 창의성을 키우는 데 적합한 토론 중심 교육이 시대적 요청이기 때문이다. 들뢰즈는 이렇게 말했다.

좋음과 나쁨은 능동적이고 일시적인 선별의 소산일 뿐이며,

이 선별은 항상 갱신되어야 한다.”

들뢰즈는 영토화·코드화·동일성에 집착하는 태도를 비판했다. 왜냐하면, 이러한 태도가 '차이'를 부정하고 새로운 생성에 방해가 되기 때문이다.

노마드

들뢰즈는 흔히 '차이의 철학자', 혹은 '노마드 Nomad ; 유목민의 철학자'라고 불린다. 그의 철학은 기본적으로 니체 철학에 기반을 두고 있다. 그는 기존의 것을 해체하고 생성하는 삶을 긍정하는 니체의 사유를 현대적으로 되살린다. 들뢰즈와 가타리의 공저인 『천 개의 고원』의 핵심 주제가 바로 '노마디즘 Nomadism ; 유목주의'이다. '정착민'은 정해진 한 곳에 정주해 사는 사람들이다. '유목민'은 한 곳에 머무르지 않고 자유롭게 이동하며 사는 사람들이다. '노마디즘'이란 기존의 가치와 영토로부터 탈주해 새로운 국면에 접속하고자 하는 시도다.

들뢰즈에 의하면 '사본'이 아니라 '지도'와 같은 마음가짐이 중요하다. 지도는 장場들의 연결 접속에 공헌한다. 지도는 열려 있다. 계속 새롭게 그려질 수 있기 때문이다. 하지만 사본은 그저 기존의 것을 그대로 복사한 것일 따름이다. 지도는 유목민의 삶을, 사본은 정착민의 삶을 함의한다. 또 정착민은 '나무'에, 유목민은 '리좀'에 비유할 수 있다. '나무'는 뿌리를 깊이 내리고 한곳에 정주한다. 뿌리로부터 줄기가 나오고 다시 가지가 펼쳐진다. 상당히 위계적이다.

한편, '리좀rhizome; 뿌리줄기'과 같은 유목민의 삶이 있다. 아마도 '리좀'은 들뢰즈의 개념 가운데 '노마드'와 더불어 가장 널리 알려진 개념일 것이다. '리좀'은 식물의 줄기가 뿌리처럼 땅속으로 뻗어서 자라나는 땅속줄기다. 리좀은 출발점도 끝점도 없다. 그것은 언제나 중간에 있으며, 사물 사이에 있는 간존재間存在다. 중간은 결코 수단이 아니라, 사물이 속도를 낼 수 있는 장소다. 들뢰즈는 말한다.

> 뿌리 말고 리좀을 만들어라. 절대로 심지 말아라. 씨 뿌리지 말고, 꺾어 꽂아라. (……) 다양체가 되어라. 선을 만들되, 절대로 점을 만들지 말아라. (……)행운선, 허리선, 도주선. 당신 안에 있는 '장군'을 깨우지 마라. 올바른 관념이 아니라, (……) 짧은 관념을 가져라. 사진이나 그림이 아니라 지도를 만들어라.

또, 이렇게 말했다.

> 항상 단절을 통해 '리좀'을 따라가라. 도주선을 늘이고 연장하

고 연계하라. 탈영토화를 통해 너의 영토를 넓혀라. 우선 너의 오랜 친구인 식물에게 가서, 빗물이 파놓은 물길을 주의 깊게 관찰하라. 비가 씨앗들을 멀리까지 운반해 갔음이 틀림없다. 그 물길들을 따라가 너의 식물에서 가장 멀리 떨어진 곳에서 발견되는 식물을 찾아라. 이 식물들이 자기 씨를 퍼트릴 것이기에 너는 이 식물들 각각에서 시작해서 물길을 따라가며 너의 영토를 넓힐 수 있을 것이다.

들뢰즈는 서로 대립하는 것들을 융합하면서 그것을 새로운 차원으로 승화시키는 창조의 힘을 선호했다. 이것은 다음과 같이 도식화할 수 있다.

이 과정은 끝없이 진행된다. 탈주 혹은 유목민적 삶은 모든 현대인의 꿈일 수 있다. 하지만 이것을 선택하기란 쉽지 않을 것이다. 기존의 것을 지키면서 살자니 너무 피곤하고, 새로운 영역으로 탈주하자니 위험천만하다. 혹, 지키면서 탈주하는 방법을 모색할 수는 없을까?

디지털 사이언스 시대에서,
포스트 휴먼을 꿈꾸며

기존의 인간을 뛰어넘는 '새로운 인류'에 대한 본격적인 탐색의 뿌리는 니체의 초인^{超人}; 위버멘쉬; Übermensch; Overman; Superman 사상이다. 초인은 새로운 종^種 혹은 유형의 존재로 기존의 인간 유형을 파괴하고 극복하는 새로운 존재이다. 이 개념은 종래의 인간성에 대한 근본적인 '해체'를 상징한다. 니체의 초인 사상은 향후 포스트 휴머니즘^{Post human-ism}에 커다란 영향을 끼친다. 후기 니체주의 철학자인 미셸 푸코 역시 포스트 휴머니즘 사상의 한 갈래를 형성하고 있다. 그는 『말과 사물』에서 '인간'이라는 근대적 발명품의 종말을 예언하고 있다. "사유의 고고학이 분명히 보여주듯이 인간은 최근의 시대에 발명된 형상이다. 그리고 아마 종말이 가까운 발명품일 것이다. (……) 장담할 수 있건대 인간은 바닷가 모래사장에 그려 놓은 얼굴처럼 사라질지 모른다." 인간과 같은 지능을 갖춘 AI 로봇이 등장한다면, 그것은 인간 '마음의 확장'이자 진화의 결과로 볼 수 있다. 또 각종 물적 경계를 해체하면서 마음대로 떠다닐 수 있는 디지털 노마드Digital Nomad를 체현한 존재로 자리매김할 수도 있다. '포스트 휴먼Post human'이란 정보통신기술, 인지과학, 나노기술, 바이오 공학 등의 발달로 인간과 기계가 합쳐짐으로써 인간과 기계의 경계가 사라지는 것을 일컫는 용어다. 포스트 휴머니스트들의 낙관적 견해에 의하면, 근대의 휴머니즘이 인간의 이름으로 자연을, 남성의 이름으로 여성을 억압한 측면이 있는 반면에, 포스트 휴머니즘의 시대에서 이러한 억압은 사라질 것이다. 또 포스트 휴머니스트들 가운데에는, 신경약리학·유전공학·뇌 자극술·나노기술 등을 활용하여 비도덕적 정서나 행동을 통제하고 도덕적 정서나 행동을 강화하는 도덕 공학virtue engineering을 활용할 것을 제안하는 견해도 존재한다. '지적 동물'로서 인간이란 존재가 어떻게 생겨날 수 있었는지에는 여러 가설이 있다. 과학 분야에서의 두 가지 가설은 '자연발생설'과 '진화론'이다. 한편 종교에서는 '창조론'이 있다. 하지만 이에 덧붙여 또 하나의 가설이 나타나게 될지도 모르겠다. 즉 새로운 인간을 창조하는 주체가 아마 지금의 우리 자신, 즉 인간이 될 것이라는 가설이다.

한눈에 보는 동서양 철학사 연표

서양 | 동양

BC 2333
단군, 아사달에 도읍(『삼국유사』)

BC 1850
함무라비 법전 편찬

BC 1046
서주(西周)의 시작

BC 1000경
『리그베다』 성립

BC 800경
호메로스, 『일리아스』, 『오디세이아』

BC 770
주왕조의 낙양(洛陽) 천도
동주(東周)의 시작, 춘추시대의 개막

BC 725경
관중 탄생

BC 660경
조로아스터교의 창시자
차라투스트라의 탄생

BC 640
탈레스 탄생

BC 585
탈레스, 개기일식을 예언

BC 572
피타고라스 탄생

BC 563경
석가모니(고타마 싯타르다) 탄생

BC 551
공자 탄생

BC 540
파르메니데스 탄생
헤라클레이토스 탄생

BC 500경
아낙사고라스 탄생

BC 495경
페리클레스 탄생

BC 492~479
페르시아 전쟁

BC 485경
프로타고라스 탄생

	서양	동양
BC 483경	고르기아스 탄생	
BC 480	안티폰 탄생	
BC 469	소크라테스 탄생	
BC 460경	데모크리토스 탄생	
		BC 479경 묵자 탄생
BC 427	플라톤 탄생	
BC 399	소크라테스 독배를 마시고 옥사	
		BC 403 전국시대의 개막
		BC 395 신도 탄생
		BC 390 상앙 탄생
		BC 372경 맹자 탄생
		BC 369 장자 탄생
		BC 298경 순자 탄생
		BC 280경 한비자 탄생
		BC 221 진(秦)나라, 중국 통일
BC 386	플라톤, 서양 최초의 대학 '아카데미아' 설립	
BC 384	아리스토텔레스 탄생	
BC 360경	플라톤, 『국가』 간행	

	서양	동양

BC 341
에피쿠로스 탄생

BC 336
키티온의 제논 탄생

BC 335경
아리스토텔레스,
『니코마코스 윤리학』『시학』간행

BC 334
알렉산드로스의 동방원정 시작
(헬레니즘 시대 시작)

BC 213경
진의 시황제, 분서갱유 행함

BC 206
한 왕조 개창

BC 179경
회남왕 유안 탄생

BC 170경
동중서 탄생

BC 156
한 무제 탄생

BC 145경
사마천 탄생

BC 141
한 무제 즉위. 이즈음 동중서가
현량대책을 한 무제에게 올림

BC 91
사마천 『사기』 완성

1 ~ 500

20경
신라 '화백제도' 운영 시작

65
세네카,
로마 황제인 네로에게 살해됨

121
마르쿠스 아우렐리우스 탄생

184
최초의 도교 집단인
태평도에 의해
반란이 일어남
(황건적의 난)

서양	동양
	221 위진남북조시대 개막/ 청담(淸談)과 현학(玄學)과 같은 도가적 풍취가 유행
330 비잔틴 제국 설립	
	343 쿠마라지바(Kumārajīva) 탄생
354 아우구스티누스 탄생	
392 로마, 그리스도교를 국교로 승격	
401 아우구스티누스, 『고백론』 간행	
484 교회가 동과 서로 분리	
	487 혜가 탄생

501 ~ 1000

서양	동양
523 보이티우스, 『철학의 위안』 간행	
	528 보리 달마 사망
529 아테네의 '아카데미아' 폐쇄 기독교 이외의 철학 금지	
	600 현장 탄생
	617 원효 탄생
	618 육조 혜능 탄생
	625 의상 탄생
	709 마조 도일 탄생
	774 이고 탄생

서양	동양

1017
주돈이 탄생

1020
장재 탄생

1032
정호 탄생

1033
안셀무스 탄생

1033
정이 탄생

1130
주희 탄생

1139
육구연 탄생

1193경
알베르투스 마그누스 탄생

1225
토마스 아퀴나스 탄생

1266경
둔스 스코투스 탄생

1267
토마스 아퀴나스, 『신학대전』 간행

1270
『주자어류』 재편

1299
마르코 폴로, 『동방견문록』 간행

1321
단테, 『신곡』 간행

1401
쿠사누스 탄생

1446
세종, 훈민정음 반포(9월)

1453
동로마제국 멸망

1469
니콜로 마키아벨리 탄생

1472
왕양명 탄생

1482
조광조 탄생

1483
왕심재 탄생

1489
서경덕 탄생

1493
파라켈수스 탄생

1498
왕용계 탄생

서양 | 동양

1517
루터의 종교개혁

1501
퇴계 이황 탄생

1527
이지 탄생

1530
코페르니쿠스, 지동설 제창

1532
니콜로 마키아벨리, 『군주론』 간행

1536
율곡 이이 탄생

1548
조르다노 브루노 탄생

1550
고헌성 탄생

1561
프란시스 베이컨 탄생

1559
이황과 기대승 사이의
'사단칠정' 논쟁 시작

1588
홉스 탄생

1590
이지, 『분서』 간행

1596
데카르트 탄생

1600
조르다노 브루노, 화형 당함

1601
마테오리치, 베이징에 들어옴

1602
이지, 옥중에서 자살(3월16일)

1610
황종희 탄생

1613
고염무 탄생

1619
왕부지 탄생

1622
야마가 소코 탄생

1627
이토 진사이 탄생

1632
스피노자 탄생

1632
존 로크 탄생

1637
데카르트, 『방법서설』 간행

1646
라이프니츠 탄생

1651
홉스, 『리바이어던』 간행

1663
황종희, 『명이대방록』 간행

1666
오규 소라이 탄생

1677
스피노자, 『에티카』 간행

1685
조지 버클리 탄생

1711
흄 탄생

1712
장 자크 루소 탄생

1716
『강희자전』 완성

1724
칸트 탄생

1730
모토오리 노리나가 탄생

1762
정약용 탄생

1770
헤겔 탄생

1776
미국, 독립선언 /
애덤 스미스 『국부론』 간행

1776
정조, 왕위에 오름

1781
칸트, 『순수이성비판』 간행

1782
『사고전서』 완성

1778
박제가, 『북학의』 간행

서양	동양

1788
칸트, 『실천이성비판』 간행

1790
칸트, 『판단력비판』 간행

1788
쇼펜하우어 탄생

1789
프랑스 혁명 발발

1801
신유박해

1806
헤겔, 『정신현상학』 간행

1814
홍수전 탄생

1818
마르크스 탄생

1820
엥겔스 탄생

1835
후쿠자와 유키치 탄생

1836
라마 크리슈나 탄생

1840
아편전쟁 발발

1843
홍수전, '배상제회' 조직

1844
니체 탄생

1850
태평천국운동 시작

1856
프로이트 탄생

1857
소쉬르 탄생

1858
강유위 탄생

1859
에드문트 후설 탄생

1860
최제우, 동학 창시

서양	동양
	1866
	양계초 탄생.
	손문 탄생
1867	
마르크스, 『자본론』 간행	
	1868
	메이지 유신
	1869
	마하트마 간디 탄생
	1870
	니시다 키타로 탄생
1872	**1872**
러셀 탄생	오르빈도 탄생
1875	
칼 융 탄생	
1861	
화이트헤드 탄생	
	1879
	진독수 탄생
	1880
	『동경대전』 간행
	1881
	노신 탄생
1883	
니체, 『차라쿠스트라는	
이렇게 말했다』 간행	
	1885
	강유위, 『대동서』 초고 완성
1886	
니체, 『선악을 넘어서』 간행	
1889	
비트겐쉬타인 탄생	
1889	
니체 정신이상에 걸림	
1889	
마르틴 하이데거 탄생	
1892	
마르쿠제(H. Marcuse; ~1979)	
	1893
	모택동 탄생
	1894
	갑오개혁 시작(7월)
1895	
호르크하이머 탄생	

서양	동양

1897
빌헬름 라이히 탄생

1897
대한제국 선포(10월12일)

1900
에리히 프롬 탄생.
프로이트, 『꿈의 해석』 간행

1901 ~ 2000

1903
아도르노 탄생

1905
사르트르 탄생

1905
박은식, 『유교구신론』 간행

1906
한나 아렌트 탄생

1910
대한제국, 일본에 합병

1911
신해혁명 발발

1912
중화민국 임시정부 수립

1914
제1차 세계대전 발발
칼 융, 분석심리학 수립

1914
마루야마 마사오 탄생

1915
진독수, 잡지 『신청년』 창간

1918
알튀세 탄생

1919
5.4운동 발발
호적, 『중국철학사 대강』 발간

1920
천도교, 잡지 『개벽』 창간

1923
독일 프랑크푸르트 대학교에서
'사회연구소(프랑크푸르트학파)' 창설

1924
리오타르 탄생

1925
질 들뢰즈 탄생

1926
미셸 푸코 탄생

1946
마루야마 마사오,
「초(超)국가주의의 논리와 심리」 발표

	서양	동양

서양

1927
마르틴 하이데거, 『존재와 시간』 간행

1930
자크 데리다 탄생

1933
빌헬름 라이히,
『파시즘의 대중심리』 간행

1936
에드문트 후설, 『유럽 학문의
위기와 선험적 현상학』 간행

1939
제2차 세계대전 발발

1941
에리히 프롬,
『자유로부터의 도피』 간행

1964
마르쿠제, 『1차원적 인간』 간행

1967
자크 데리다,
『그라마톨로지에 관하여』,
『글쓰기와 차이』,
『목소리와 현상』 동시 간행

1983
자크 데리다,
'세계철학학교' 초대 원장에 취임

동양

1948
대한민국 정부 수립

1949
중화인민공화국 창설(10월10일)

1966
중국 문화대혁명 시작

1975
국제한국학학술회의
서울에서 개막(14개국 참가)

1981
다석 류영모 사망

1989
함석헌 사망

1989
천안문 사건 발발

참고문헌

단행본

• 게오르크 빌헬름 프리드리히 헤겔, 임석진 옮김,『정신현상학 1~2』, 한길사, 2005

• 게오르크 빌헬름 프리드리히 헤겔, 임석진 옮김,『법철학』, 한길사, 2008

• 나이절 위버턴, 정미화 옮김,『철학의 역사』, 소소의책, 2019

• 니체, 정동호 외 옮김,『니체 전집』, 열린 책들, 2000~2005

• 러시아과학아카데미연구소 편집, 이을호 옮김,『세계철학사 1~10』, 중원문화, 1998

• 로버트 솔로몬 외, 박창호 옮김,『세상의 모든 철학』, 이론과실천, 2007

• 루이스 멈퍼드, 유명기 옮김,『기계의 신화 1』, 아카넷, 2013

• 르네 데카르트, 이현복 옮김,『방법서설』, 문예출판사, 2019

• 리처드 카니, 임헌규 외 옮김,『현대유럽철학의 흐름』, 한울총서, 1995

• 마르쿠스 아우렐리우스, 천병희 옮김,『명상록』, 숲, 2005

• 마르틴 하이데거, 이기상 옮김,

『존재와 시간』, 까치, 1998

• 마키아벨리, 강정인 외 옮김, 『군주론』, 까치, 2015

• 마키아벨리, 강정인 외 옮김, 『로마사 논고』, 한길사, 2018

• 미셸 푸코, 이규현 옮김, 『광기의 역사』, 나남출판, 2003

• 미셸 푸코, 오생근 옮김, 『감시와 처벌』, 나남출판, 2003

• 미셸 푸코, 이규현 옮김, 『말과 사물』, 민음사, 2012

• 바뤼흐 스피노자, 황태연 옮김, 『에티카』, 비홍출판사, 2014

• 박정호 외, 『현대철학의 흐름』, 동녘, 1996

• 박찬국, 『하이데거와 나치즘』, 문예출판사, 2001

• 버트란트 러셀, 서상복 옮김, 『러셀 서양 철학사』, 을유문화사, 2009

• 빌헬름 라이히, 황선길 옮김, 『파시즘의 대중심리』, 그린비, 2006

• 빌헬름 라이히, 윤수종 옮김, 『성 혁명』, 새길, 2000

• 소포클레스, 강대진 옮김, 『오이디푸스 왕』, 민음사, 2009

• 스털링 램프레히트, 김태길 옮김, 『서양 철학사』, 을유문화사, 2008

• 스튜어트 제프리스, 강수영 옮김, 『프랑크푸르트학파의 삶과 죽음』, 인간사랑, 2019

• 아도르노·호르크하이머, 김유동 옮김, 『계몽의 변증법』, 문학과지성사, 2001

• 아리스토텔레스, 천병희 옮김, 『니코마코스 윤리학』, 숲, 2018

• 아리스토텔레스, 천병희 옮김, 『시학』, 문예출판사, 2002

• 아리스토텔레스, 조대호 옮김, 『형이상학』, 길, 2017

• 아리스토텔레스, 천병희 옮김, 『정치학』, 숲, 2009

• 아리스토텔레스, 박문재 옮김, 『수사학』, 현대지성, 2020

• 아우구스티누스, 추인해 옮김, 『신국론』, 동서문화사, 2013

• 아우구스티누스, 원성현 외 옮김, 『아우구스티누스(고백록/신앙편람)』, 두란노아카데미, 2011

• Akademiya Nauk SSSR, 황세연 옮김, 『세계철학사 1~5』, 청사, 2017

• 알렉스 캘리니코스, 정성진 외 옮김, 『마르크스의 사상』, 북막스, 2000

• 앨런 메길, 조형준 옮김, 『극단의 예언자들: 니체, 하이데거, 푸코, 데리다』, 새물결, 1996

• 양명수, 『토마스 아퀴나스의 신학대전 읽기』, 세창미디어, 2014

• 양승권, 『노장철학과 니체의 니힐리즘』, 문사철, 2013

• 양승권, 『니체와 장자는 이렇게 말했다』, 페이퍼로드, 2020

• 양승권 외, 『군더더기를 뺀 첫 번째 철학』, 위고웍스, 2016

• 에드워드 기번, 송은주 옮김, 『로마제국 쇠망사 1~6』, 민음사, 2010

• 에리히 프롬, 김창호 옮김, 『마르크스의 인간관』, 동녘, 1983

• 에리히 프롬, 원창화 옮김, 『자유로부터의 도피』, 홍신문화사, 2006

• 요한네스 힐쉬베르거, 강성위 옮김, 『서양 철학사 상』, 이문출판사, 1999

• 요한네스 힐쉬베르거, 강성위 옮김, 『서양 철학사 하』, 이문출판사, 2005

• 움베르토 에코, 이윤기 옮김, 『장미의 이름』, 열린책들, 2009

• 이부영, 『분석심리학』, 일조각, 1998

• 임마누엘 칸트, 백종현 옮김, 『순수이성비판 1~2』, 아카넷, 2006

• 임마누엘 칸트, 백종현 옮김, 『실천이성비판』, 아카넷, 2002

• 임마누엘 칸트, 백종현 옮김, 『판단력비판』, 아카넷, 2009

• 임마누엘 칸트, 이한구 옮김, 『영구 평화론』, 서광사, 2008

• 장 자크 루소, 김중현 옮김, 『에밀』, 한길사, 2003

• 장 프랑수아 리오타르, 유정완 옮김, 『포스트모던의 조건』, 민음사, 1992

• 조르다노 브루노, 강영계 옮김, 『무한자와 우주와 세계』, 한길사, 2000

• 조지 커퍼드, 김남두 옮김, 『소피스트 운동』, 아카넷, 2004

• 지그문트 프로이트, 임홍빈 외 옮김, 『프로이트 전집』, 열린 책들, 1996~2004

- 질 들뢰즈, 최명관 옮김, 『안티 오이디푸스』, 민음사, 1994
- 질 들뢰즈, 김재인 옮김, 『천개의 고원』, 새물결, 2001
- 질 들뢰즈, 김상환 옮김, 『차이와 반복』, 민음사, 2004
- 칼 구스타프 융, 『융 기본 저작집』(이부영 외 역), 솔, 2001~2004
- 칼 마르크스, 김수행 옮김, 『자본론 1~3』 비봉출판사, 2015
- 칼 마르크스·엥겔스, 이진우 옮김, 『공산당 선언』, 책세상, 2002
- 칼 야스퍼스, 백승균 옮김, 『역사의 기원과 목표』, 이화여자대학교출판부, 1986
- 쿠르트 프리틀라인, 강영계 옮김, 『서양 철학사』, 서광사, 1985
- 토마스 불핀치, 장왕록 옮김, 『그리스·로마신화』, 삼중당, 1992
- 편집부, 『세계 철학 대사전』, 고려 출판사, 2002
- 프레드릭 코플스턴, 김보현 옮김, 『그리스 로마 철학사』, 2015
- 플라톤, 황문수 옮김, 『소크라테스의 변명, 크리톤, 파이돈, 향연』, 문예출판사, 1999
- 플라톤, 박종현 옮김, 『국가』, 서광사, 2005
- 플라톤, 조대호 옮김, 『파이드로스』, 문예출판사, 2016
- 플라톤, 박종현 옮김, 『티마이오스』, 서광사, 2000
- 한스 요아힘 슈퇴리히, 박민수 옮김, 『세계철학사』, 이룸, 2008
- 헤르만 프랭켈, 김남우 외 옮김, 『초기 희랍의 문학과 철학 2』, 아카넷, 2011
- 호메로스, 천병희 옮김, 『일리아스』, 숲, 2015
- 호메로스, 이상훈 옮김, 『오디세이아』, 동서문화사, 2016

원서 및 외서

- C.G. Jung, *The Collected Works of C.G. Jung*, Princeton University Press, 1970~1984
- J. Rawls, *Lectures on the History of Moral Philosophy*, HUP, 2000
- S. Freud, *The Penguin Freud Library*, Vol 1-15, Penguin Books, 1977~1993
- W. Buckingham, *The Philosophy Book*, DK Publishing, 2011

하룻밤에 읽는
──── 서양 철학

초판 1쇄 발행   2022년 4월 14일
초판 2쇄 발행   2022년 10월 14일

지은이   양승권
펴낸이   최용범

편집기획   윤소진, 박호진, 예진수
디자인   조아름
마케팅   채성모
관리   강은선
인쇄   ㈜다온피앤피

펴낸곳   **페이퍼로드** paperroad
출판등록   제10-2427호(2002년 8월 7일)
주소   서울시 동작구 보라매로5가길 7 1322호
이메일   book@paperroad.net
페이스북   www.facebook.com/paperroadbook
전화   (02)326-0328
팩스   (02)335-0334
ISBN   979-11-90475-98-3(03320)